Herbert Larl

Krippenfiguren selbst schnitzen

stv

Herbert Larl

Krippenfiguren selbst schnitzen

27 Figuren vom Entwurf bis zum fertigen Werkstück

Leopold Stocker Verlag
Graz – Stuttgart

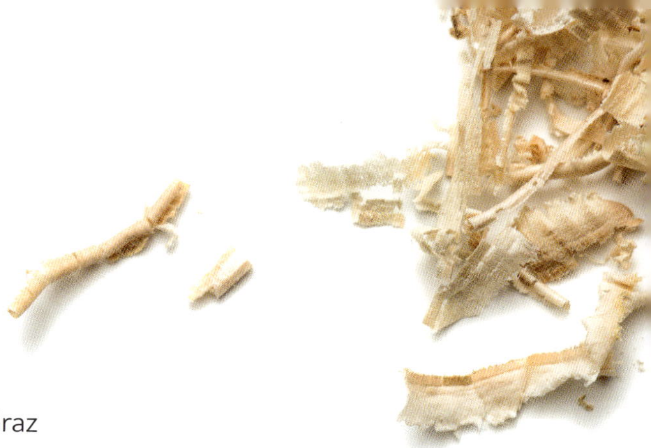

Umschlaggestaltung: DSR – Werbeagentur Rypka, 8143 Dobl/Graz
Titelbild: Herbert Larl
Bildnachweis: S. 15 oben: Privatbesitz von Stefan Lanthaler (mit freundlicher Genehmigung); S. 48: Pexels/Zhaocan Li; S. 80 oben: Umschlagseite vom Buch „Das neue Bachlechner Buch“, Eigenverlag Dr. Wendelin Bachlechner (mit Genehmigung der Uhrenkeltochter); S. 81: Pexels/fotografierende; S. 106 und 107: Ratko Photography.
Alle anderen Abbildungen wurden dem Verlag dankenswerterweise vom Autor zur Verfügung gestellt.

Bibliographische Information der Deutschen Nationalbibliothek
Die Deutsche Nationalbibliothek verzeichnet diese Publikation in der Deutschen Nationalbibliographie; detaillierte bibliographische Daten sind im Internet über http://dnb.d-nb.de abrufbar.

Hinweis:
Dieses Buch wurde auf chlorfrei gebleichtem Papier gedruckt. Die zum Schutz vor Verschmutzung verwendete Einschweißfolie ist aus Polyethylen chlor- und schwefelfrei hergestellt. Diese umweltfreundliche Folie verhält sich grundwasserneutral, ist voll recyclingfähig und verbrennt in Müllverbrennungsanlagen völlig ungiftig.

Auf Wunsch senden wir Ihnen gerne kostenlos unser Verlagsverzeichnis zu:
Leopold Stocker Verlag GmbH
Hofgasse 5 / Postfach 438
A-8011 Graz
Tel.: +43 (0)316/82 16 36
Fax: +43 (0)316/83 56 12
E-Mail: stocker-verlag@stocker-verlag.com
www.stocker-verlag.com

ISBN 978-3-7020-1889-4

Layout und Repro: DSR – Werbeagentur Rypka, 8143 Dobl/Graz

Druck und Bindung: GPS Group P.E., Slowenien

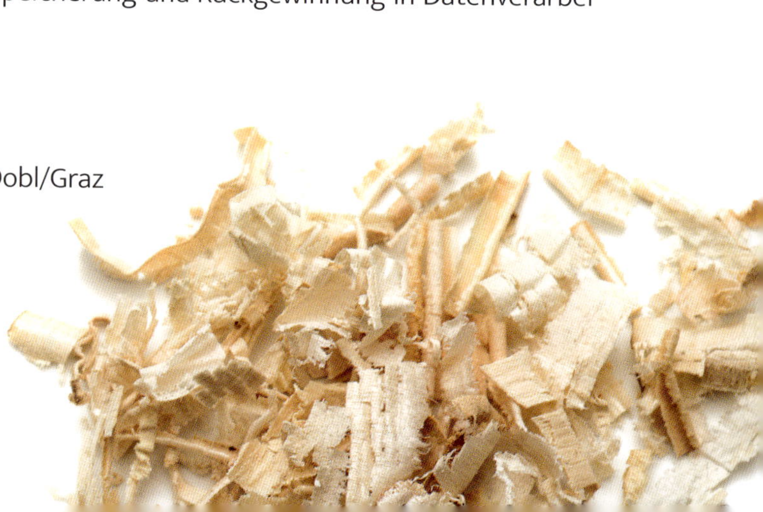

Inhalt

Ist es möglich, durch ein Buch schnitzen zu lernen?

Jedes Jahr wird bei mir zu Hause eine ca. 100 Jahre alte Weihnachtskrippe aufgestellt. Anfangs führten diese Tätigkeit mein Großvater und danach mein Vater mit viel Bedacht durch. Mittlerweile sind es schon einige Jahre, in denen diese ehrenvolle Aufgabe mir zusteht. Durch das Anfassen und In-die-Hand-nehmen dieser geschnitzten Figuren erwachte in mir schon früh das Interesse am Schnitzen.

In der Zeit meiner Ausbildung zum Holz- und Steinbildhauer hatte ich das Glück, bei zwei begnadeten Schöpfern von Krippenfiguren zu lernen. Das Nacheifern dieser Vorbilder bildete einen wichtigen Bestandteil meiner Ausbildung. Selbstverständlich war ein oftmaliges Scheitern an der Herausforderung inkludiert! Der Kopf wollte meistens mehr, als die Hände umsetzen konnten. Wenn ein Werkstück einmal nicht so gelingen wollte, bekam ich die gut gemeinte Empfehlung „Schauen, Studieren, Zeichnen!“

Anhand eines Buches Schnitzen zu lernen, setzt gewisse Grundkenntnisse, Ausdauer und Geduld voraus. Lernen durch Tun ist meiner Meinung nach immer noch am wichtigsten. Wenn dieses Buch einen bescheidenen Beitrag dazu liefern kann, hat es seinen Zweck mehr als erfüllt.

Viel Freude beim Schauen, Studieren, Zeichnen und nicht zuletzt beim Schnitzen,

Ihr Herbert Larl

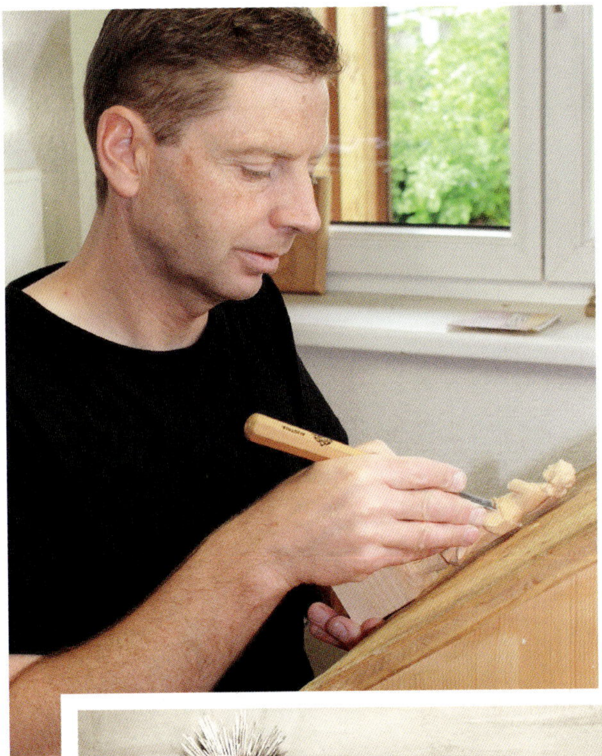

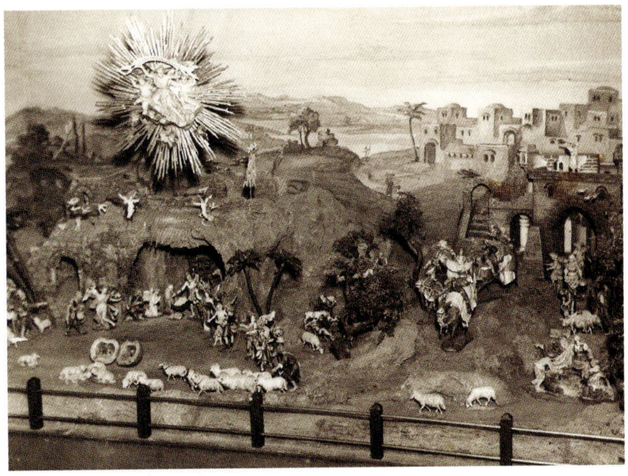

Weihnachtskrippe der Familie Larl, Aufnahme um 1950

Historische Krippenfiguren

In Tirol gibt es eine weit zurückreichende Krippentradition. In verschiedenen heimatkundlichen Museen befinden sich Darstellungen schon aus der Zeit der Gotik um ca. 1450. Eine der ältesten figürlichen Darstellungen in Privatbesitz wird auf 1630/1650 datiert. Bildhauerwerkstätten, die mit der figürlichen Ausstattung von Kirchen und Kapellen beschäftigt waren, entwickelten eine hohe Qualität beim Schnitzen von Krippenfiguren. An solchen Vorbildern orientierten sich später begabte Laienkünstler. So entwickelte sich das Handwerk des Krippenfigurenschnitzers. Verschiedene stilistische Einflüsse spiegeln sich in den Krippenfiguren im Laufe der Zeit wider.

Die folgende Aufzählung legt keinen Anspruch auf Vollständigkeit. Sie soll lediglich ein kleiner Querschnitt sein.

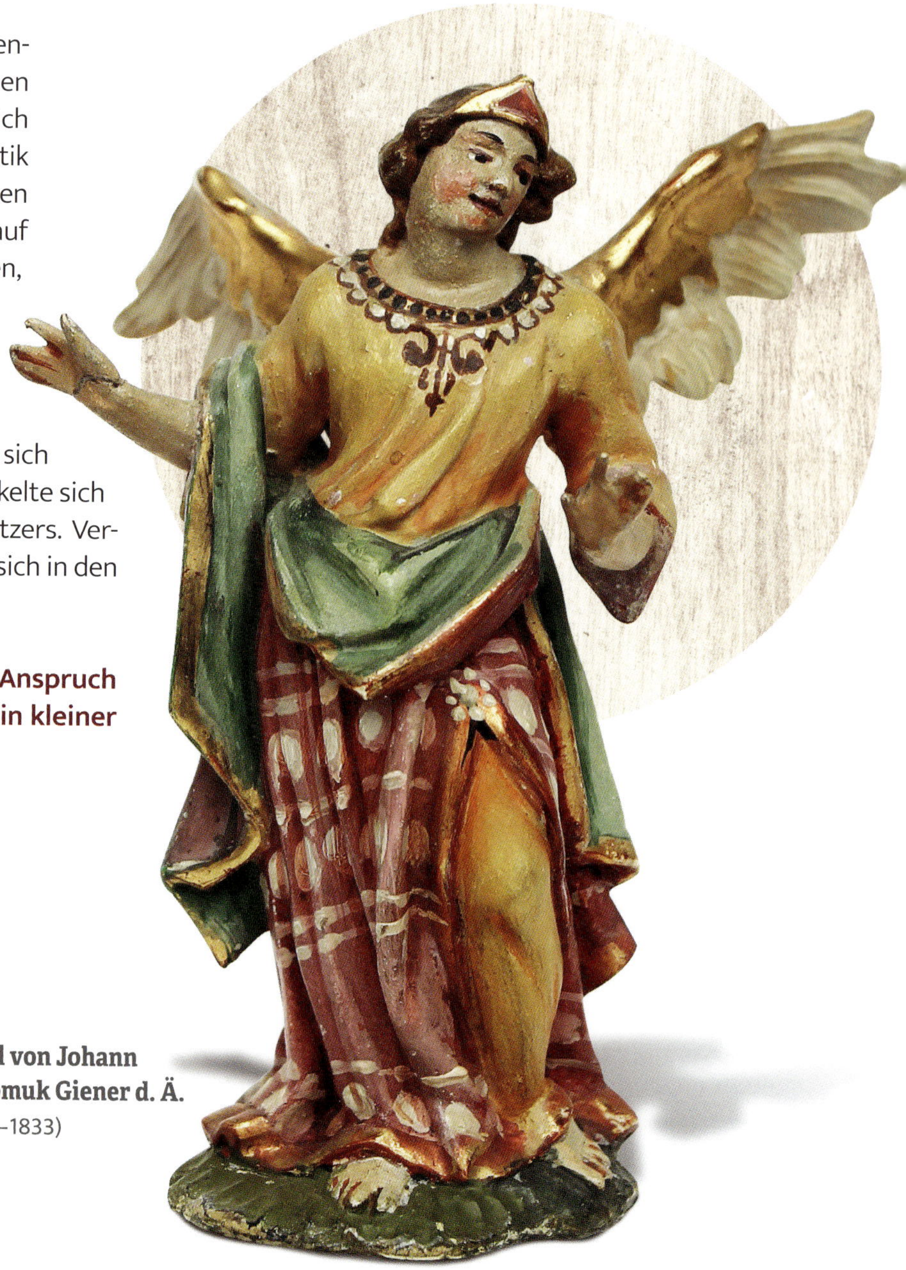

Engel von Johann Nepomuk Giener d. Ä.
(1756–1833)

Reitender König aus der Werkstatt von Augustin Alois Probst
(1758–1807)

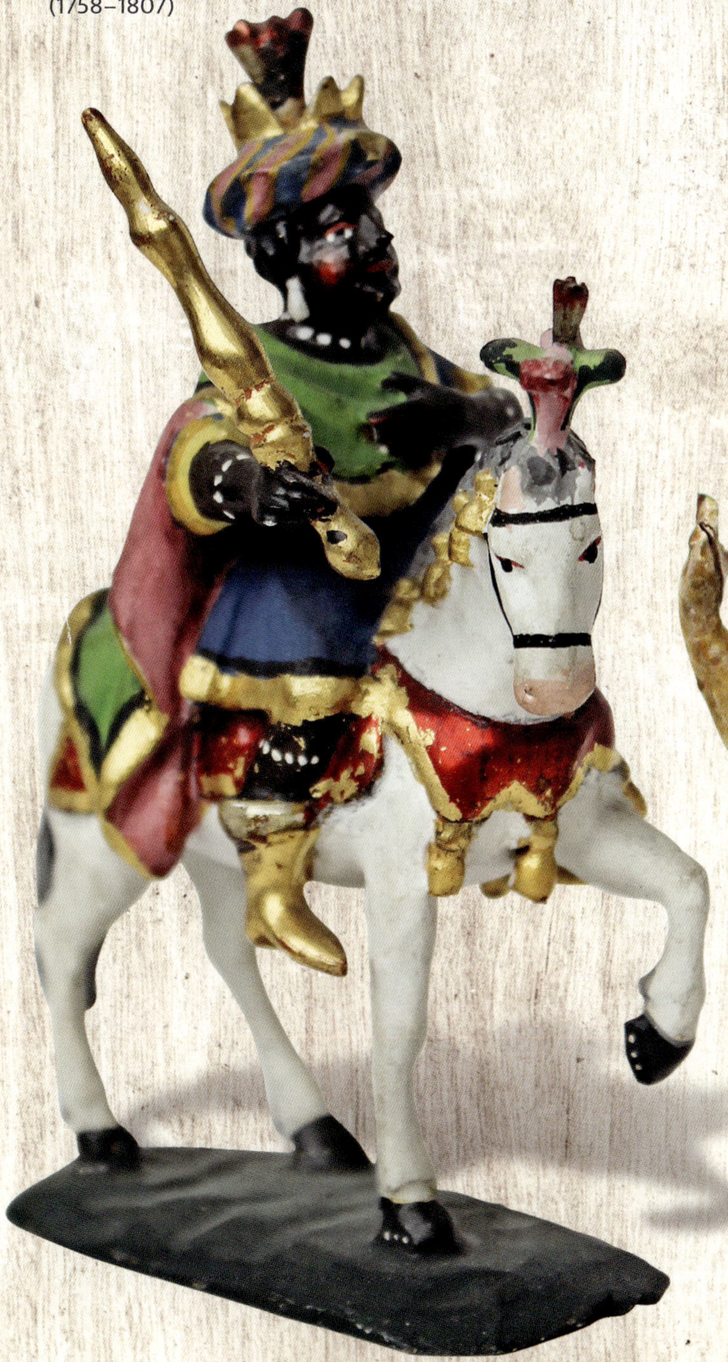

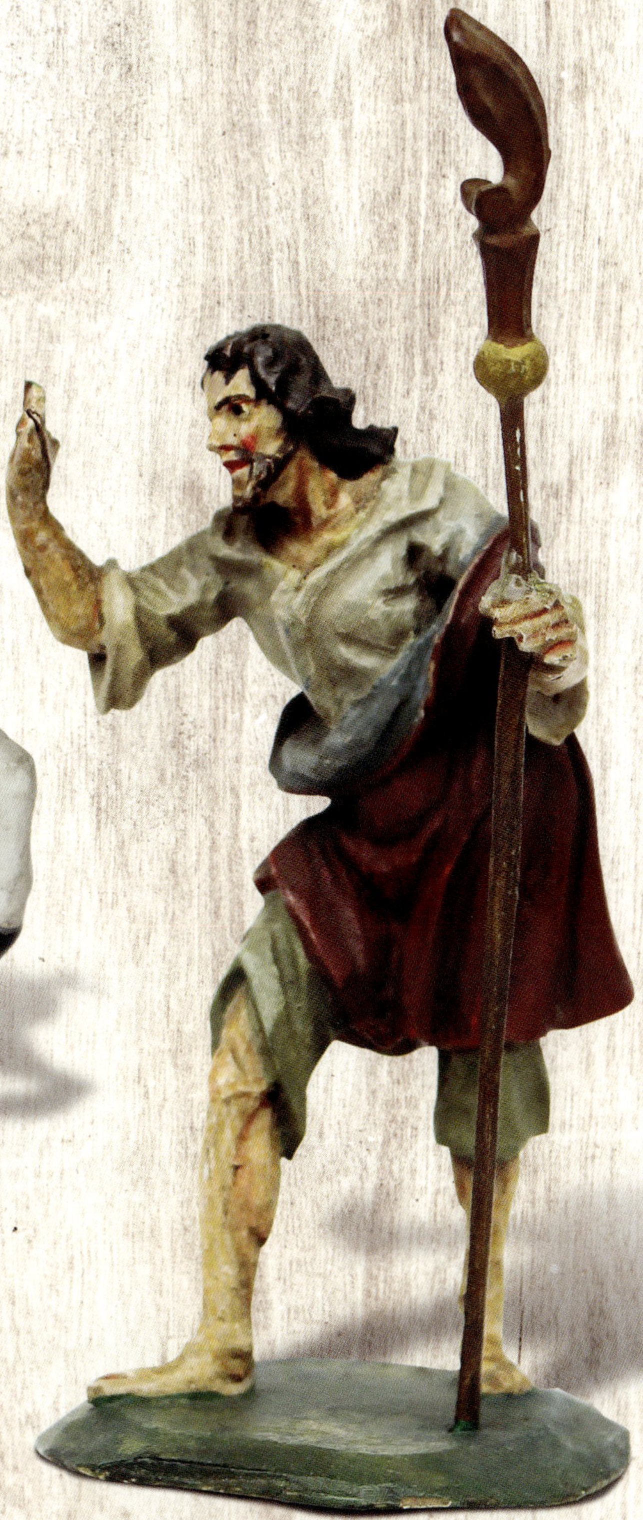

Hirtenfigur der Bildhauerfamilie Hitzl
(Ende des 18. Jhds.)

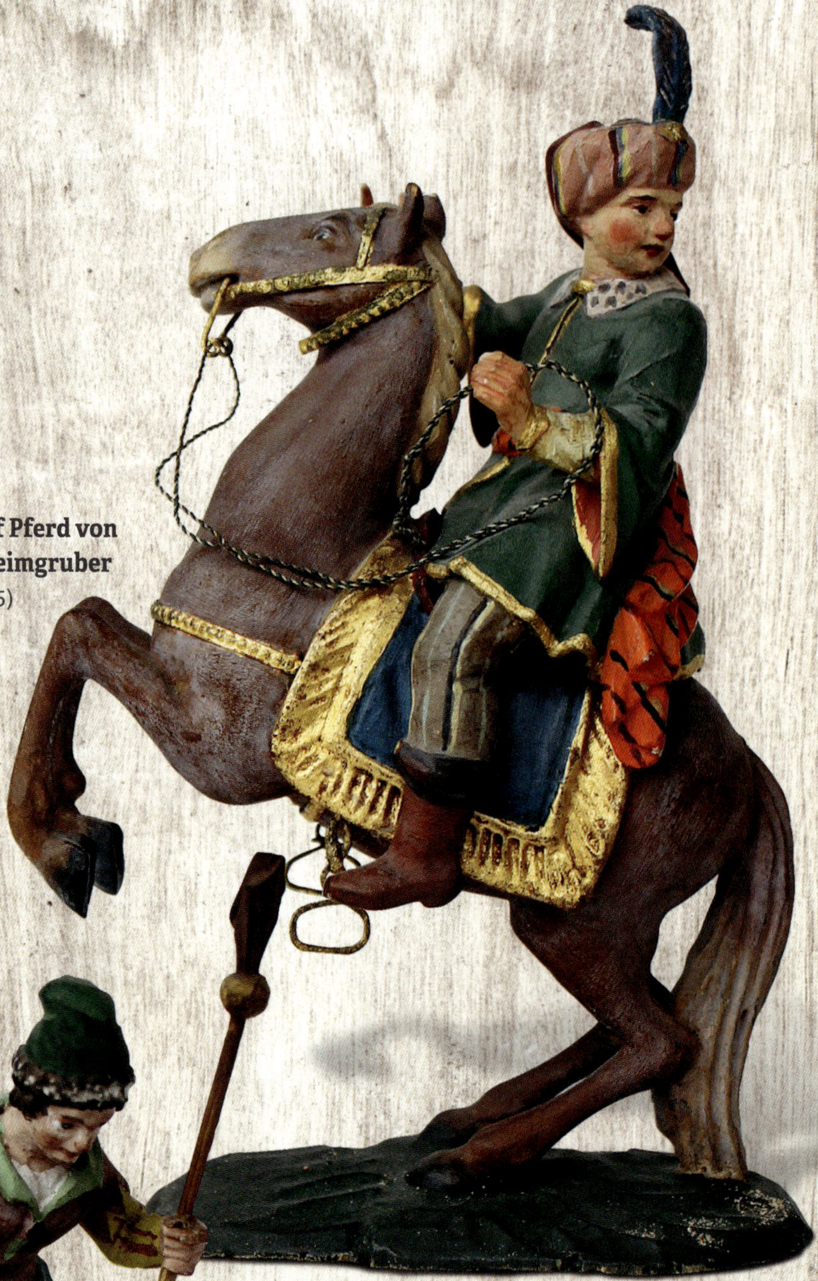

Reiter auf Pferd von Johann Leimgruber
(1823–1875)

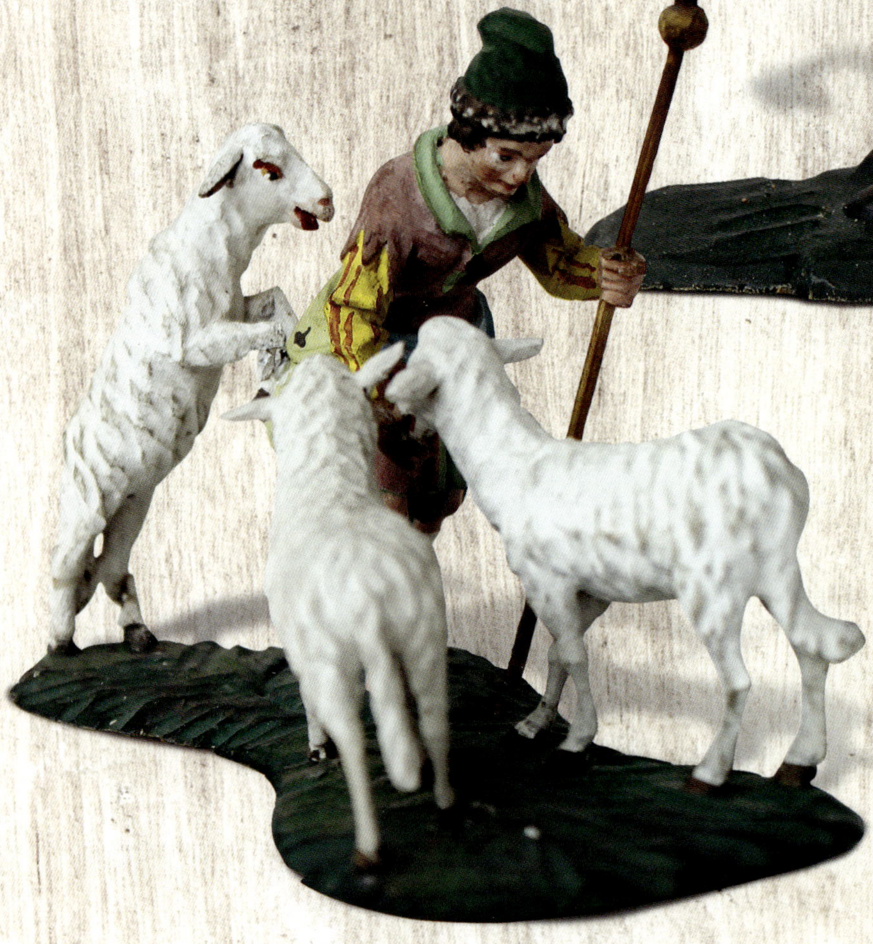

Hirte mit Schafen von Johann Kleißner
(1814–1885)

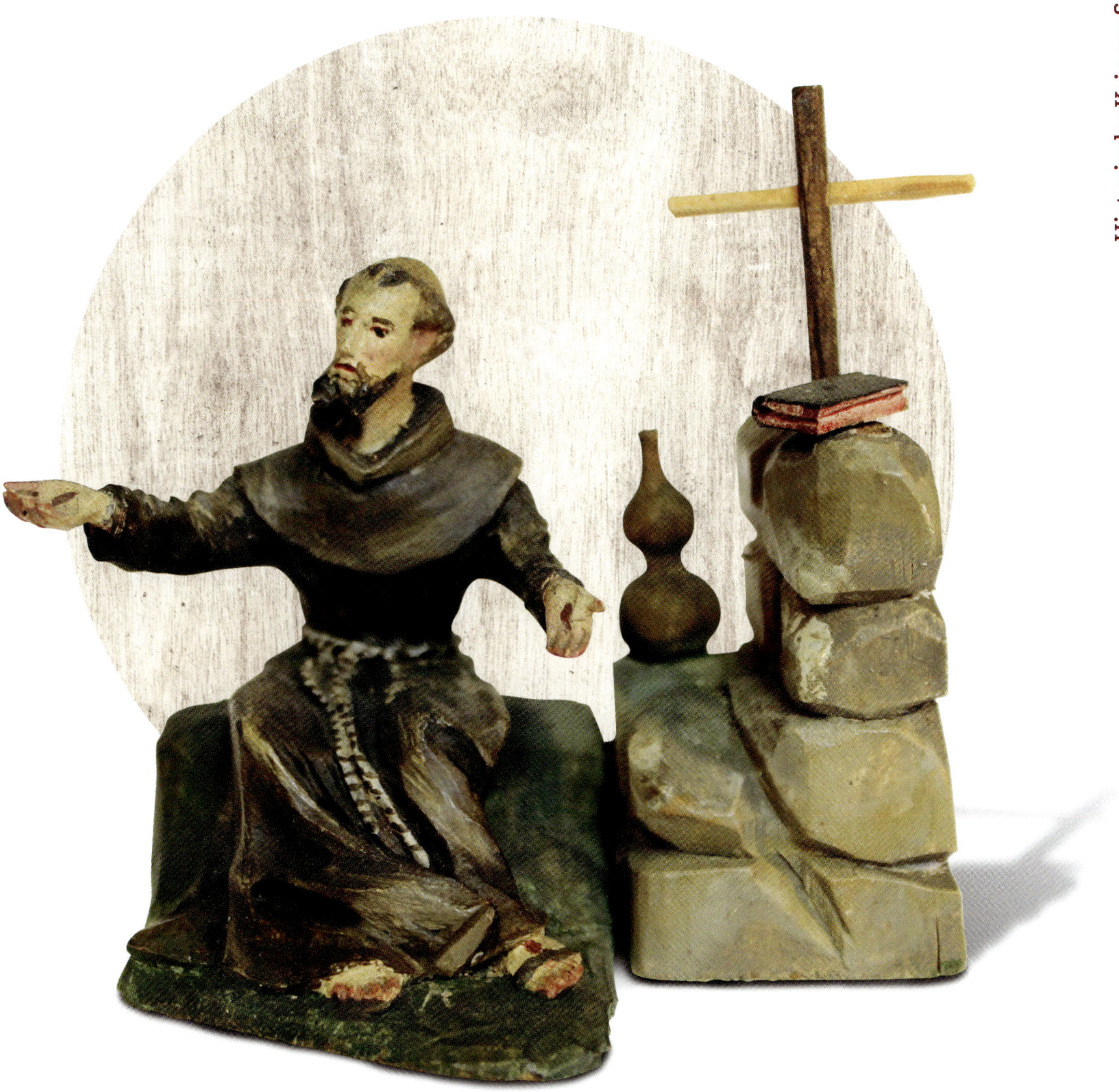

Hl. Franz von Assisi von Johann Gwercher
(1859–1937)

Franz von Assisi stellte im Jahr 1223 im Wald von Greccio das Geschehen der Hl. Nacht mit lebenden Menschen und Tieren für die einfache Bevölkerung nach. Er gilt seither als Mitbegründer der Krippentradition. Seine Darstellungen finden sich in so mancher Krippe.

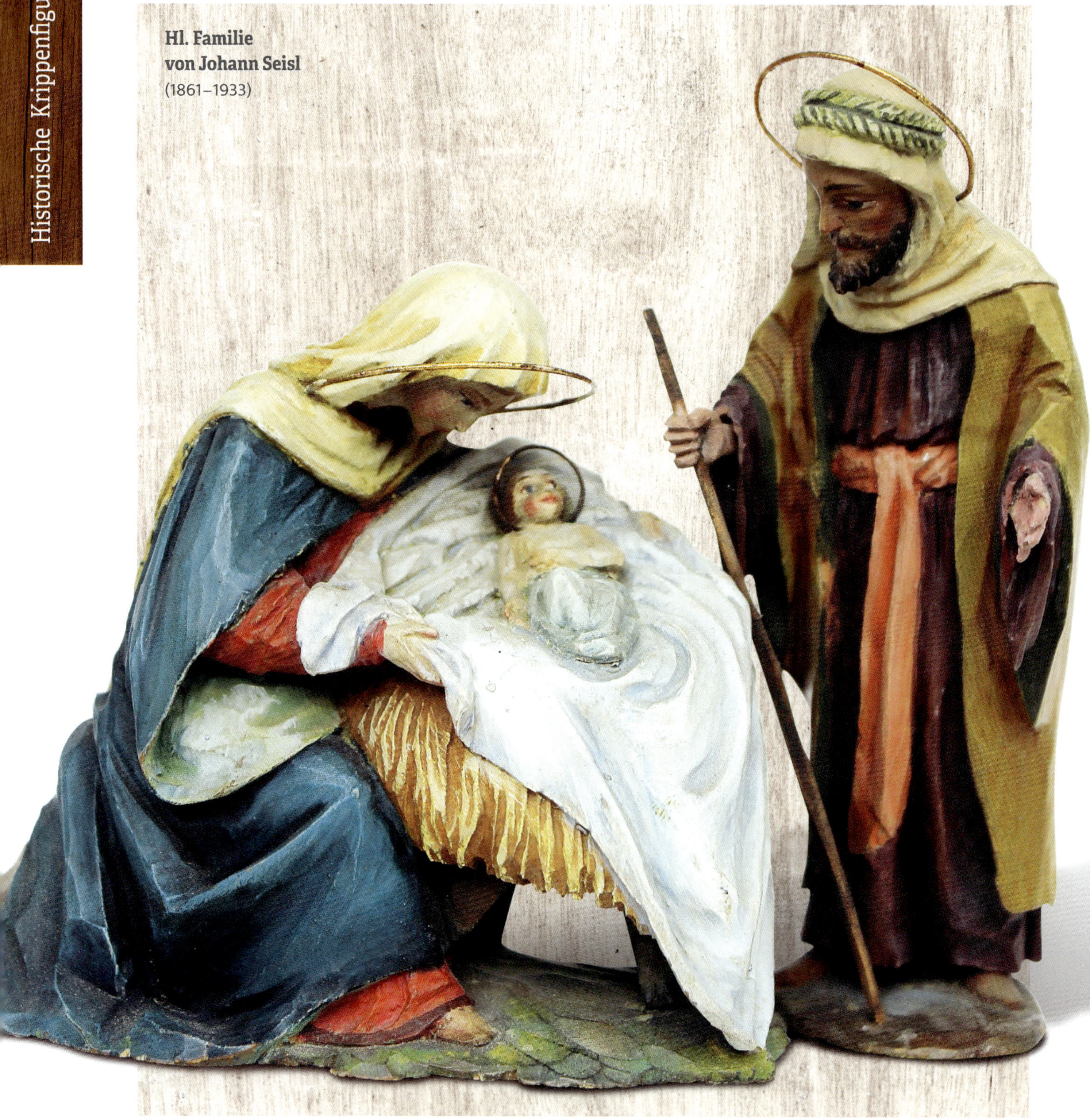

Hl. Familie von Johann Seisl
(1861–1933)

In der Zeit von Gwercher und Seisl wurden Pilgerreisen ins Heilige Land beliebt. Dies beeinflusste das Erscheinungsbild der heimischen Krippen. Orientalische Figuren hielten Einzug in den Krippen.

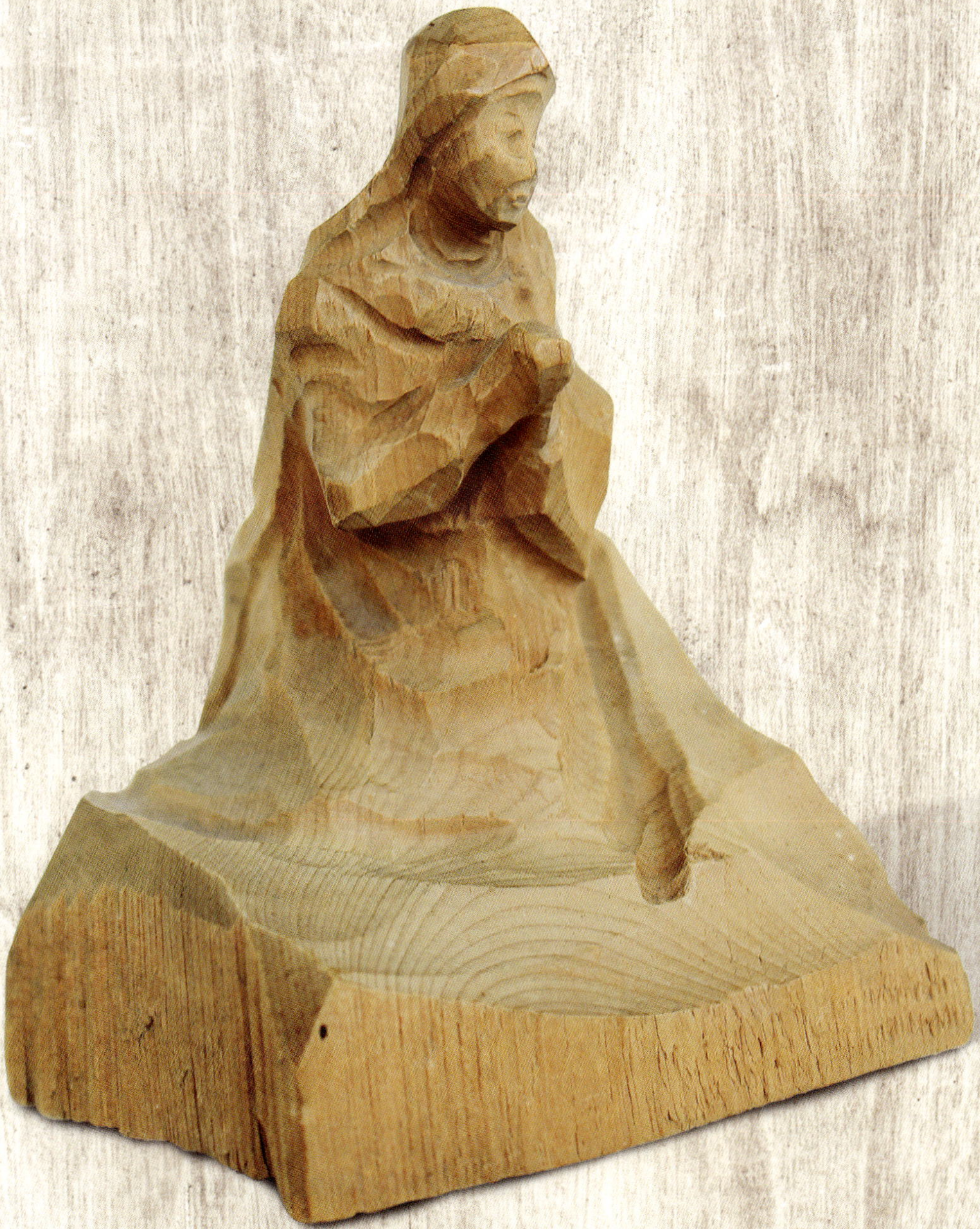

Marienfigur
von Ludwig Penz
(1876–1918)

Beeinflusst durch die Formensprache von Auguste Rodin, Constantin Menier und Edouard Manet, gilt er als Mitbegründer der Tiroler Künstlerkrippe des 20. Jahrhunderts.

Figurengruppe von Franz Wieser
(1879–1960)

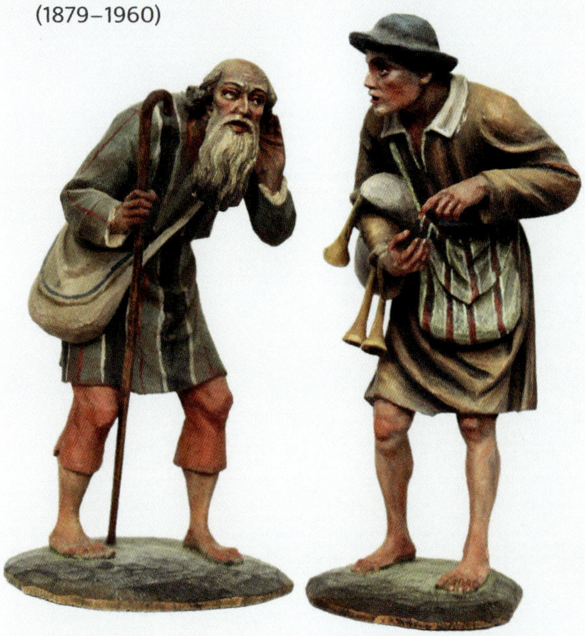

Hirt mit Krug von Romed Speckbacher d. Ä.
(1889–1972)

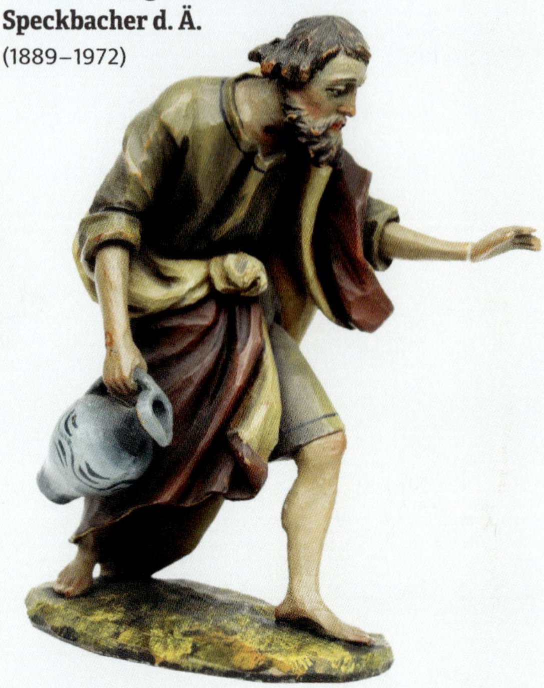

Hirtengruppe von Romed Speckbacher d. J.
(1922–1992)

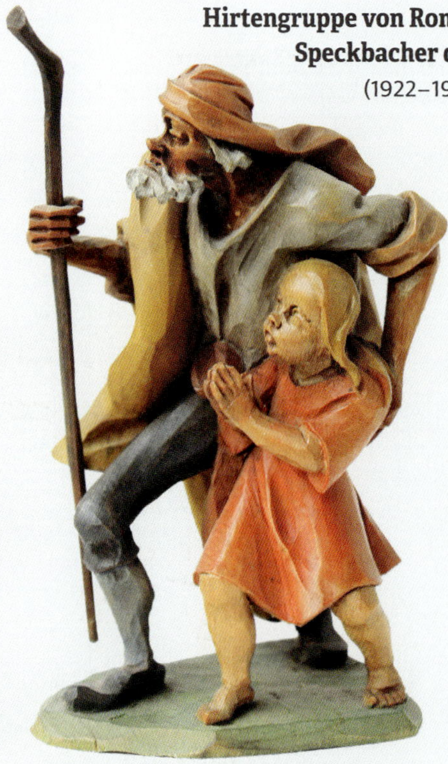

Hirte mit Schaf von Vinzenz Baldemair
(1900–1983)

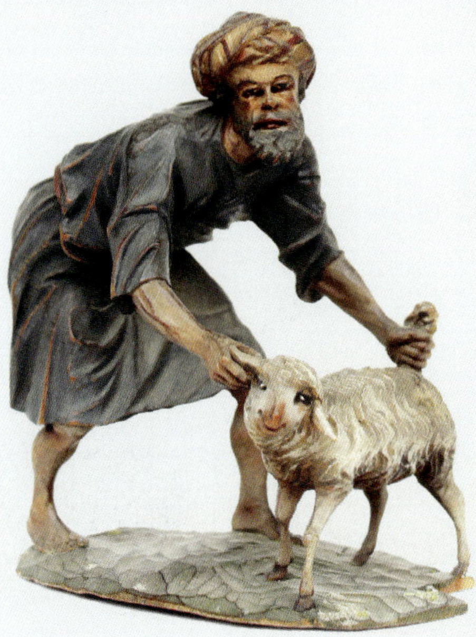

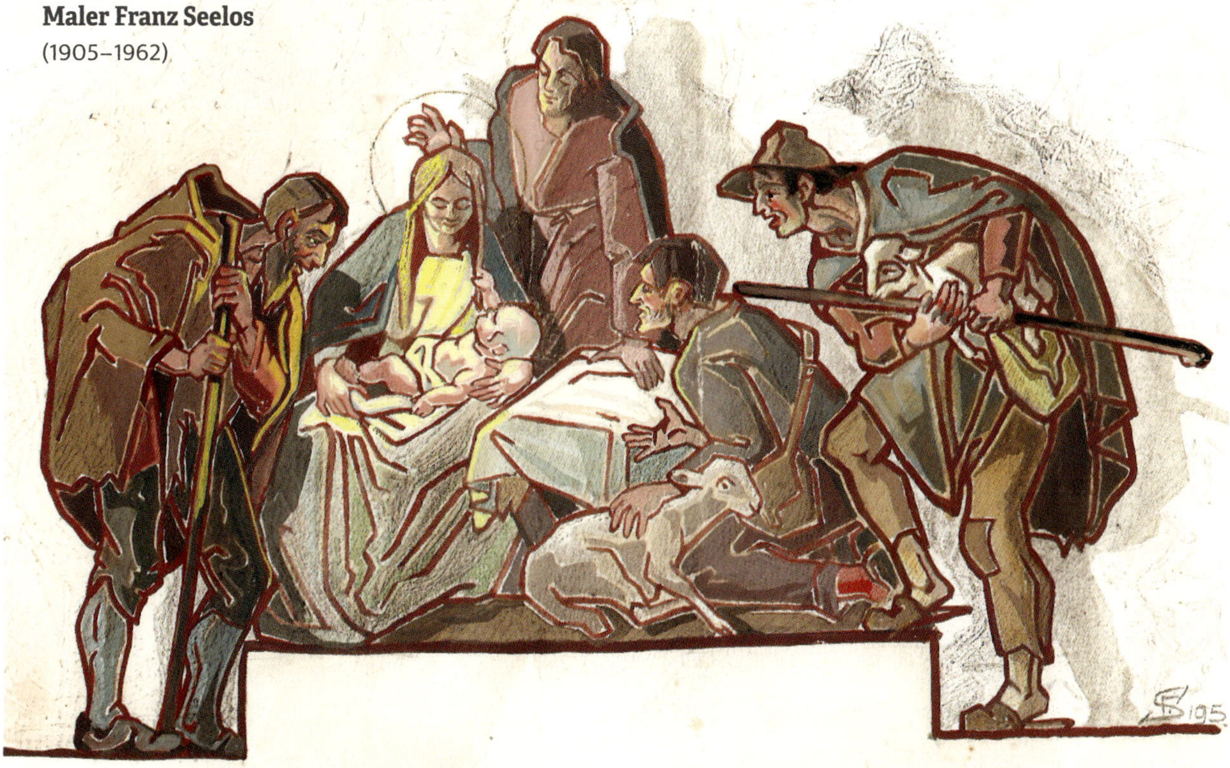

Krippenentwurf vom akademischen Maler Franz Seelos
(1905–1962)

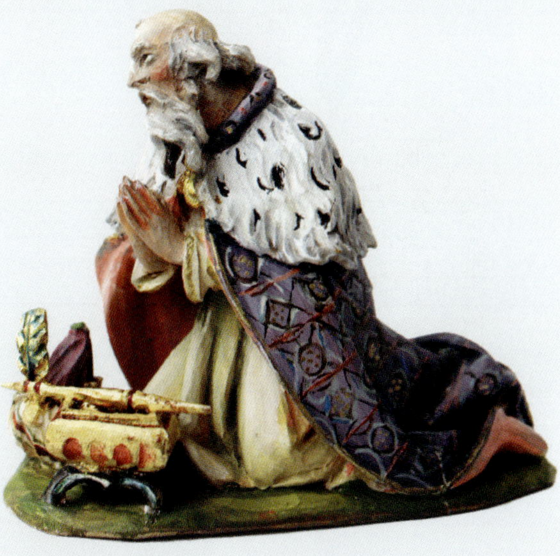

Alter König von Rupert Reindl
(1908–1990)

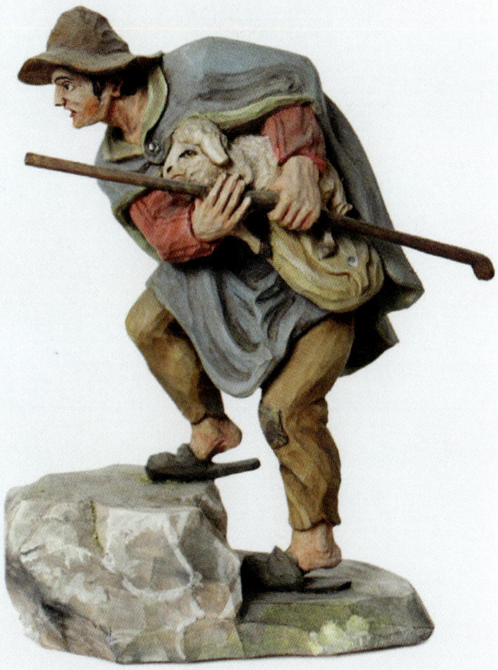

Hirte von Stefan Lanthaler
(geb. 1941)

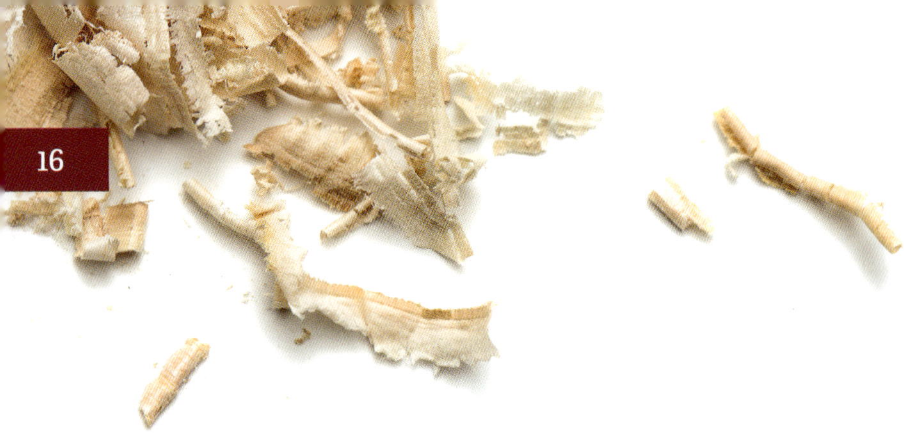

Zirbenholz

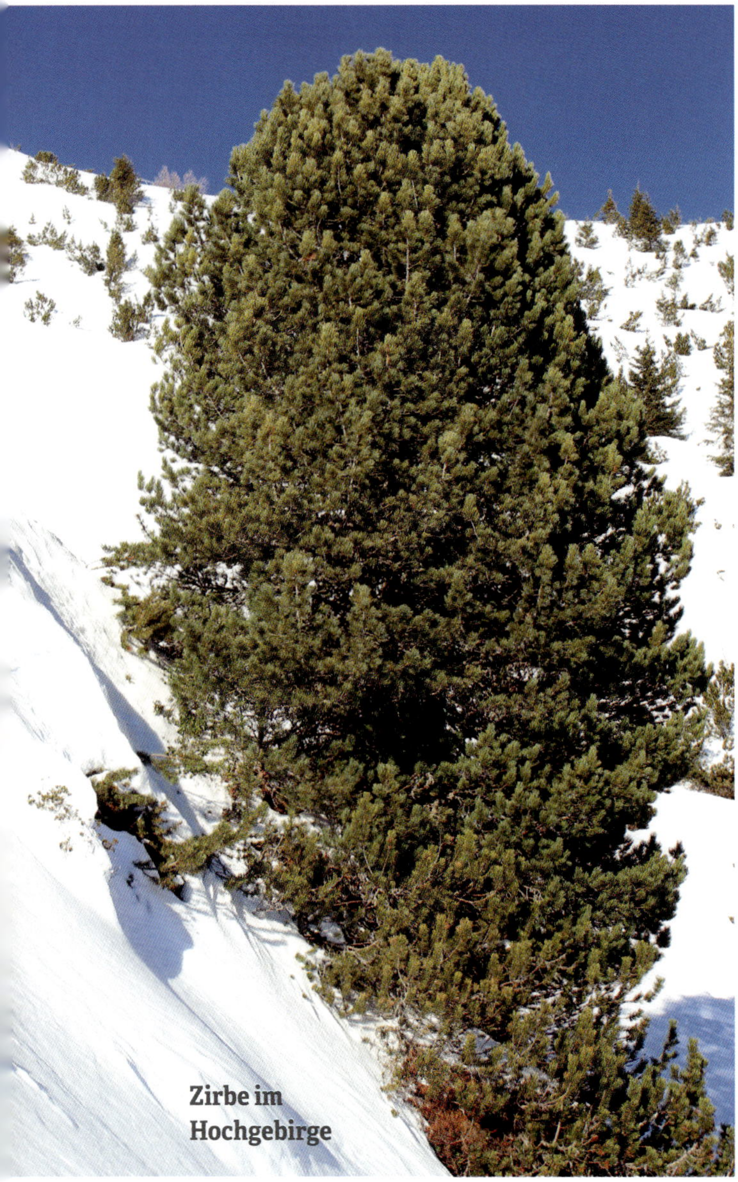

Zirbe im Hochgebirge

Die Zirbe ist ein beliebtes Schnitzholz. Sie kann ein Alter von 1.000 Jahren erreichen und wird bis zu 25 m hoch. Sie wächst bevorzugt in einer Höhe von 1.500–2.000 m, zeichnet sich durch einen langsamen Wuchs und fein gegliederte Jahresringe aus.

Die Nadeln der Zirbe bilden Büschel mit jeweils fünf Nadeln.

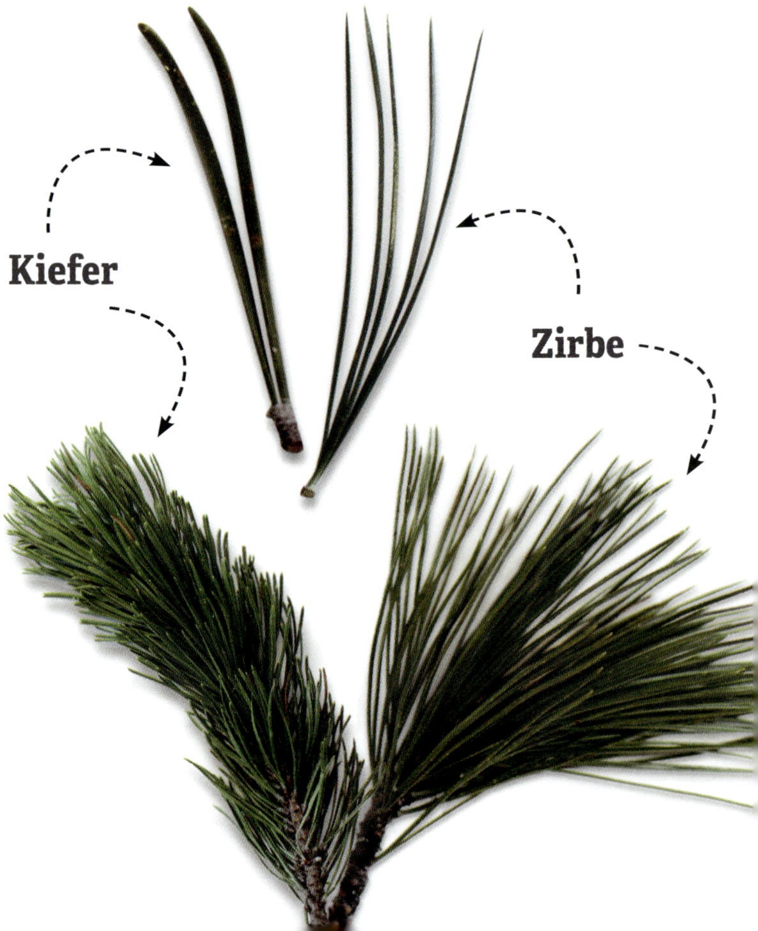

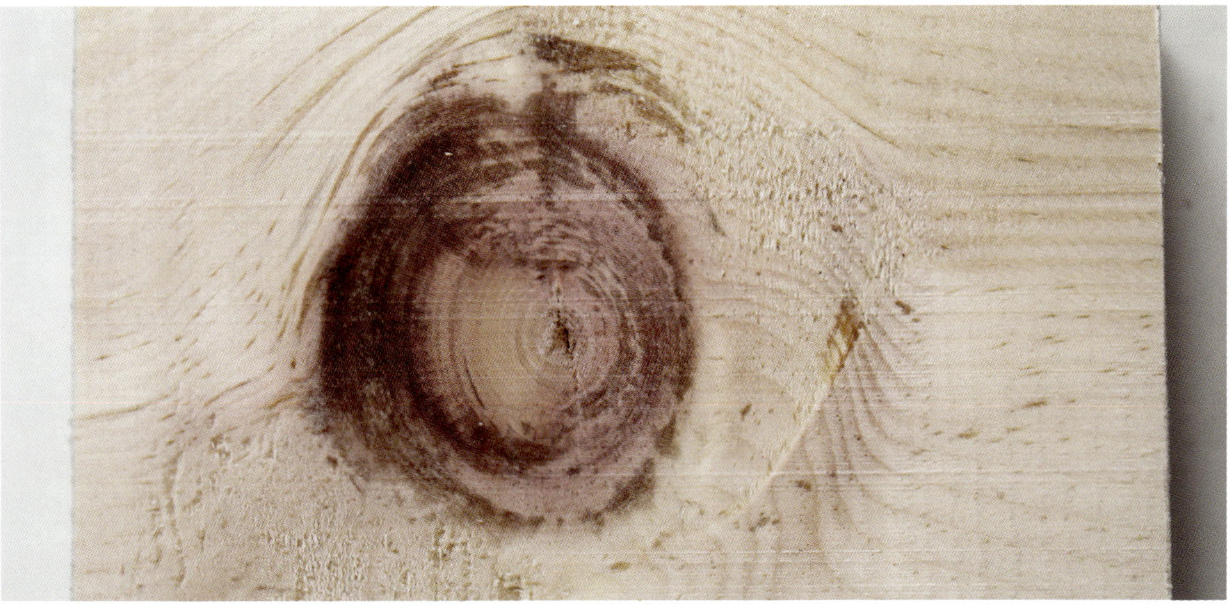

Typischer Ast einer Zirbe

Das Holz der Zirbe hat eine gelbrötliche Farbe und einen schmalen gelblichen Splint. Als Splintholz bezeichnet man die äußere Wachstumszone des Baumes. In ihr werden Wasser und Nährstoffe durch die Kapillaren in die Baumkrone transportiert. Eine richtige Auswahl bei der Qualität vom Holz ist entscheidend für das Gelingen einer Arbeit. Splint und Äste werden, wenn möglich, nicht verwendet. Charakteristisch sind die dunklen Äste, die der Baum im Abstand von ca. 25 cm ausbildet.

Die Zirbe duftet bei der Bearbeitung harzig, würzig. Durch ihren hohen Harzgehalt ist das Holz der Zirbe im Freien ähnlich witterungsbeständig wie zum Beispiel Lärchenholz. Eine Lackierung oder ein anderer Holzschutz ist bei kleinen Arbeiten deshalb nicht notwendig. Auch diese Eigenschaften machen sie zu einem beliebten Schnitzholz.

Andere zum Schnitzen geeignete Hölzer sind z. B. Lindenholz oder die Weymouth-Kiefer.

TROCKNEN DES HOLZES

Zum Trocknen sind die Abstandshölzer wichtig, weil sie eine Luftzirkulation zwischen den Brettern ermöglichen. Diese sollten im Abstand von einem Meter senkrecht übereinander eingelegt werden. Für Krippenfiguren in einer Größe bis 20 cm werden die Stämme 6–8 cm dick geschnitten.

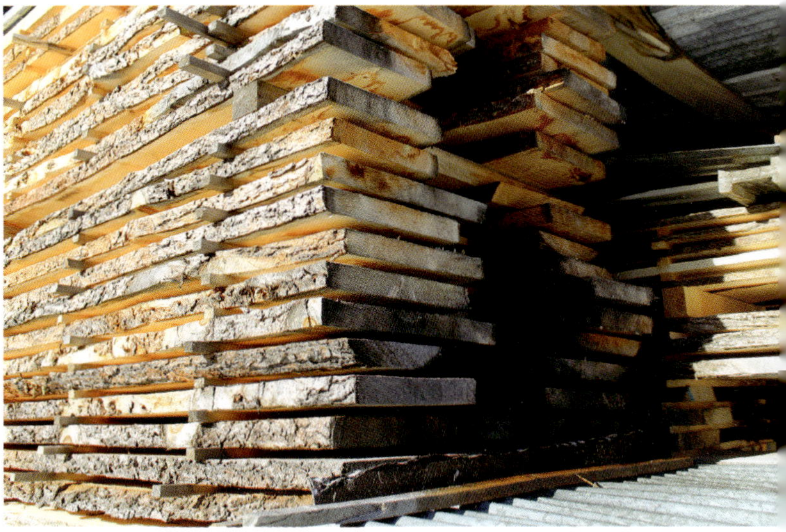

Zum Trocknen geschlichtetes Zirbenholz

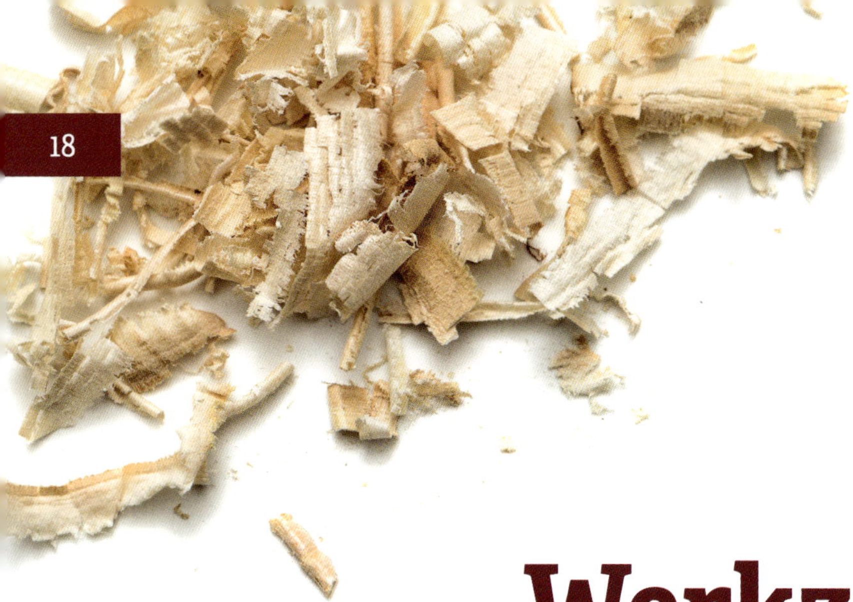

Werkzeuge

Ein qualitativ hochwertiges Werkzeug bildet eine Grundvoraussetzung für das Gelingen einer Arbeit. Ein Grundsortiment an verschiedenen Breiten und Formen erleichtert die Arbeit.

Beim Schnitzen unterscheidet man drei Stufen in der Ausführung:

1. Anhauen
2. Anschneiden
3. Ausführen (Feinarbeit)

Dementsprechend werden unterschiedlich dimensionierte Schnitzwerkzeuge verwendet.

Beim Anhauen einer Krippenfigur, die kleiner 20 cm werden soll, verwende ich folgende Schnitzeisen

Stich	Breite in mm
2	35, 20, 10
3	20
4	35
7	25, 15
9	15, 7

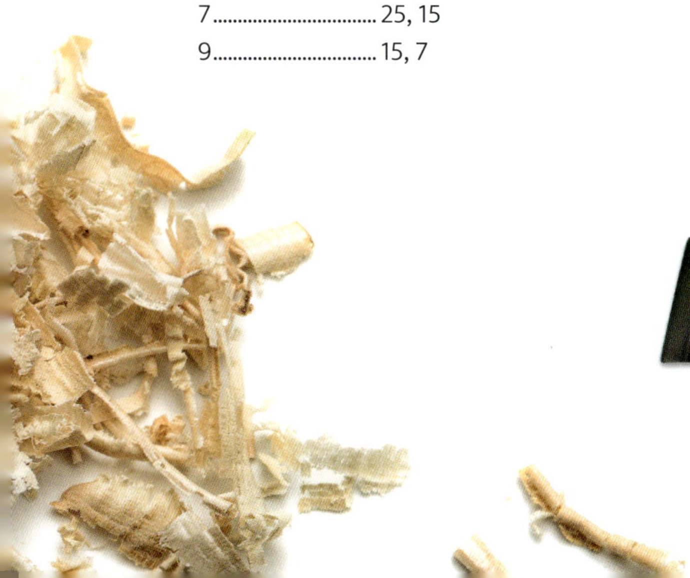

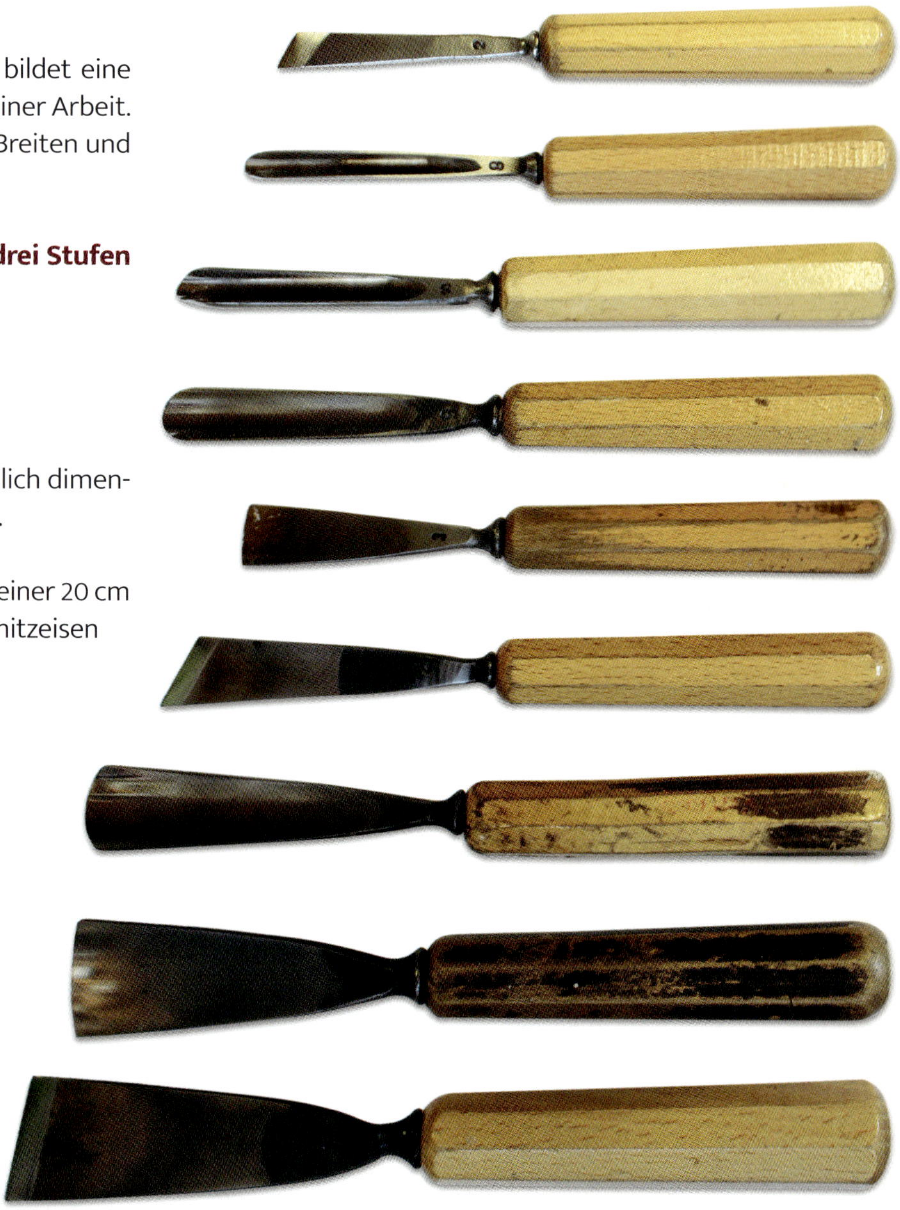

Schnitzeisen zum Anhauen/Anschneiden

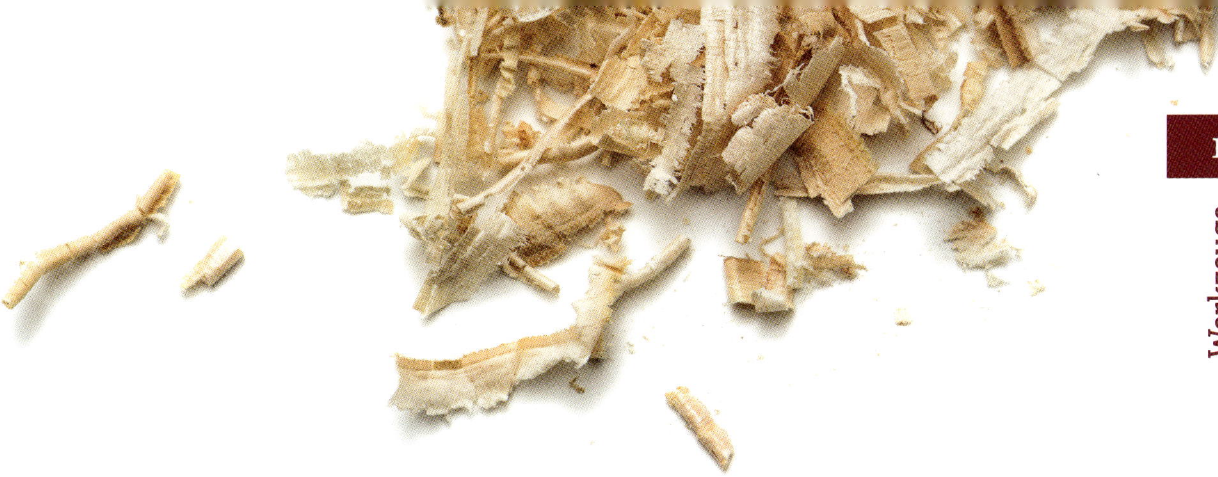

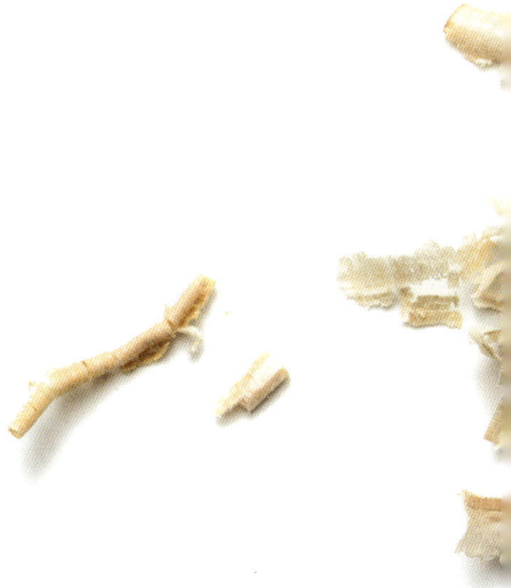

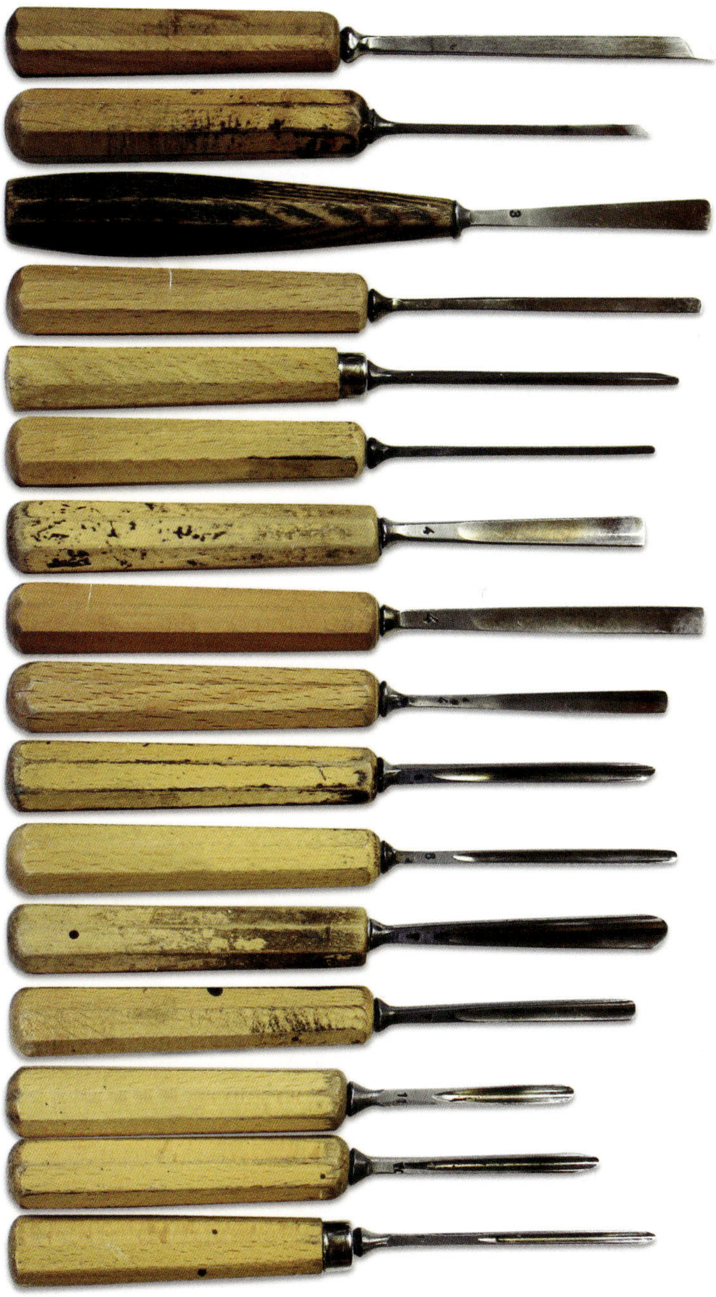

Schnitzwerkzeug zur Feinausarbeitung

Zum Ausarbeiten der Krippenfiguren verwende ich folgende Schnitzeisen:

Stich Nr.	Breite in mm
2	5, 2
3	10, 5, 3
4	10, 8, 5, 3
6	5, 3
7	10, 5
9	5
11	5, 3, 2

Diese Auswahl soll eine kleine Richtlinie sein. Je nach Ausführung und Können wird sich die Zusammenstellung der Werkzeuge unterscheiden.

SCHÄRFEN DER WERKZEUGE

Zum Schärfen der Schnitzwerkzeuge verwende ich ein Schleifband mit der Körnung 60. Das Polieren erfolgt auf einer Filz- und Stoffscheibe unter Verwendung einer Schleifpaste. Für die eigene Sicherheit ist es wichtig, auf die Laufrichtung der Schleifmaschiene zu achten. Die Rotation geht vom Körper weg! Mit wenig Druck wird das Schnitzeisen auf dem Schleifband immer im selben Winkel geschärft. Zwischendurch wird es in einem beigestellten Gefäß mit Wasser gekühlt.

Bitte immer eine Schutzbrille verwenden!

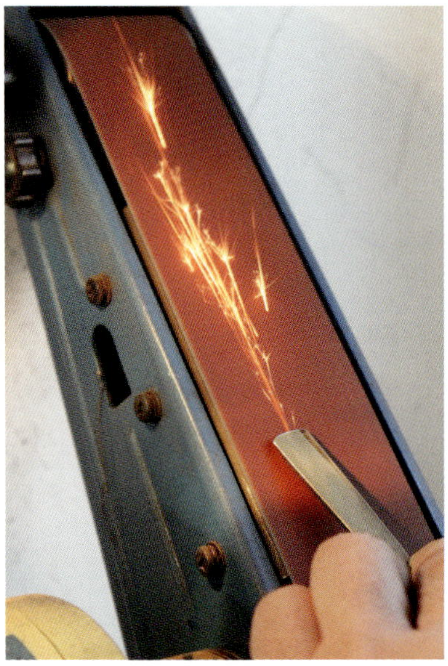

Anschleifen

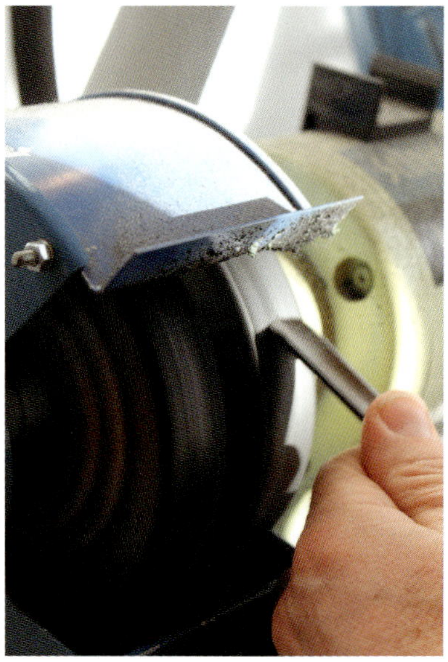

Polieren der Außenseite

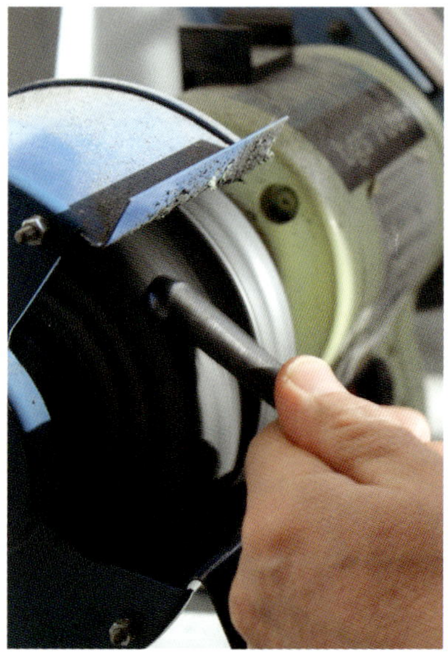

Polieren der Innenseite

WEITERE ZUM SCHNITZEN VON KRIPPENFIGUREN VORTEILHAFTE WERKZEUGE

Ein Kerbschnitzmesser, Bildhauerraspeln und Schleifgitter mit unterschiedlichem Feinheitsgrad, ein Bleistift, Meterstab und ein Messzirkel zum Übertragen der Zeichnung aufs Holz.

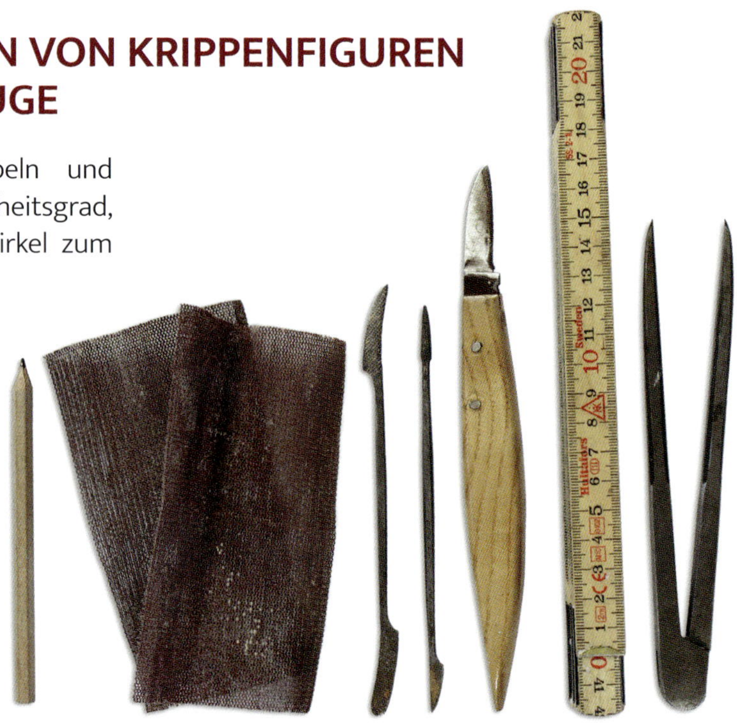

Zusätzliches Werkzeug

Längenübertragung mittels Messzirkel

Mit einem Messzirkel lassen sich Längenmaße vom Entwurf auf das Werkstück übertragen. Dafür wird die zu übertragende Länge am Entwurf eingestellt und durch leichten Druck auf das Holz übertragen.

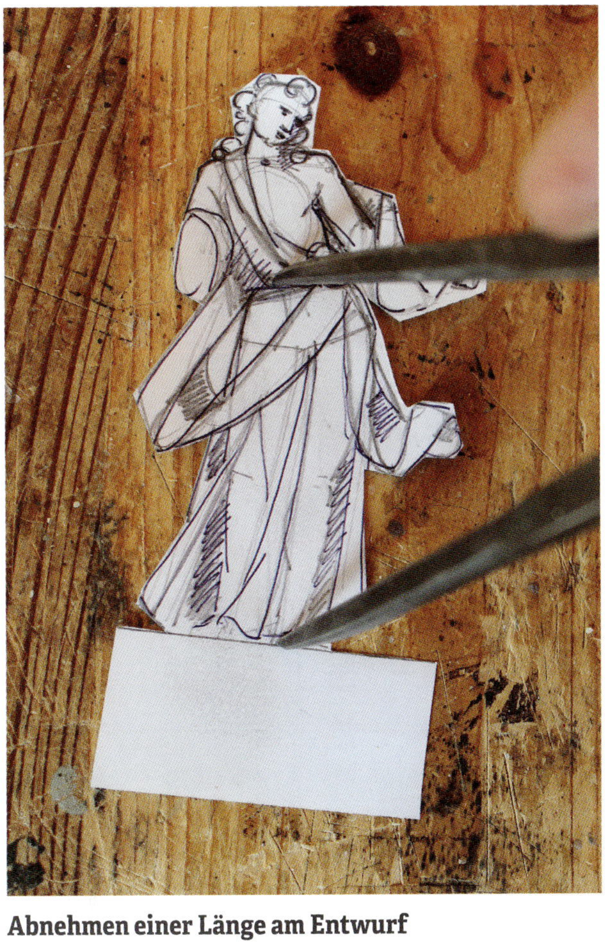

Abnehmen einer Länge am Entwurf

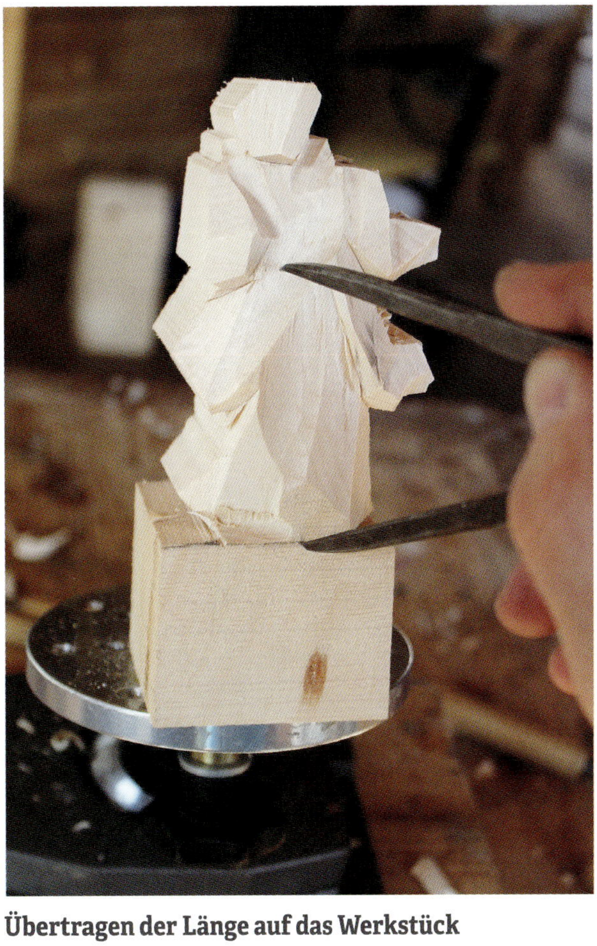

Übertragen der Länge auf das Werkstück

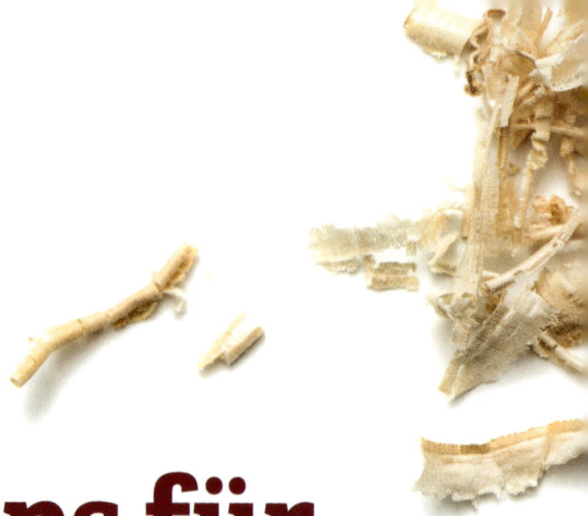

Hilfreiche Tipps für die Umsetzung

Eine Gliederfigur ist hilfreich zum Kennenlernen verschiedener Bewegungen sowohl in der Zeichnung als auch beim Schnitzen. Mit dem Messzirkel kann man verschiedene Maße von der Gliederfigur auf das Werkstück oder die Zeichnung übertragen.

Beim Nachschnitzen einer vorhandenen Figur dient ein Nylonstrumpf als Hilfsmittel. Überzieht man die Figur mit dem Strumpf, vereinfachen sich die Formen der Figur und das Auge verliert sich nicht so leicht in Details, die beim Anschneiden der Figur nicht wichtig sind.

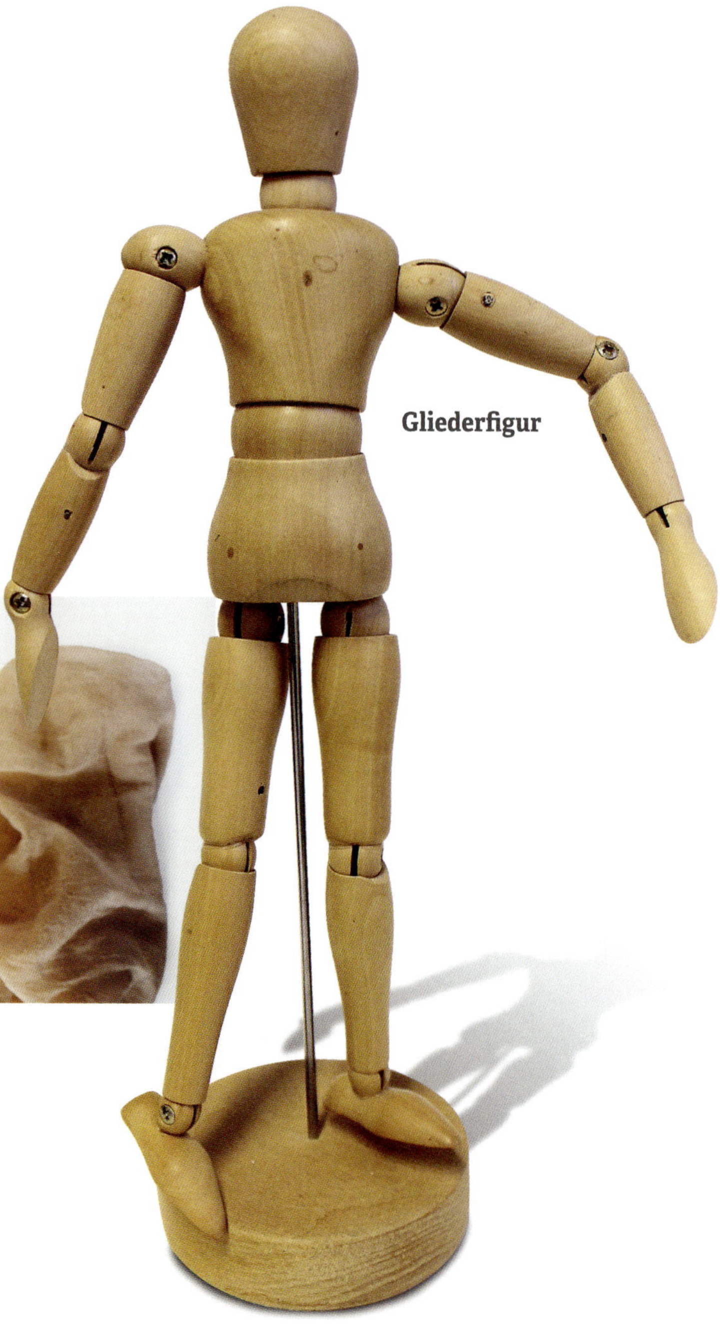

Gliederfigur

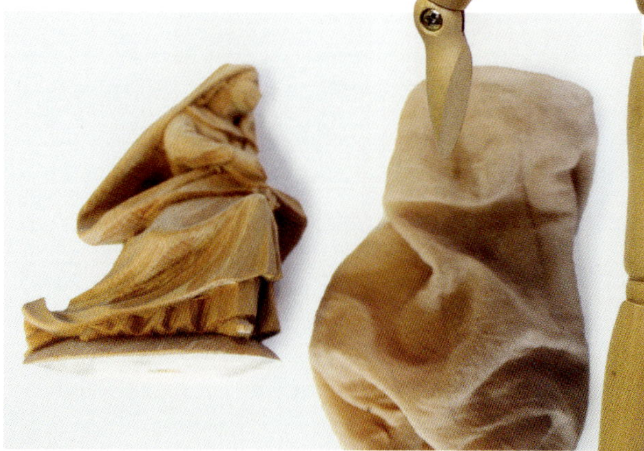

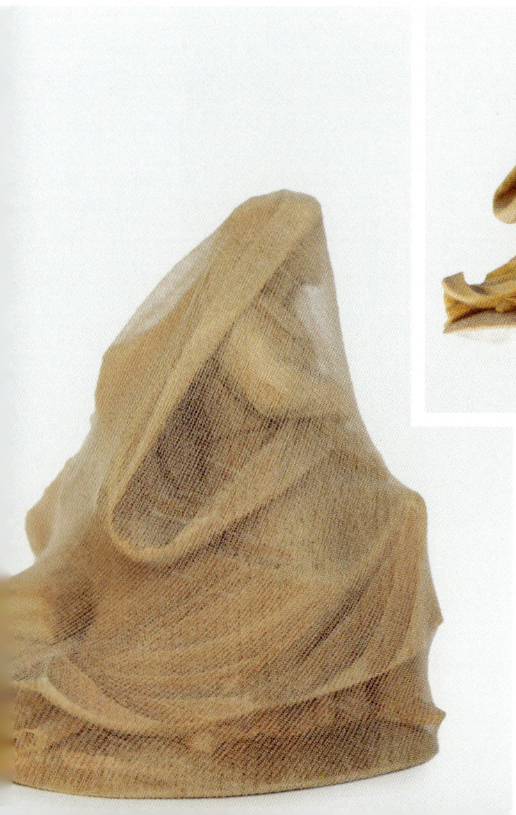

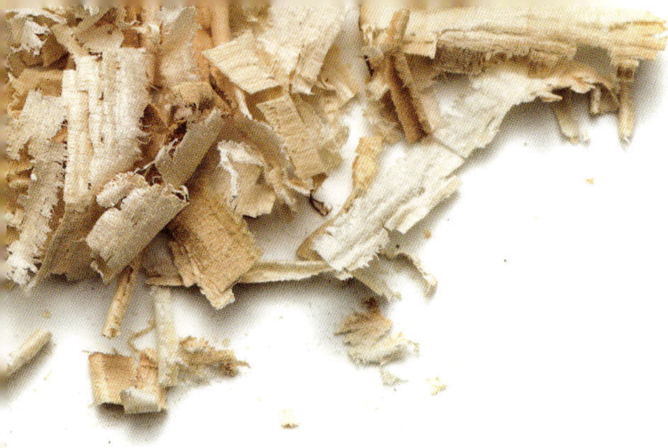

Zeichnen von Krippenfiguren

Beim Entwerfen und Schnitzen von Krippenfiguren ist es gut, einige anatomische Grundregeln zu beachten. Ein gutes Anatomiebuch ist dafür hilfreich. Der Entwurf soll dieselbe Größe haben wie die endgültige Figur. Eine Zeichnung direkt aufs Holz macht wenig Sinn, denn bei den ersten Schnitten mit dem Schnitzeisen geht die Zeichnung verloren.

EINTEILUNG DES KÖRPERS

Schematische Darstellung des menschlichen Körpers mit Körpermaßen und Gelenken.

Das knöcherne Gerüst des menschlichen Körpers bildet wichtige Fixpunkte beim Entwerfen und Schnitzen von Figuren.

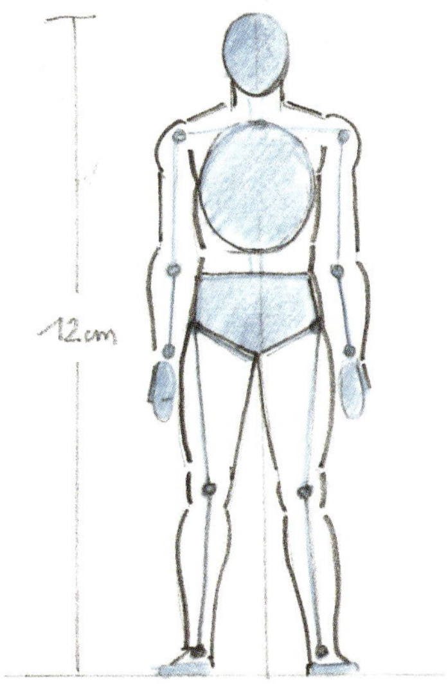

Einteilung in Körpermaßen

ACHTELEINTEILUNG DES MENSCHLICHEN KÖRPERS

Der menschliche Körper lässt sich in 8 Kopflängen unterteilen.

Die Breite der Schulter wird durch 2 Kopflängen bestimmt.

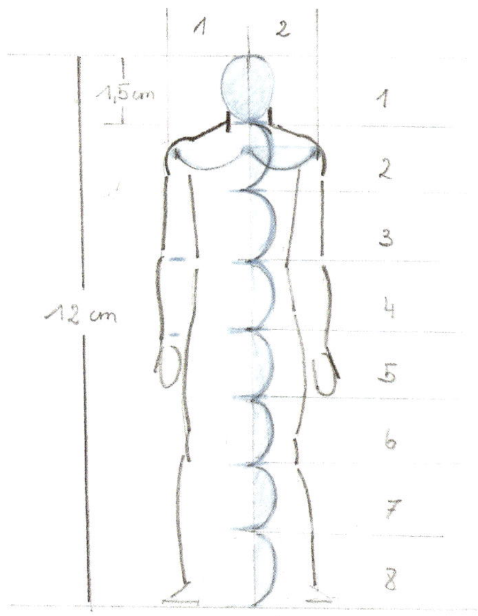

Kopflängen

DAS GESICHT

Das Gesicht lässt sich dreimal unterteilen.
Auch beim Kiefer wird eine dreifache Unterteilung angewandt.

Das Gesicht eines Kindes setzt sich aus zwei Kreisen zusammen.
Es wird halbiert. Der kleine Kreis bildet das Gesichtsfeld, der größere Kreis die Schädelform.

Im Alter wachsen Ohren und Nase weiter, Gesichtszüge werden markanter und durch den Muskelabbau treten knöcherne Stellen deutlicher hervor.

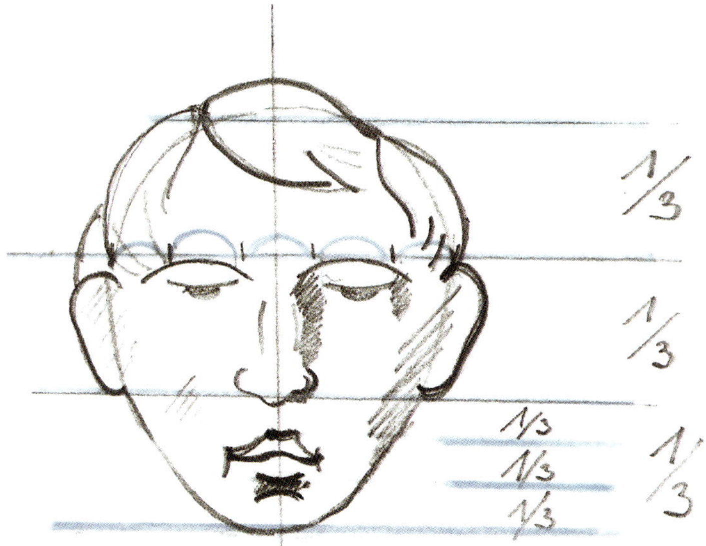

Dritteleinteilung des Gesichts

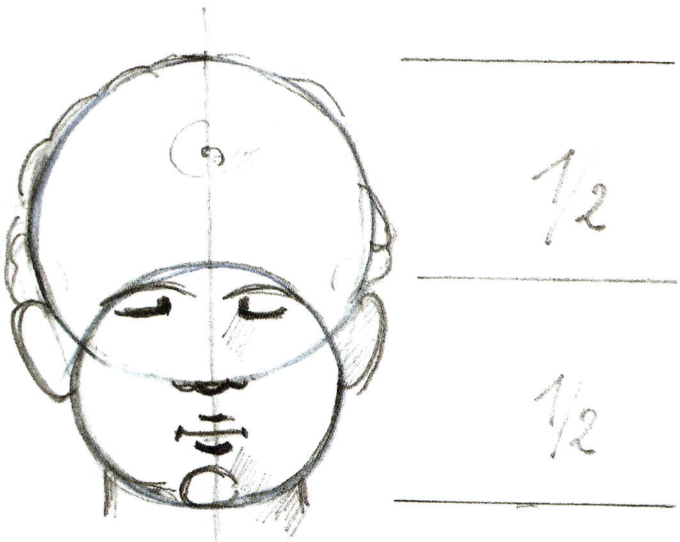

Kinderkopf

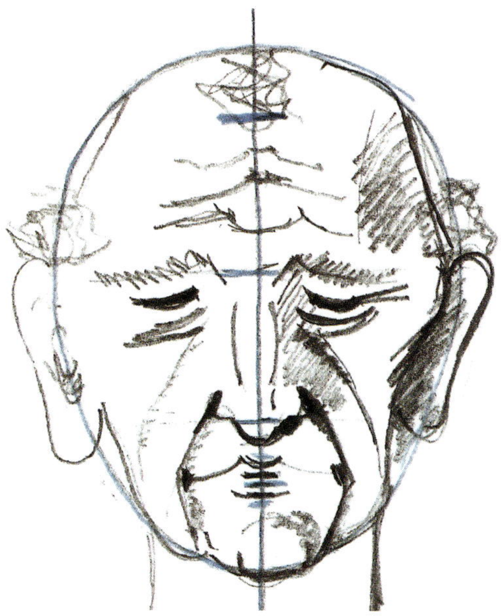

Alter Kopf

Entwerfen von Tieren

Beim Entwerfen und Schnitzen von Tieren ist es ebenfalls wichtig, die anatomischen Grundregeln zu beachten

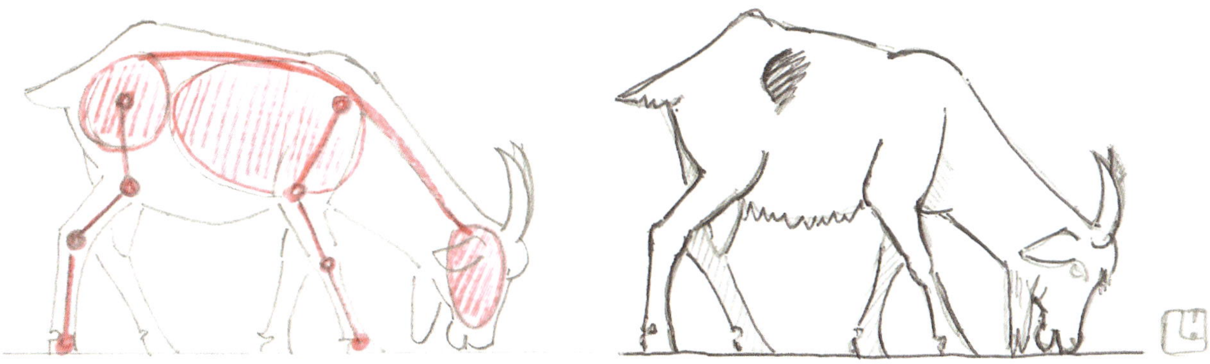

Entwurf grasende Ziege

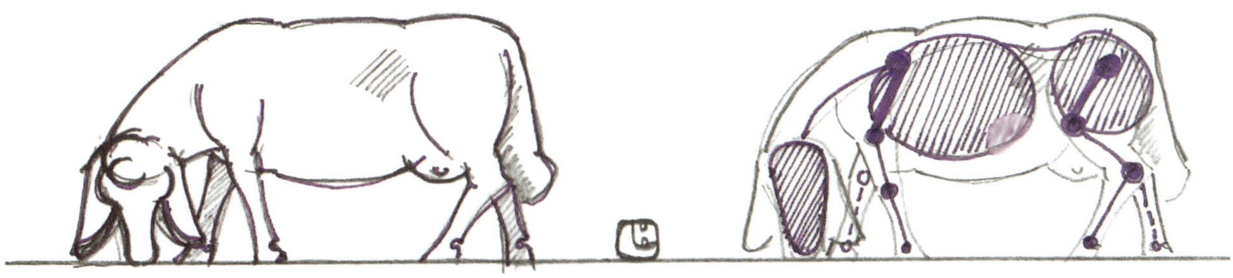

Entwurf grasendes Schaf

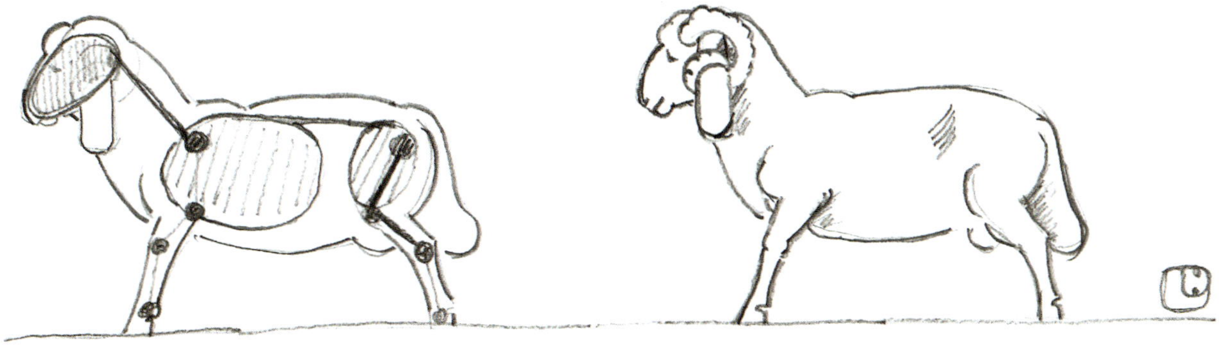

Entwurf Widder

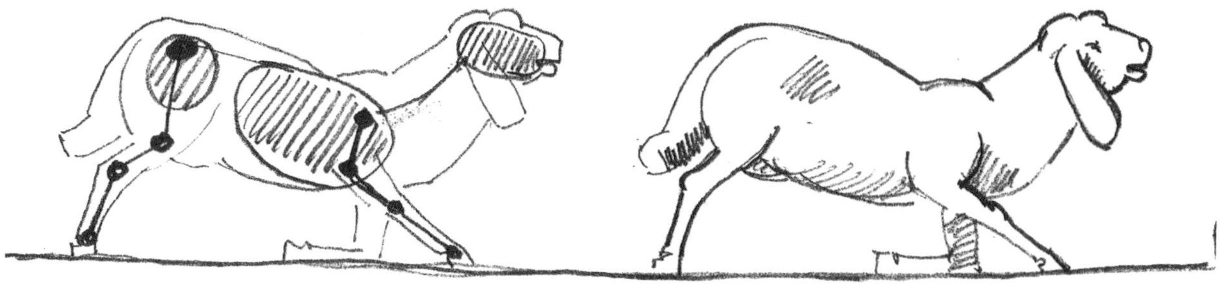

Entwurf aufstehendes Schaf

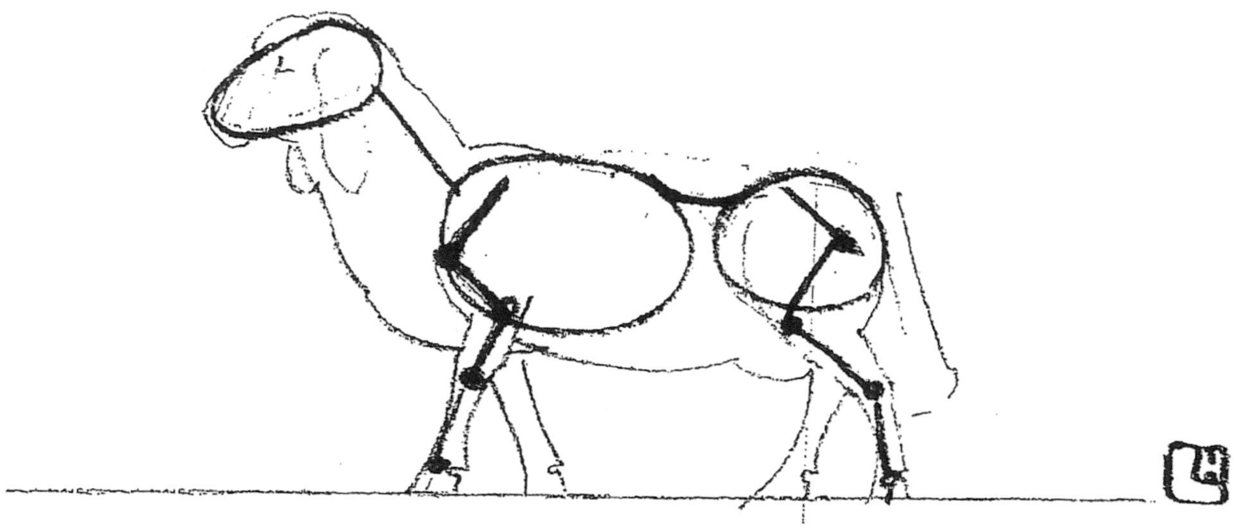

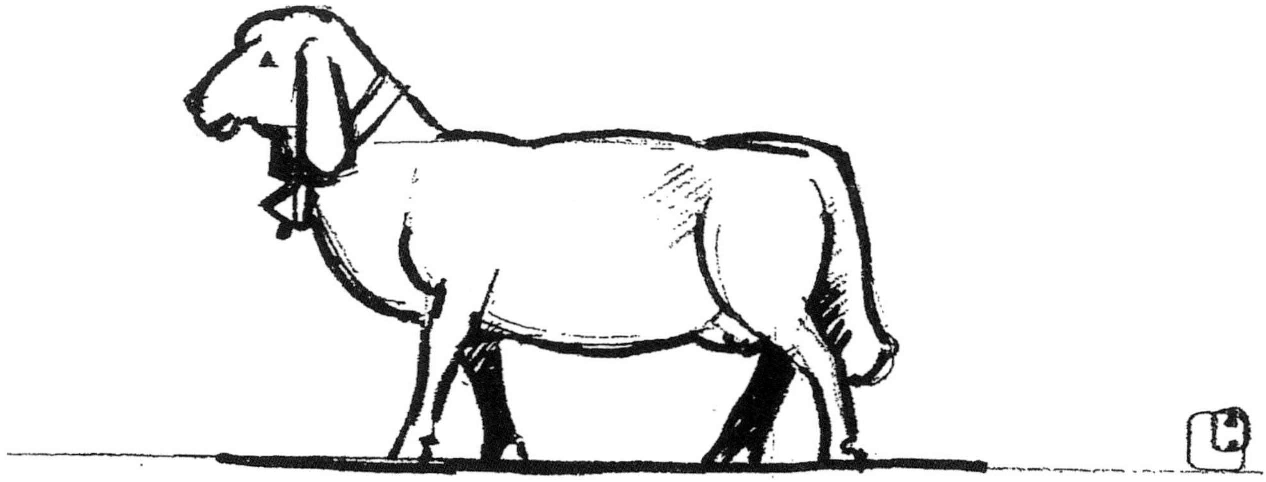

Entwurf stehendes Schaf

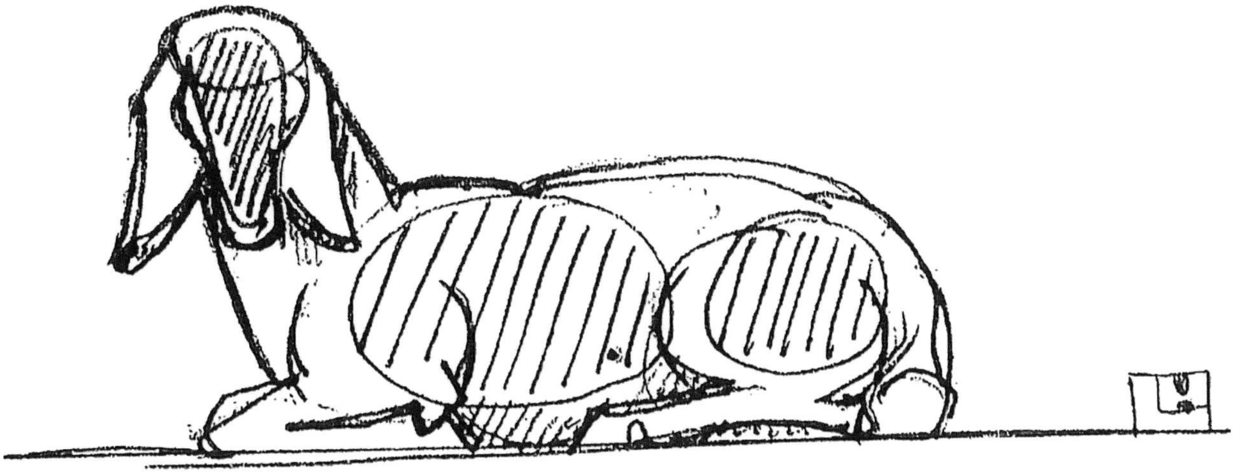

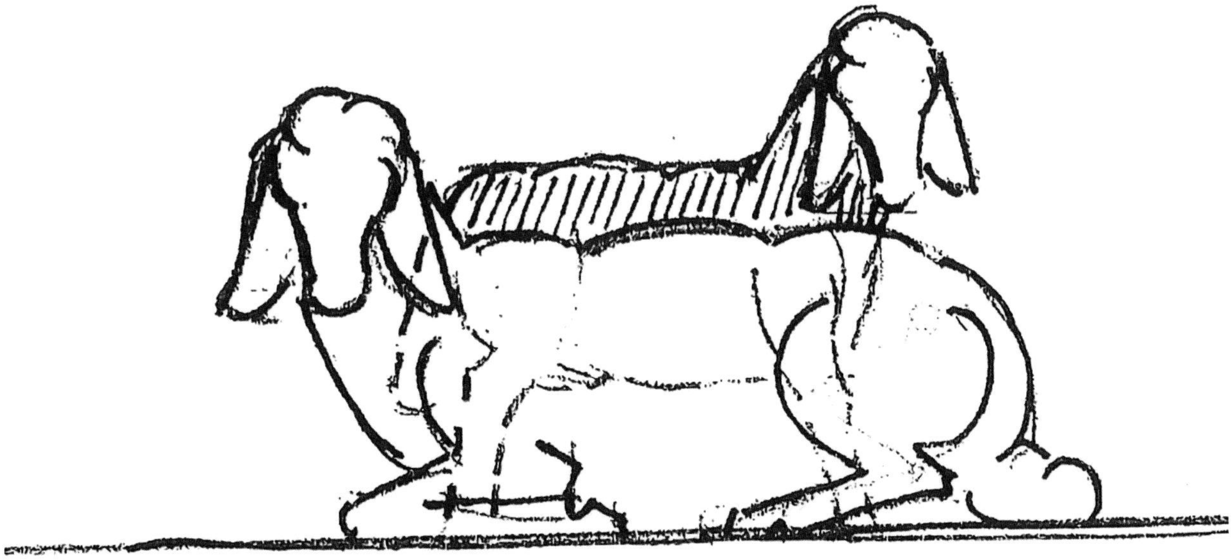

Entwurf einer Schafsgruppe

Die Gruppe besteht aus einem liegenden Schaf im Vordergrund und einem kleineren stehenden Schaf im Hintergrund

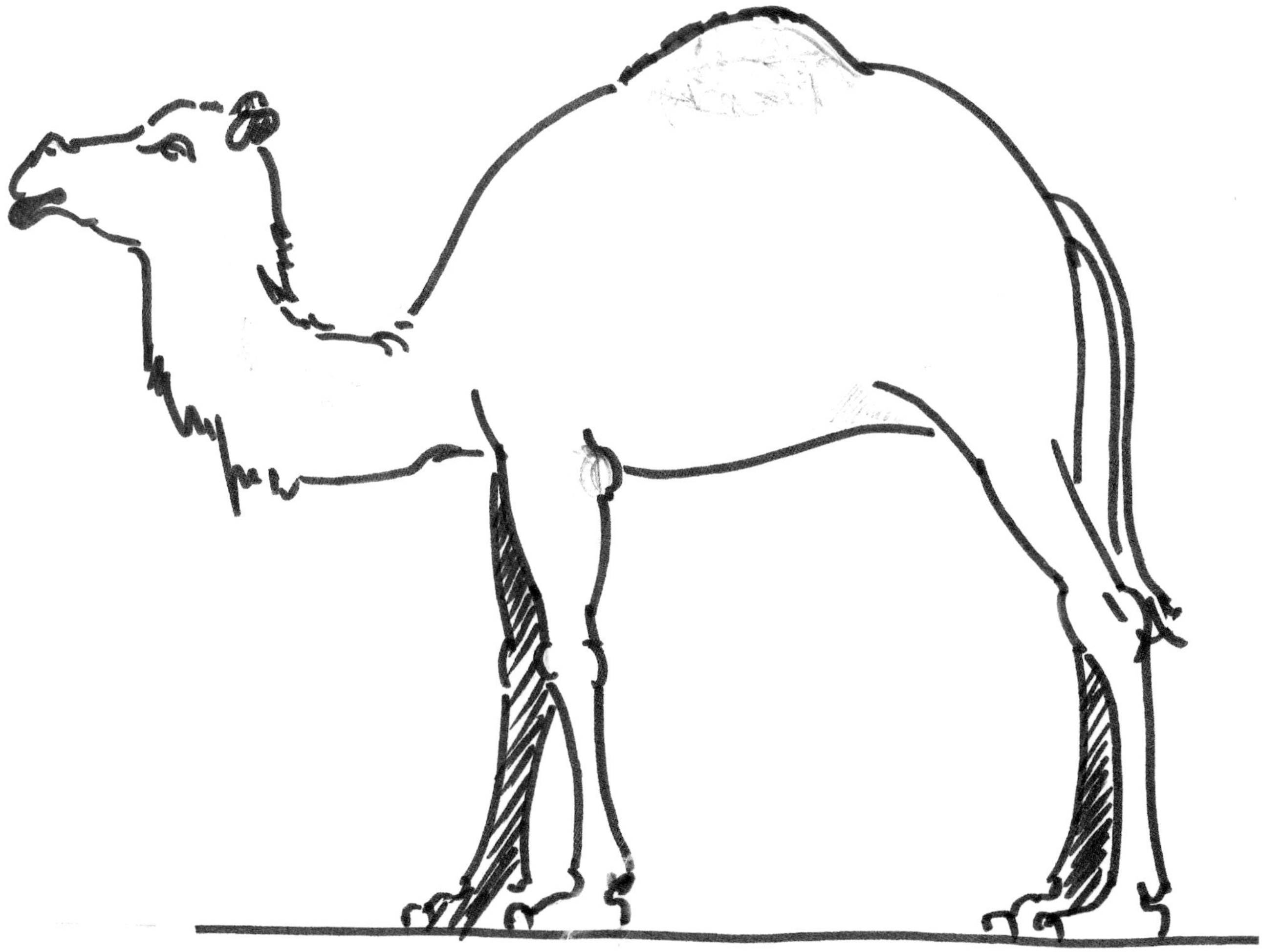

Entwurf Kamel

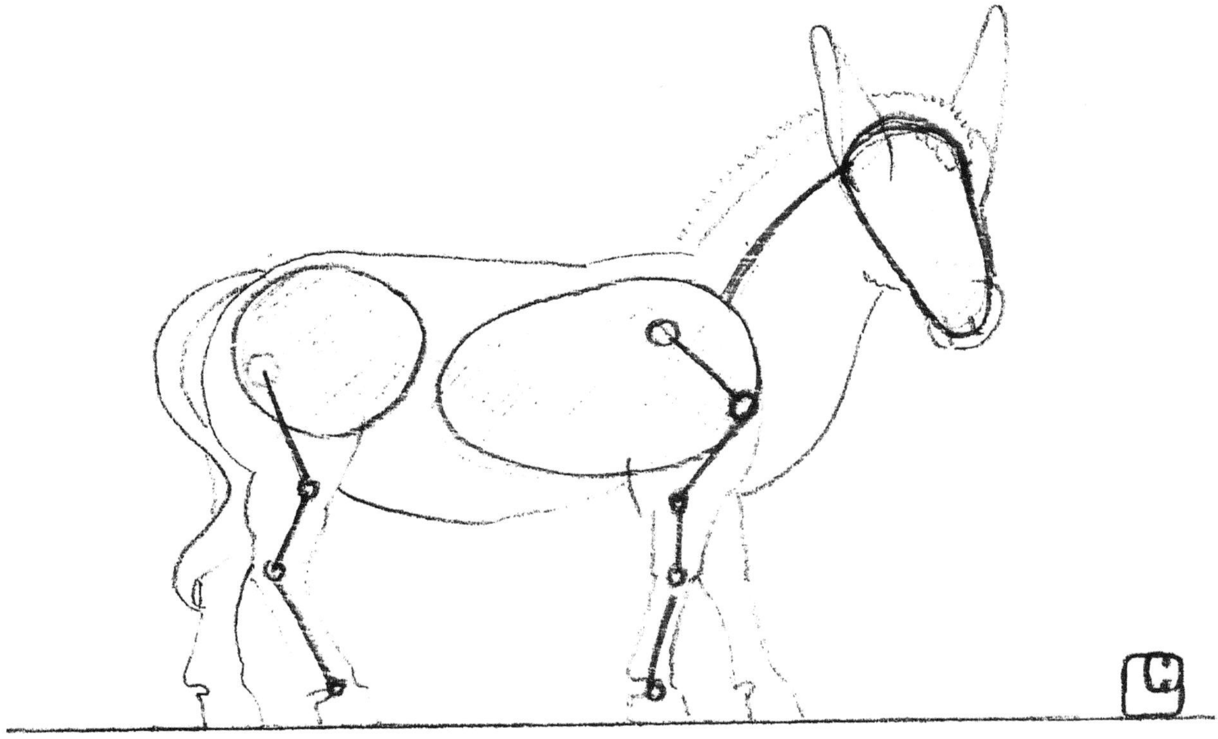

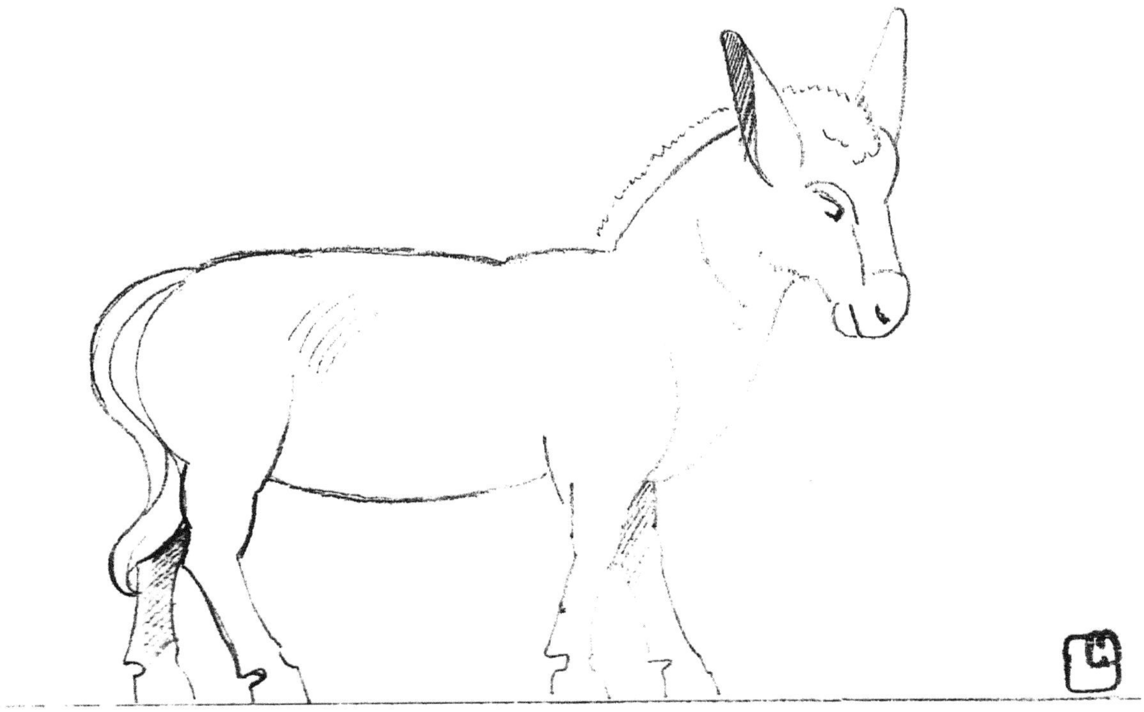

Entwurf Esel 1

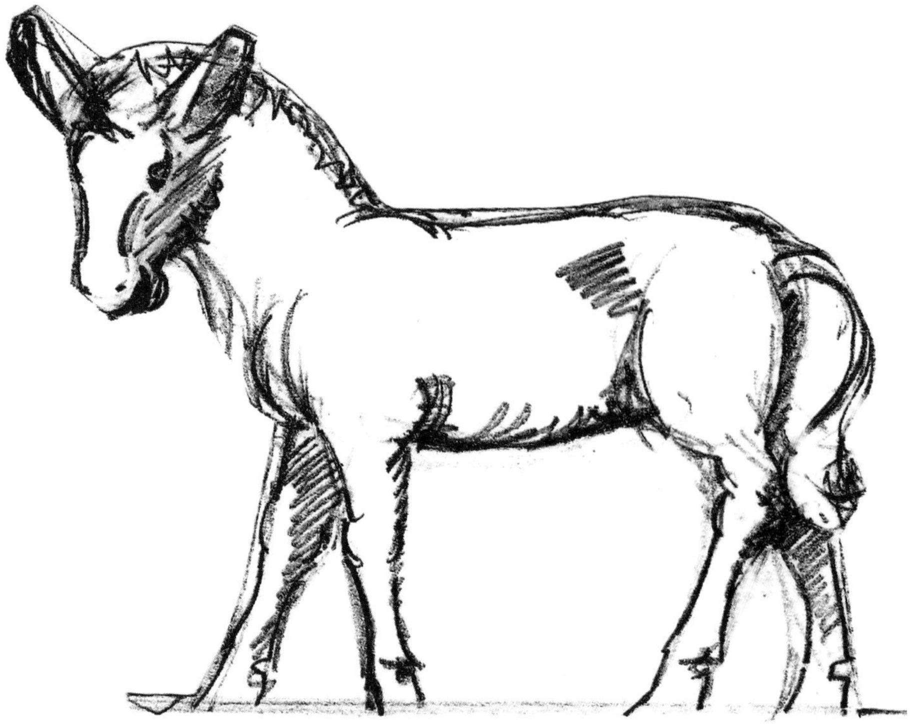

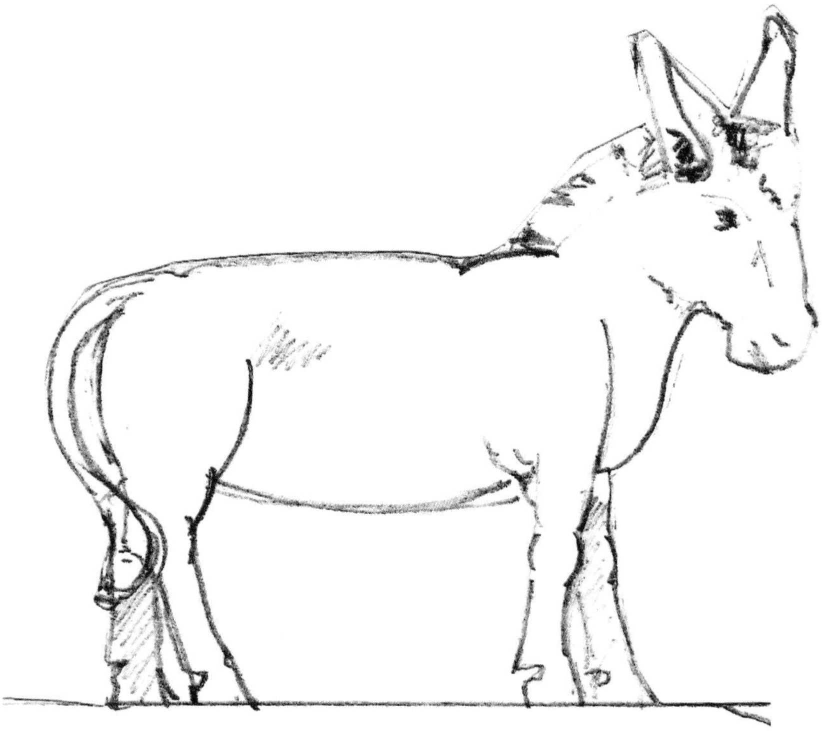

Entwurf Esel 2

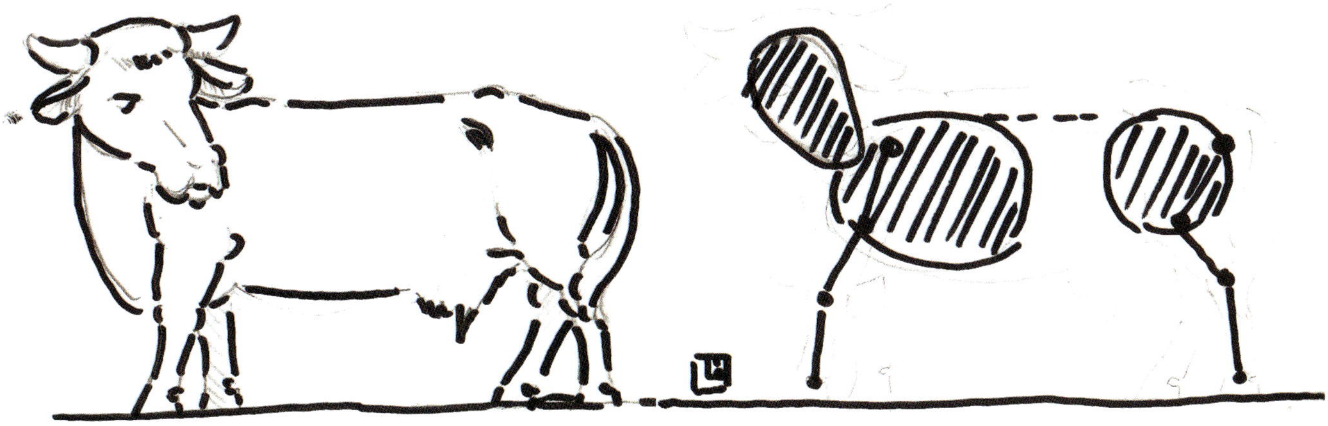

Entwurf Ochs 1

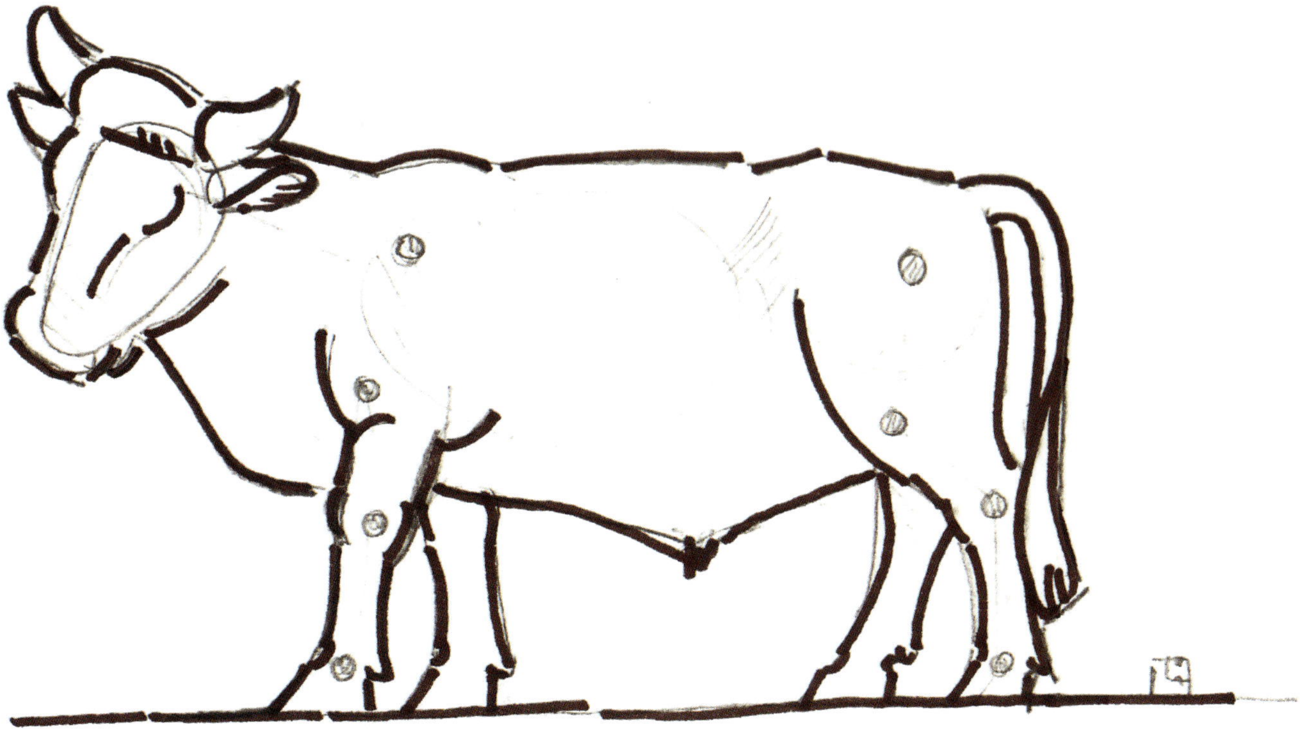

Entwurf Ochs 2

Entwerfen von Figuren

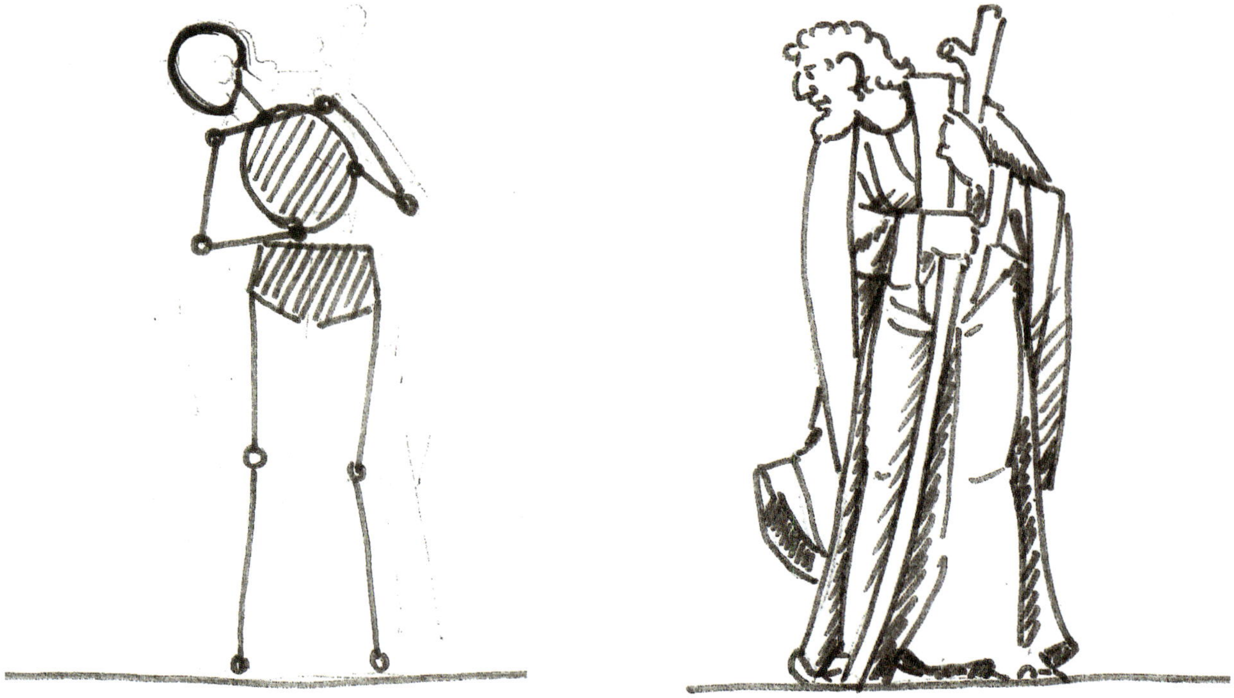

Entwurf eines hl. Josef mit Stock

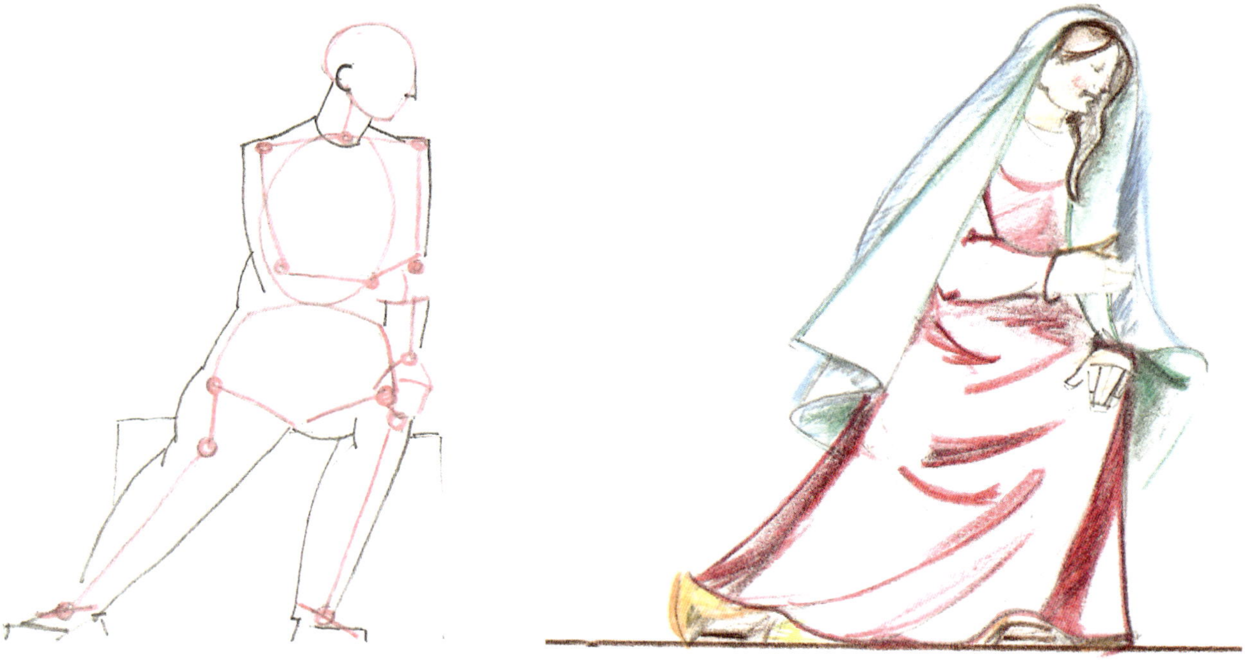

Entwurf der hl. Maria sitzend

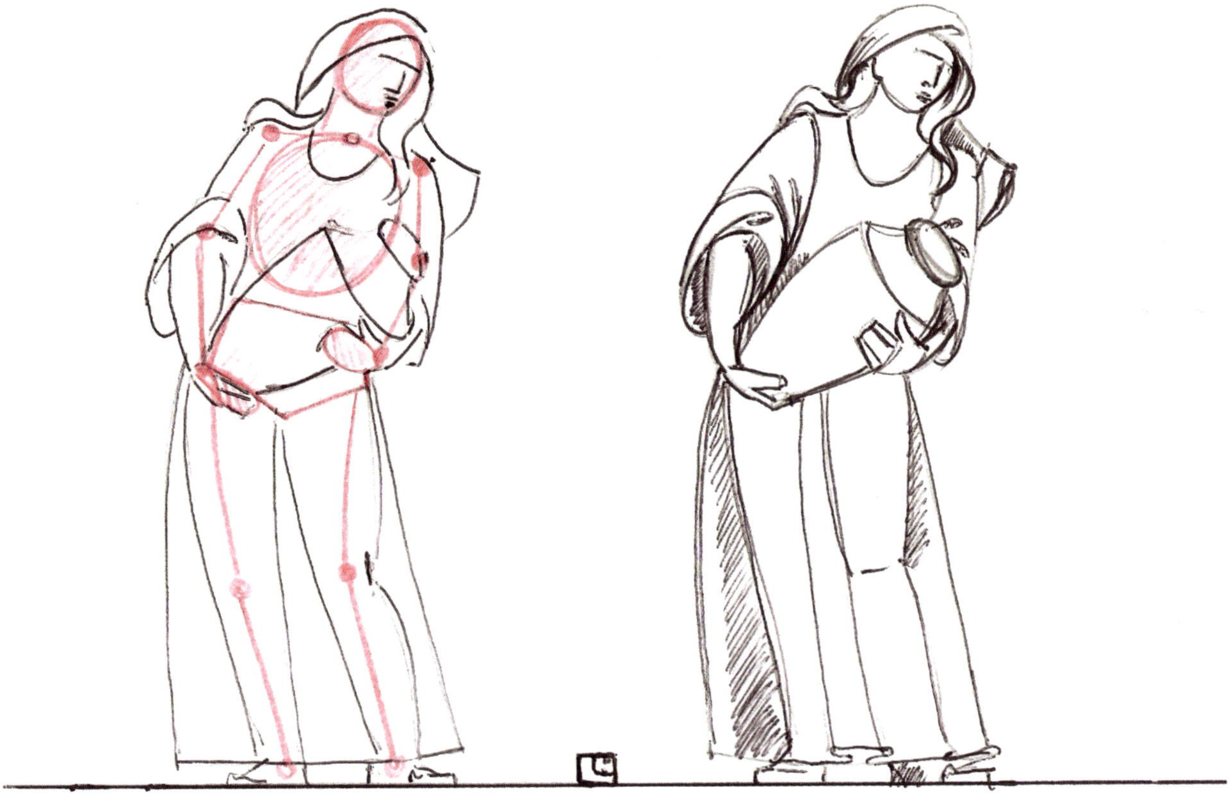

Entwurf einer Frau mit Krug 1

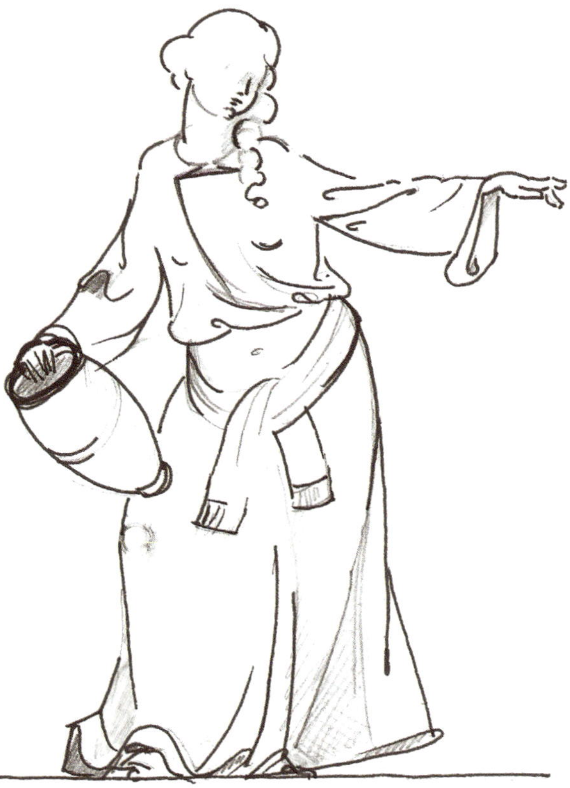

Entwurf einer Frau mit Krug 2

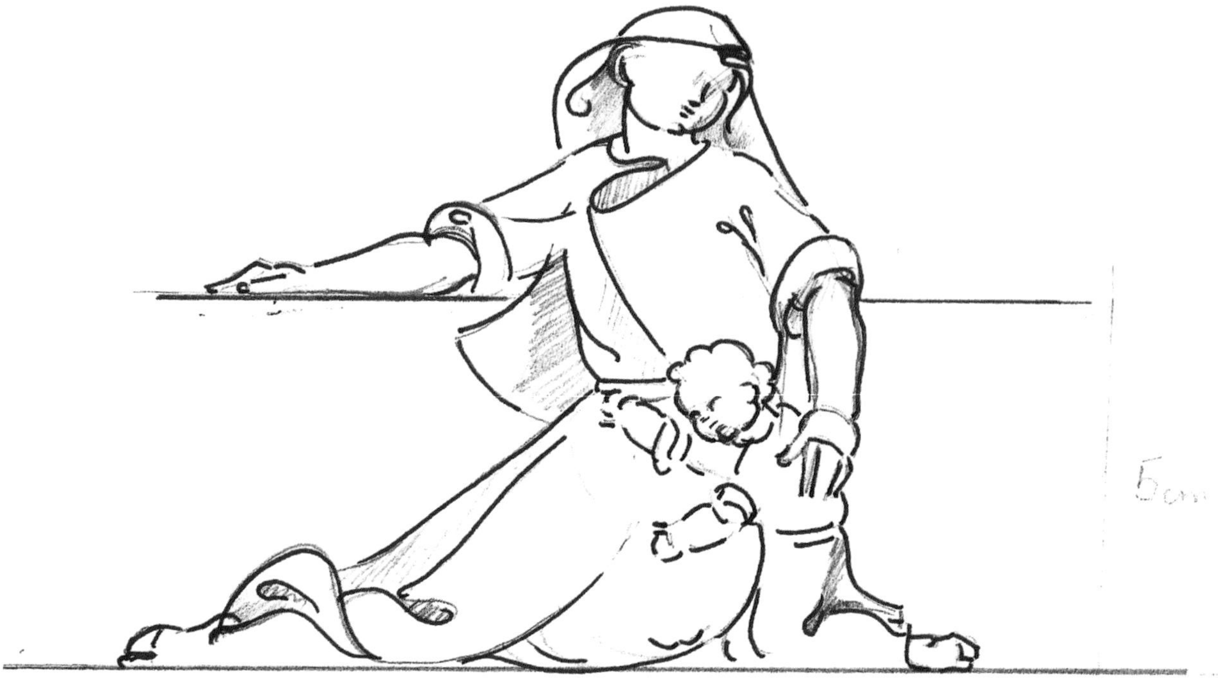

Entwurf sitzende Frau mit Kind

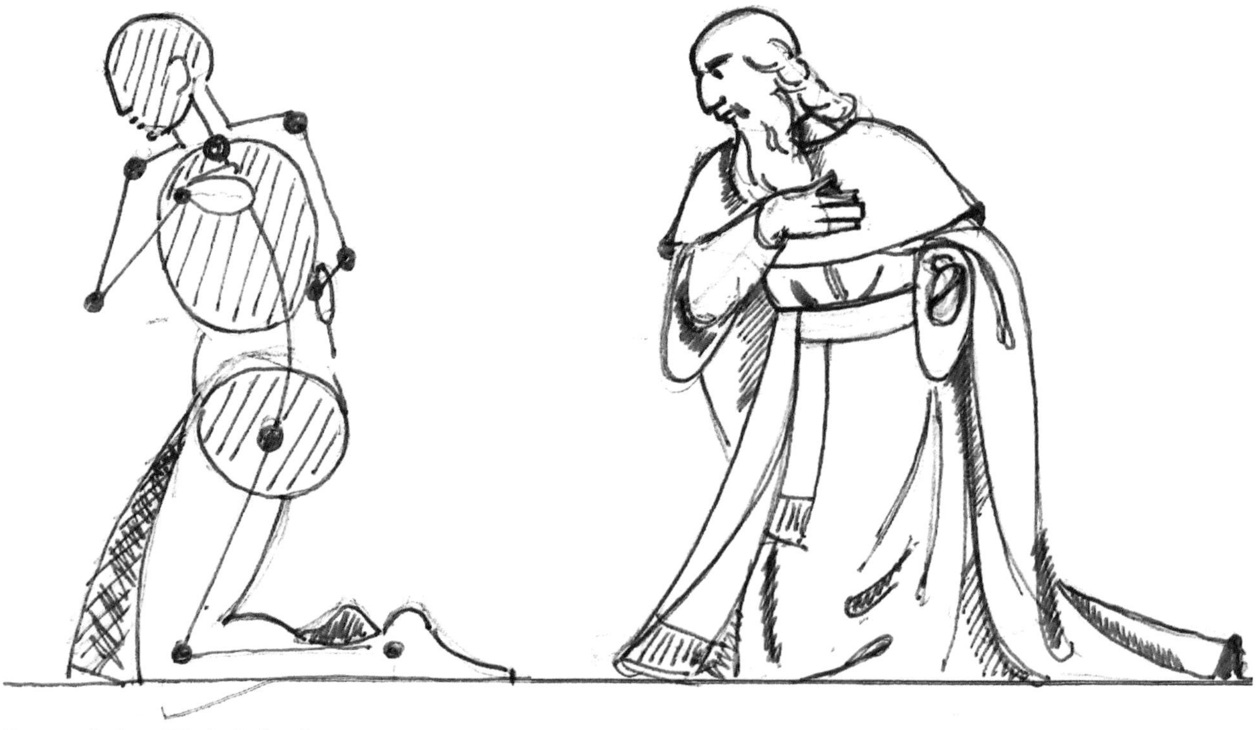

Entwurf alter König kniend

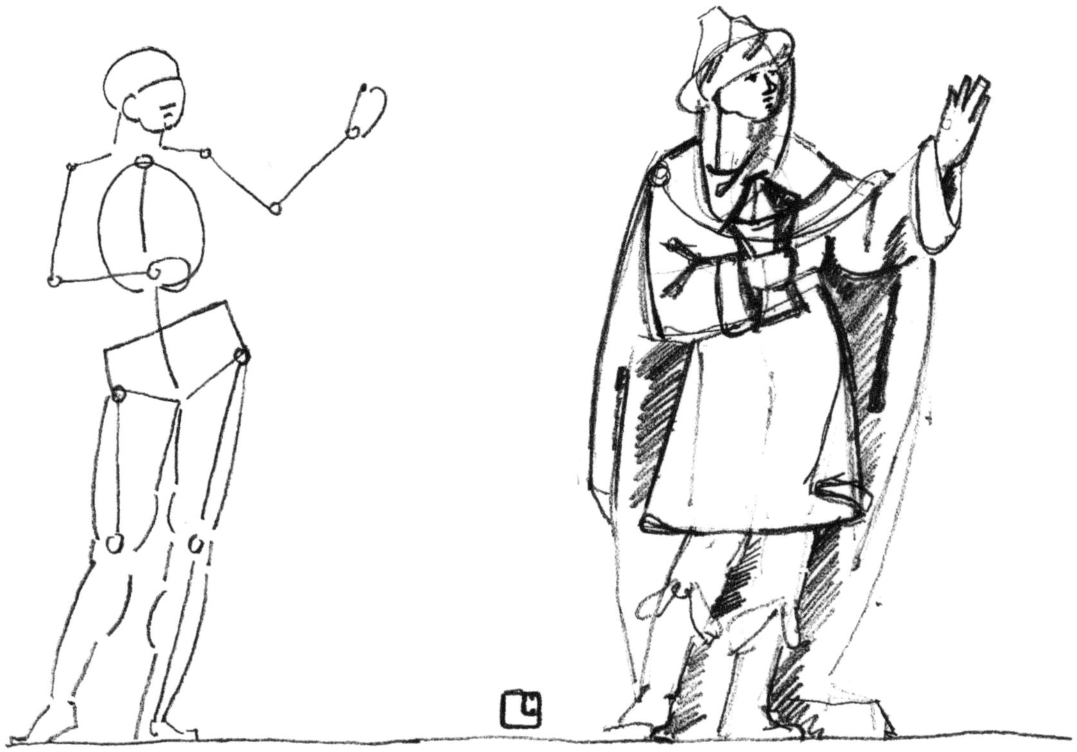

Entwurf stehender König von rechts

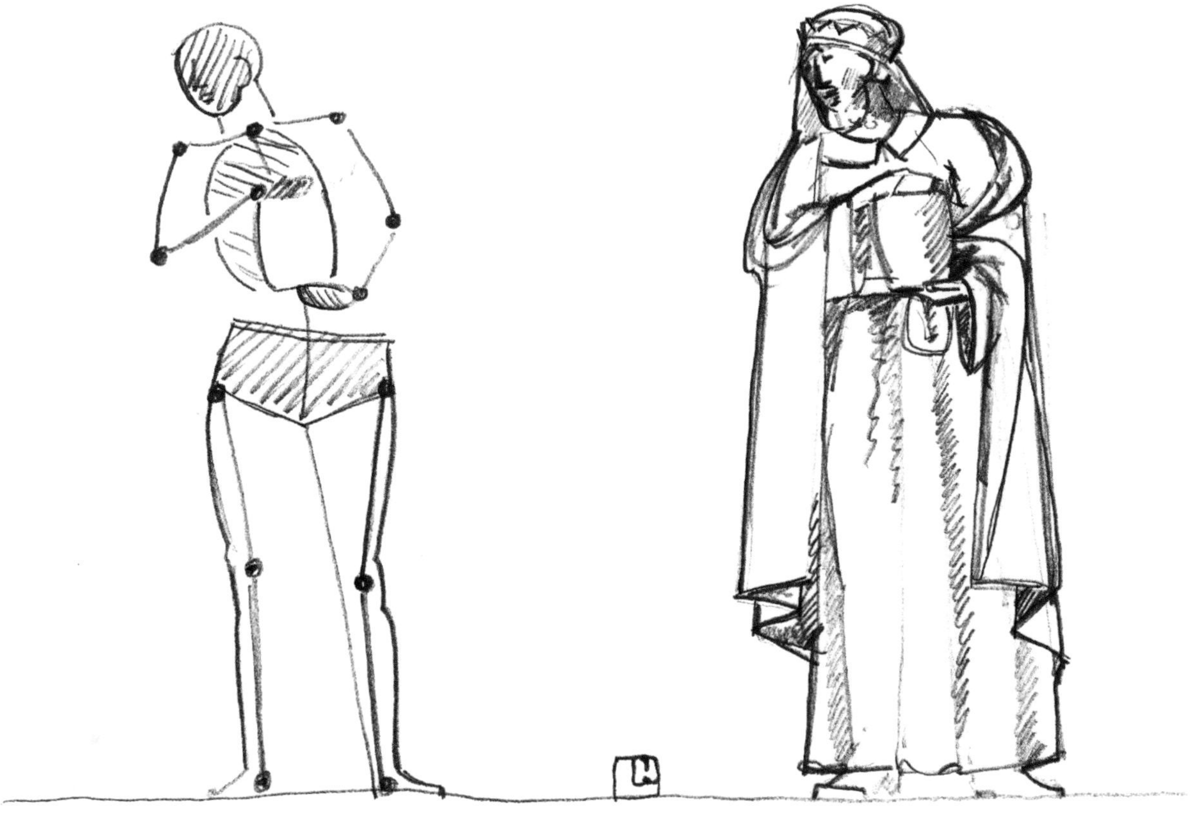

Entwurf stehender König von links

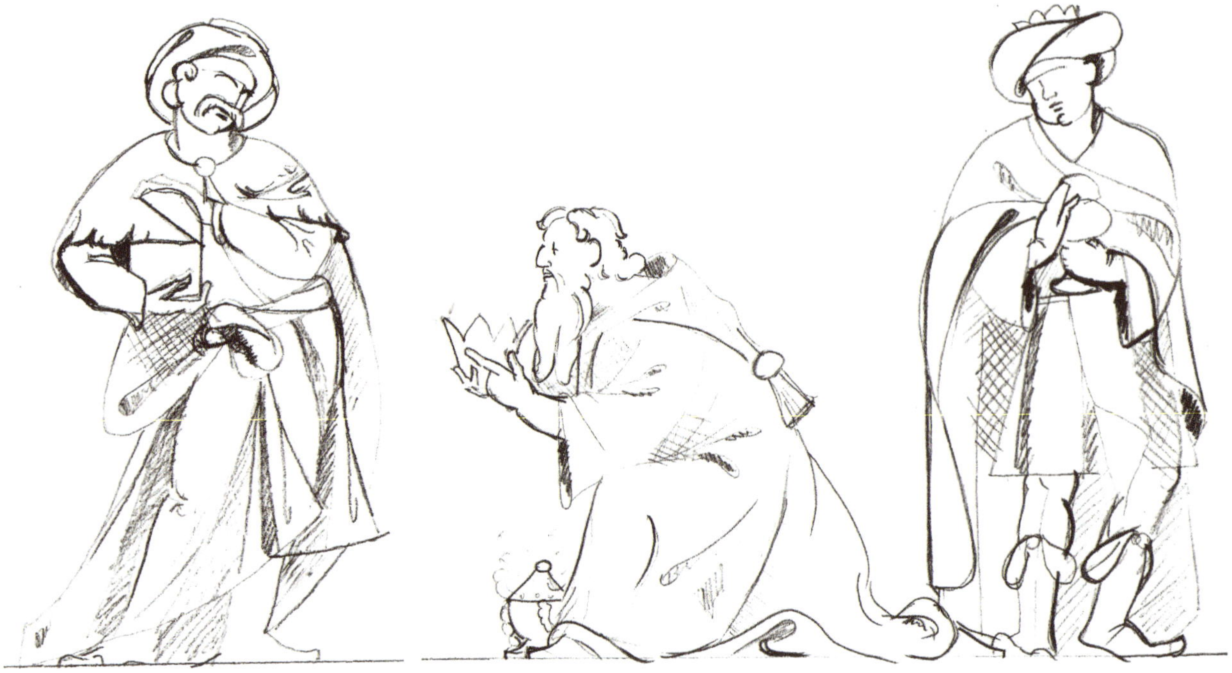

Entwurf Gruppe der Hl. drei Könige

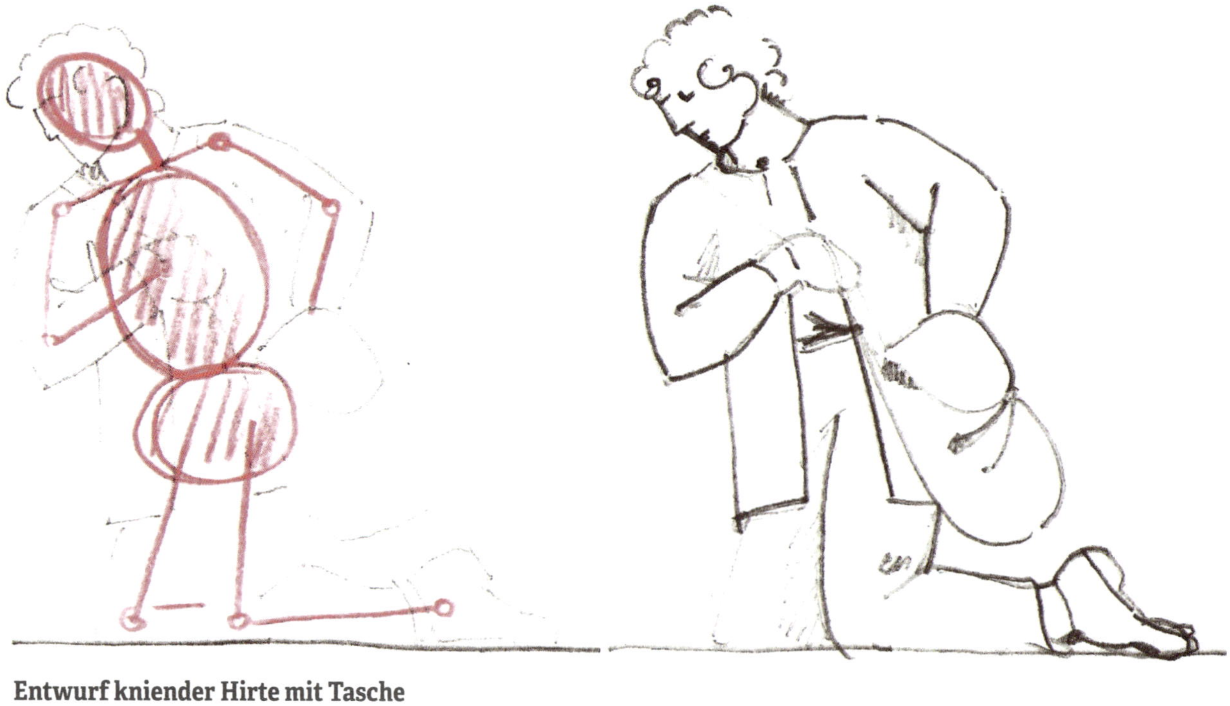

Entwurf kniender Hirte mit Tasche

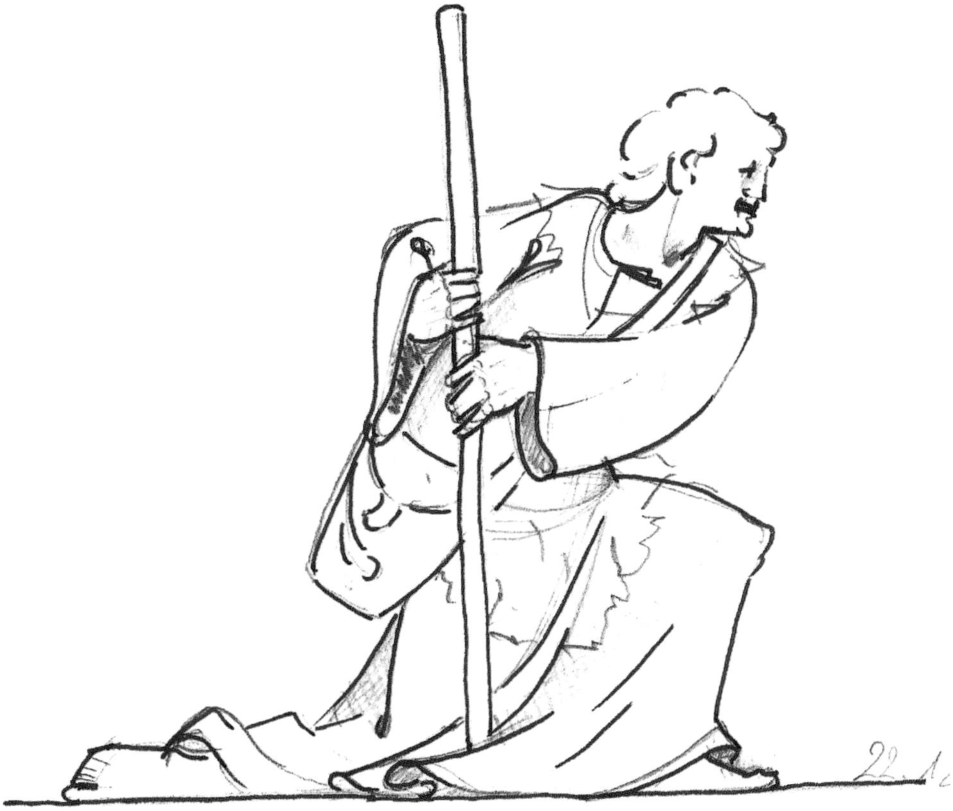

Entwurf kniender Hirte mit Stock

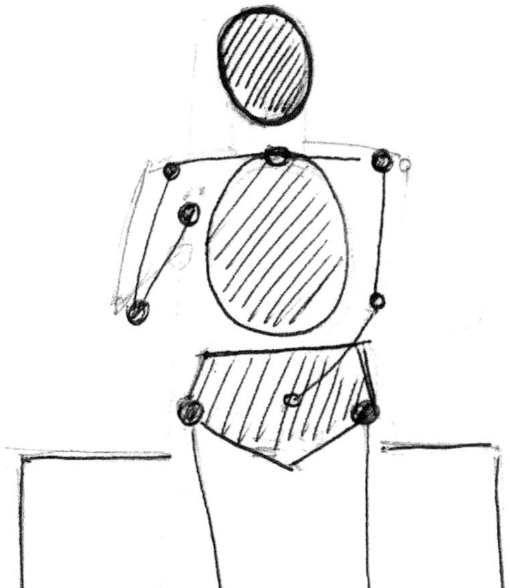

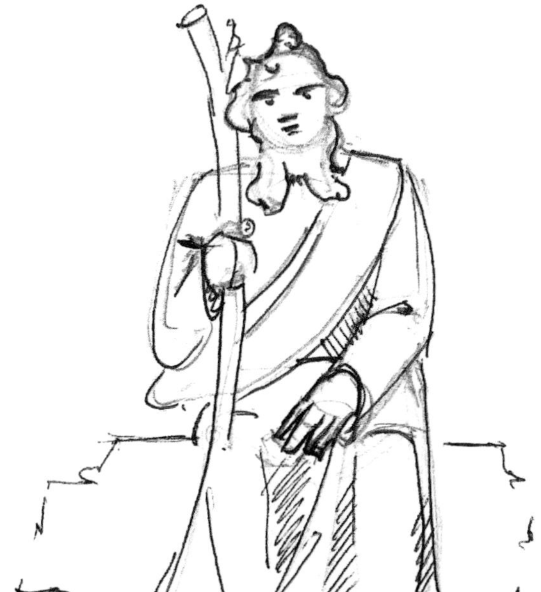

Entwurf sitzender Hirte

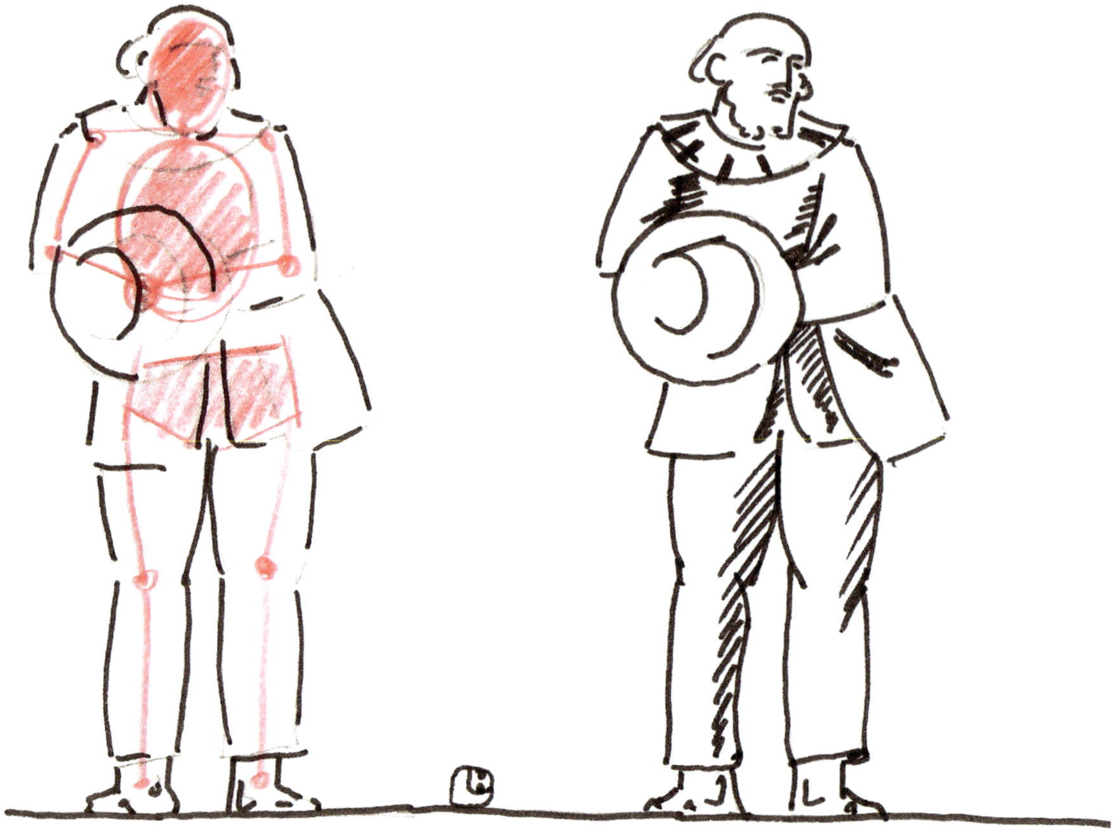

Entwurf stehender Hirte mit Hut in der Hand

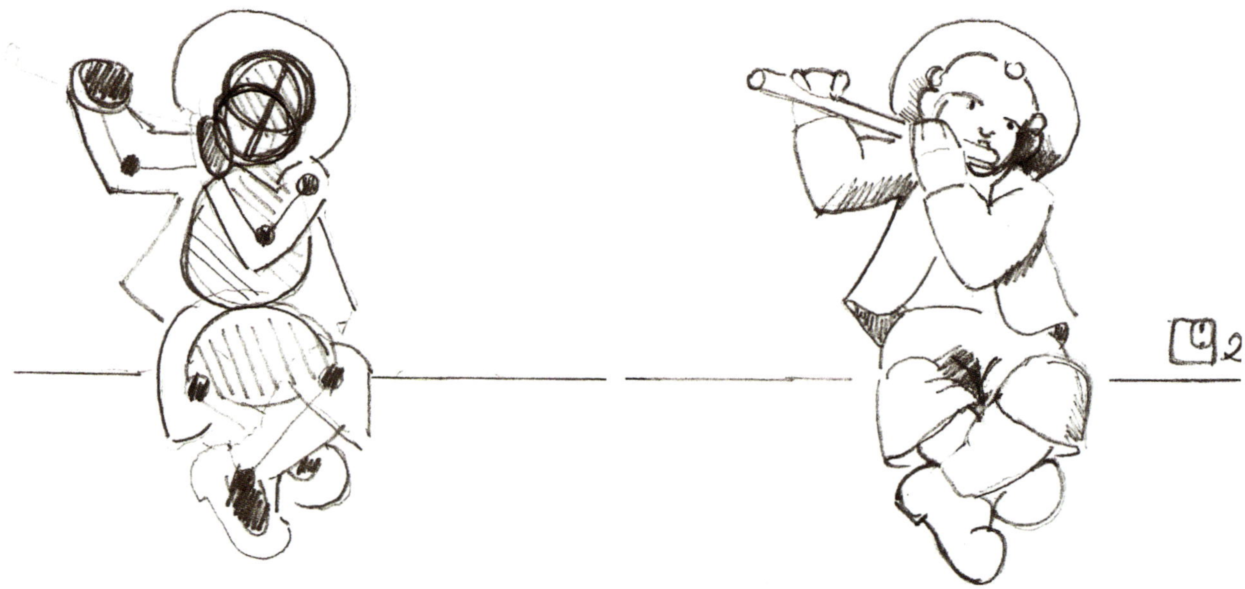

Entwurf Hirtenbub sitzend mit Flöte

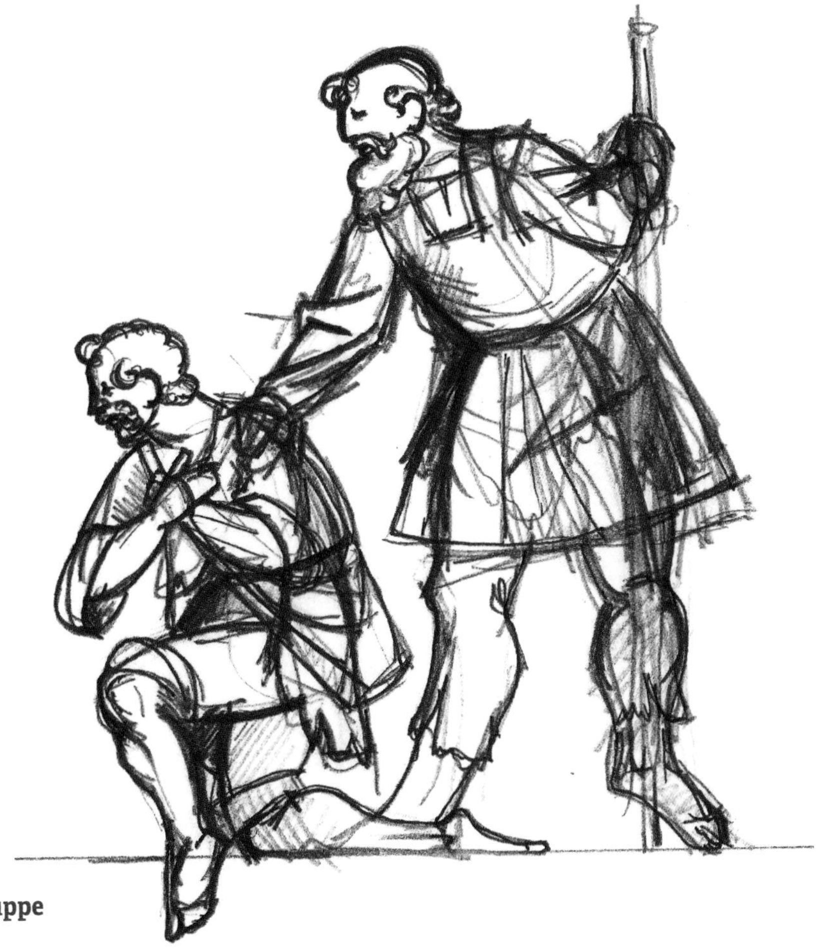

Entwurf Hirtengruppe

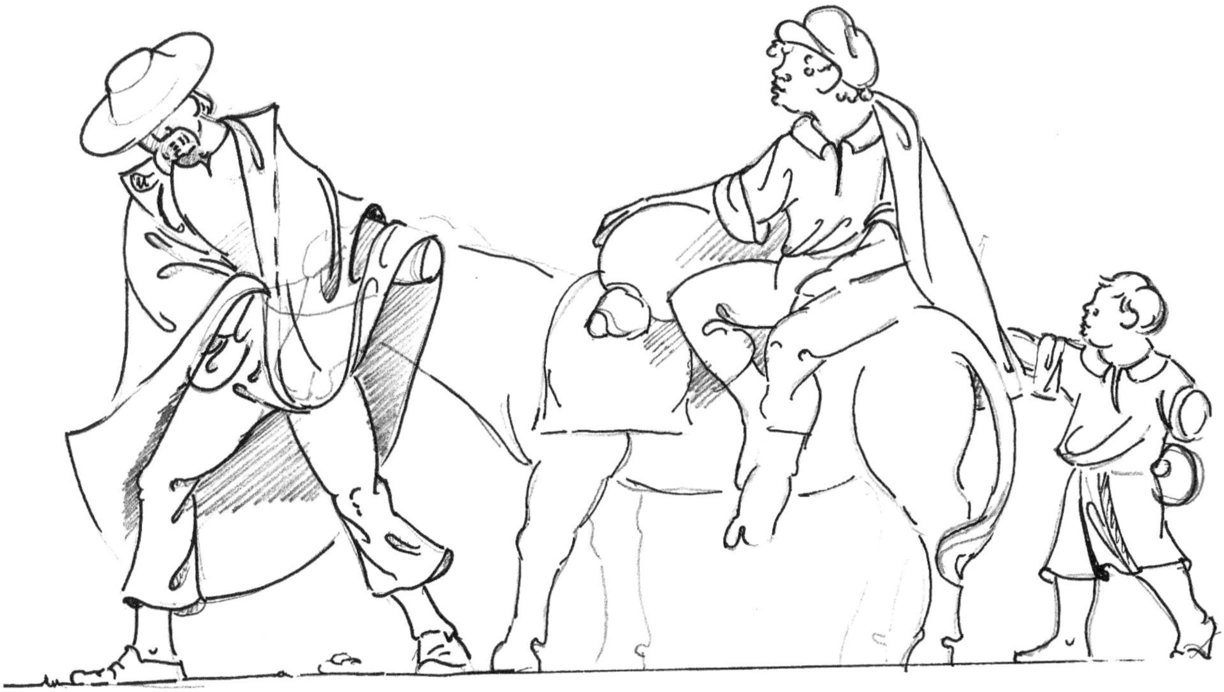

Entwurf Hirtengruppe mit Esel

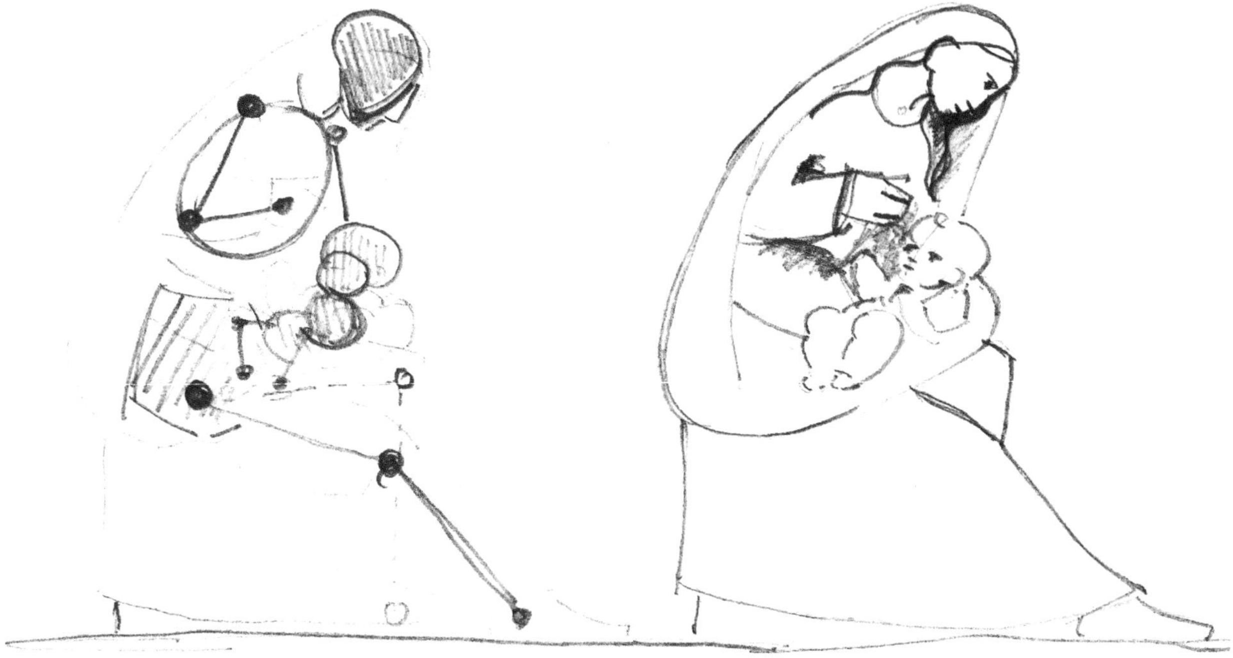

Entwurf Maria sitzend mit Jesuskind im Arm

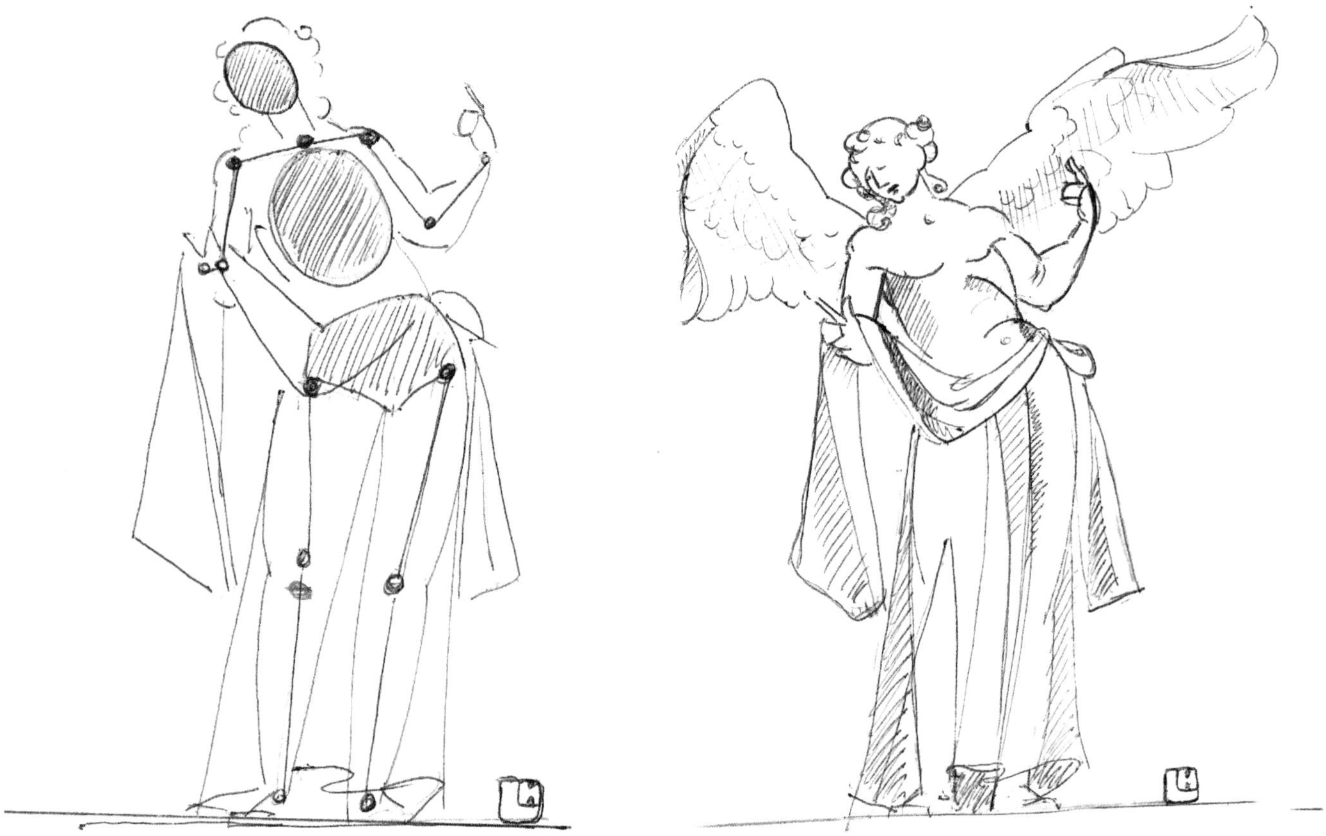

Entwurf Engel stehend

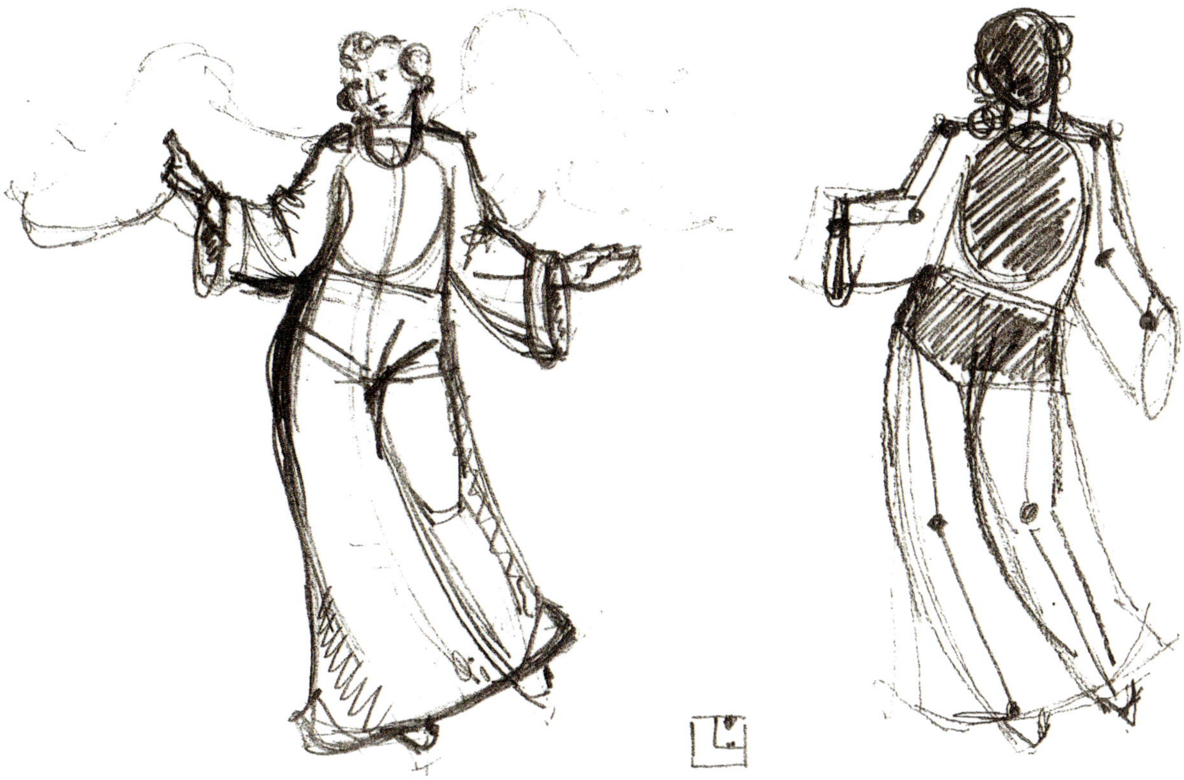

Entwurf Engel schwebend

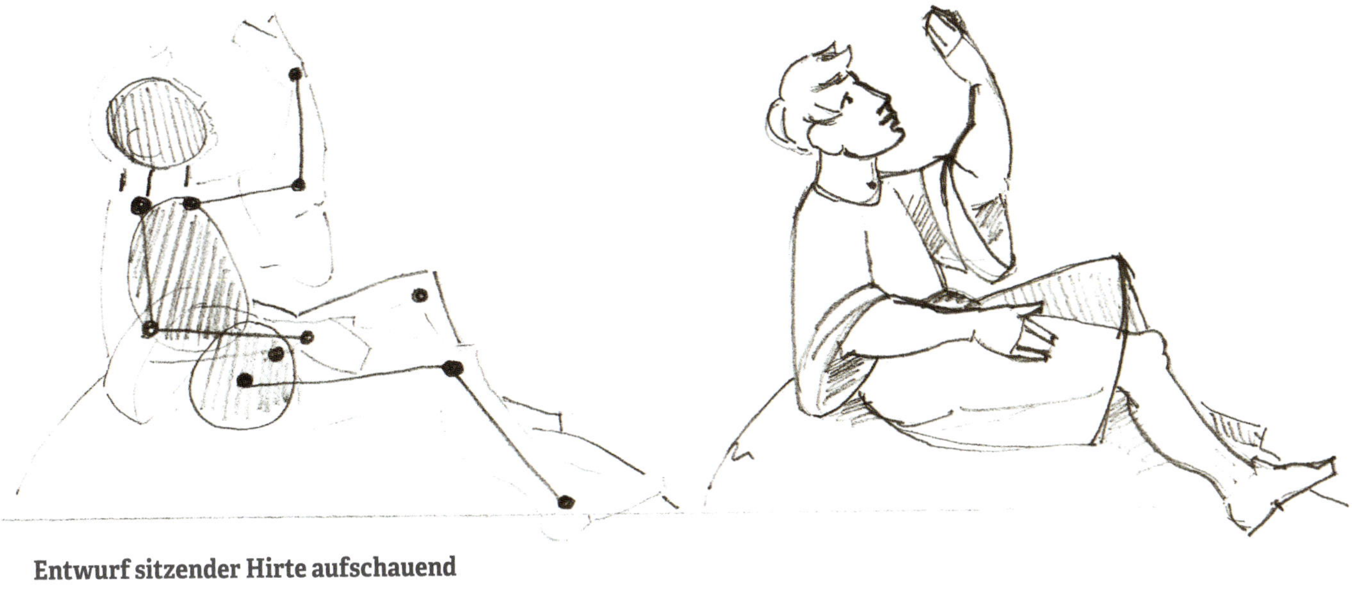

Entwurf sitzender Hirte aufschauend

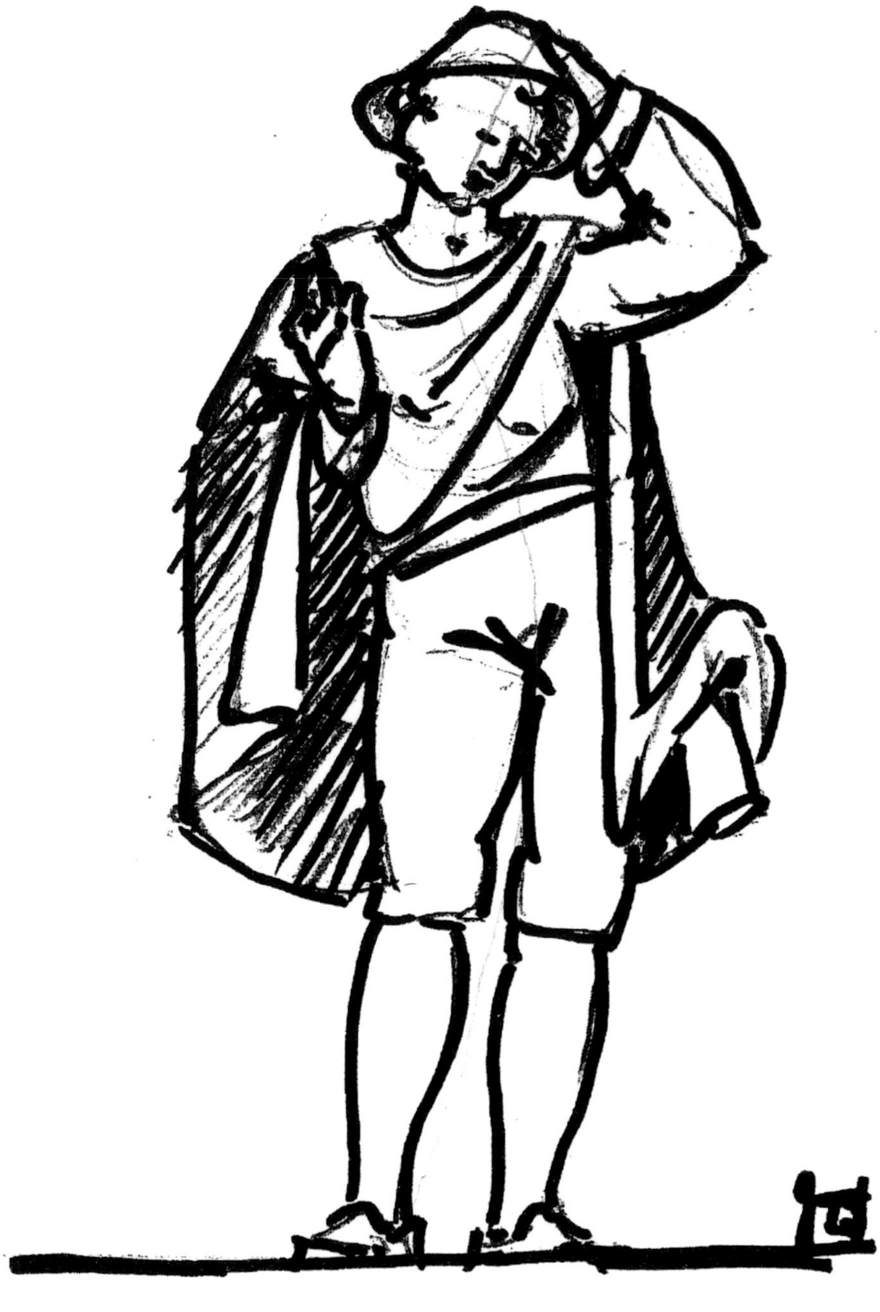

Entwurf Hirte mit Umhang

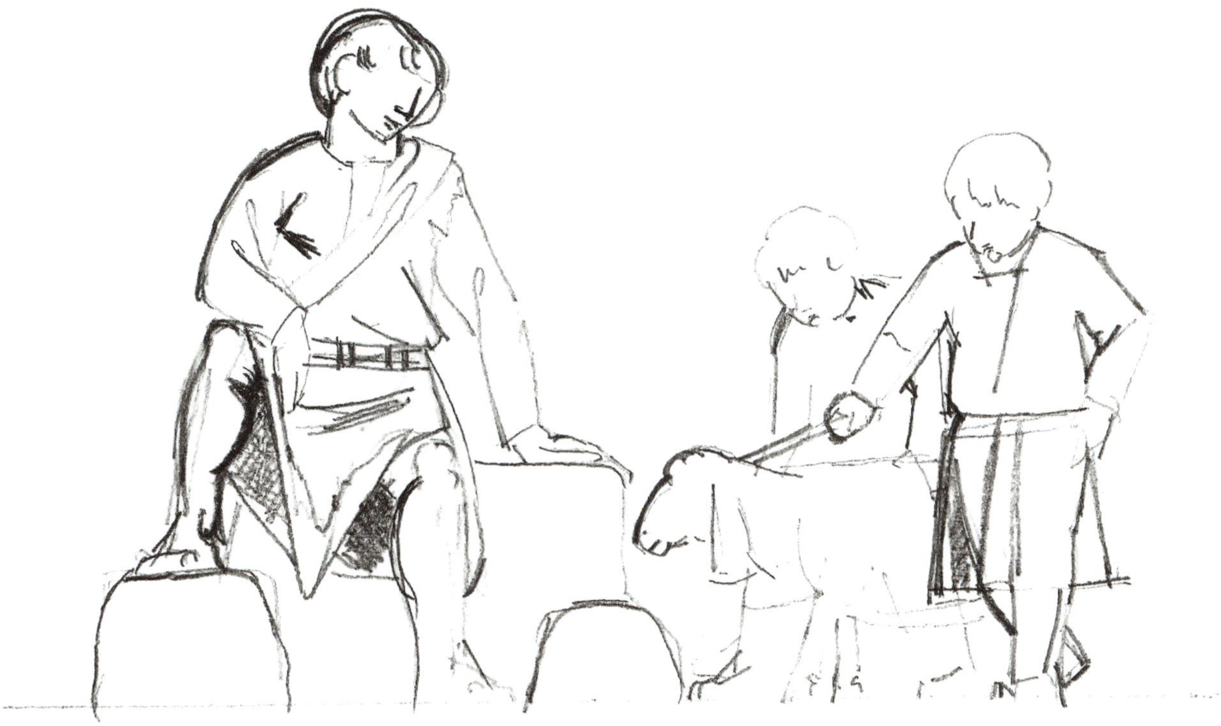

Entwurf Hirtengruppe mit Schaf

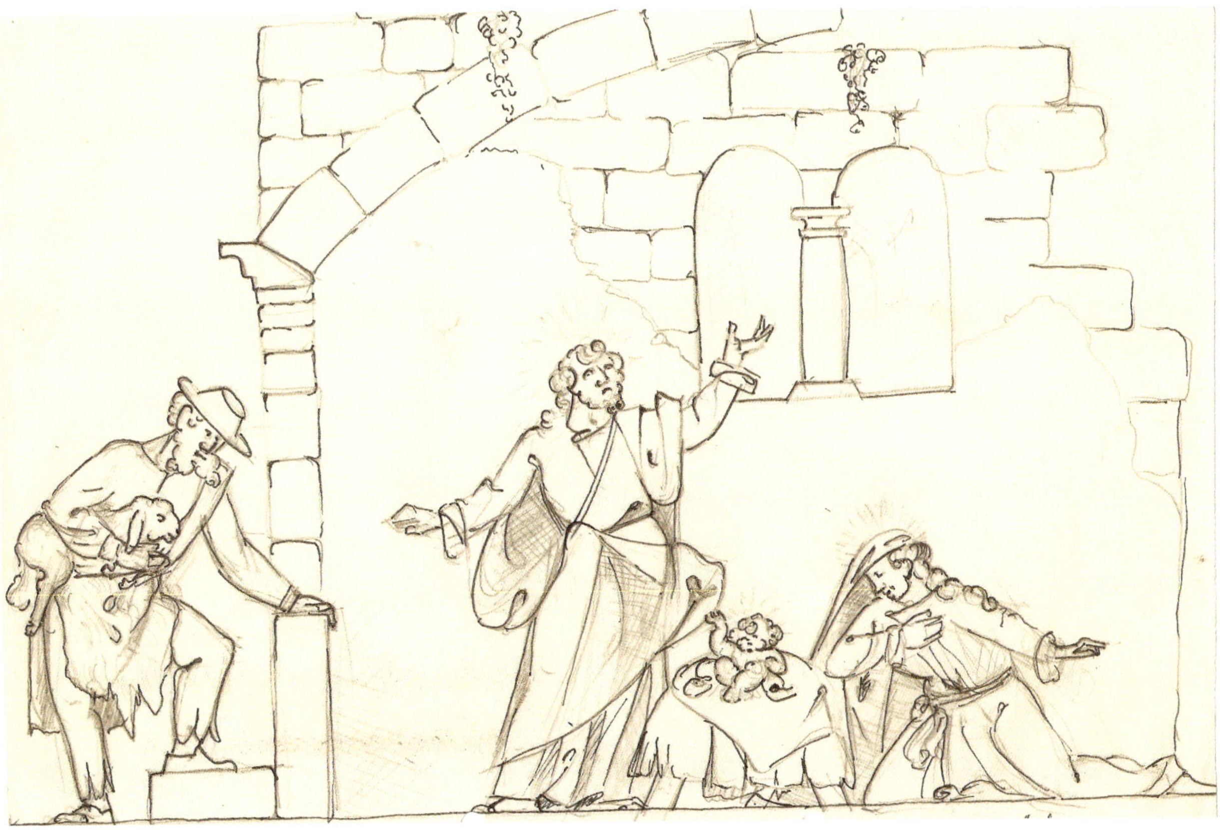

Entwurf Hl. Familie mit Hirte

Entwurf einer gesamten Krippe

Die Anordnung von Figurengruppen kann man im Entwurf ausprobieren und auch relativ einfach verändern.

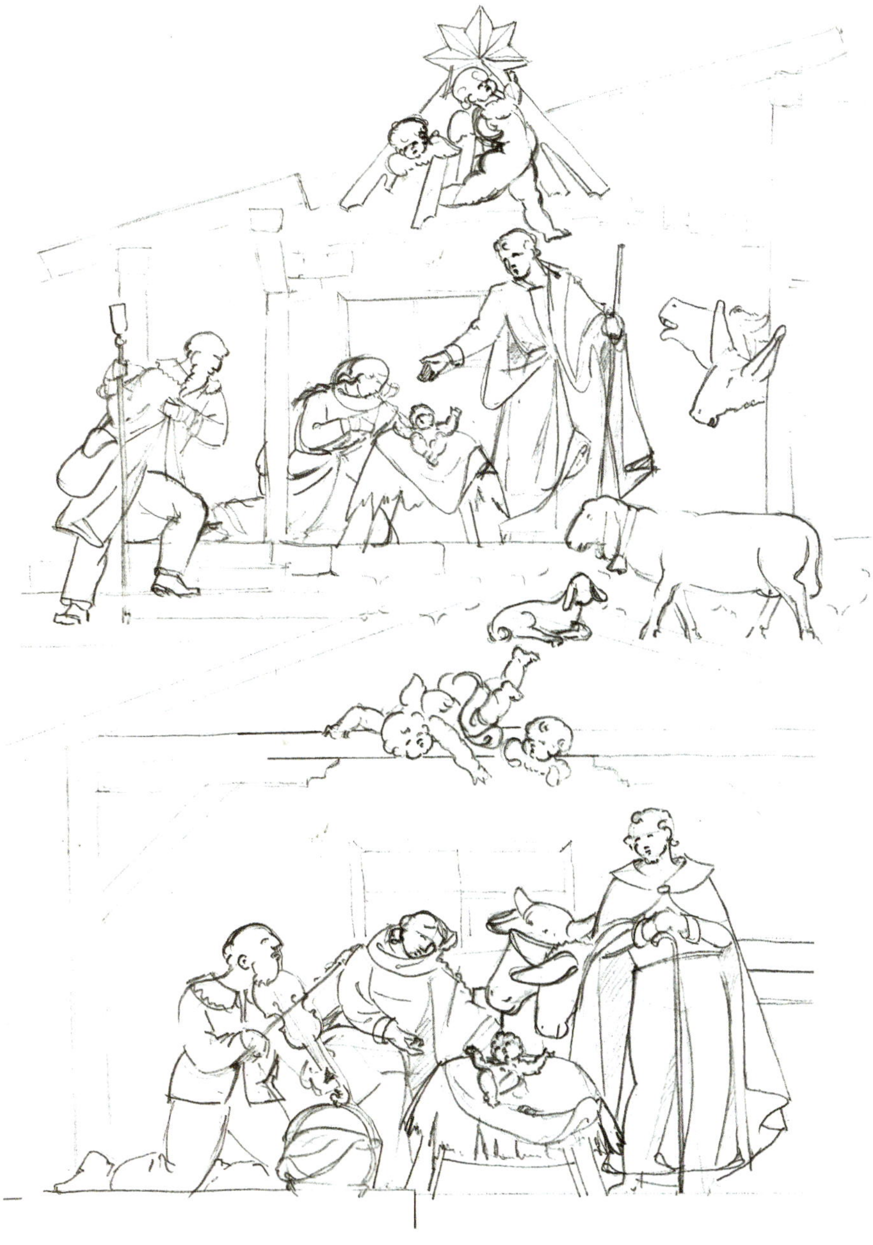

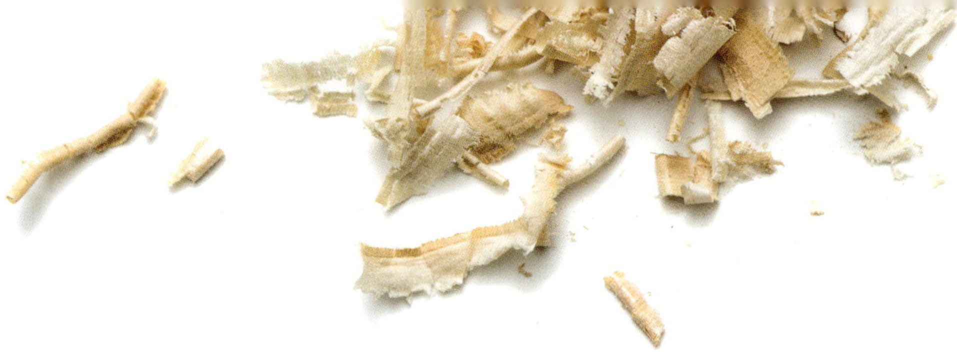

Schnitzen einer Kopfleiste

Bevor die Ausführung an der Figur erfolgt, ist es ratsam, an einer Leiste die Vorgehensweise zu perfektionieren.

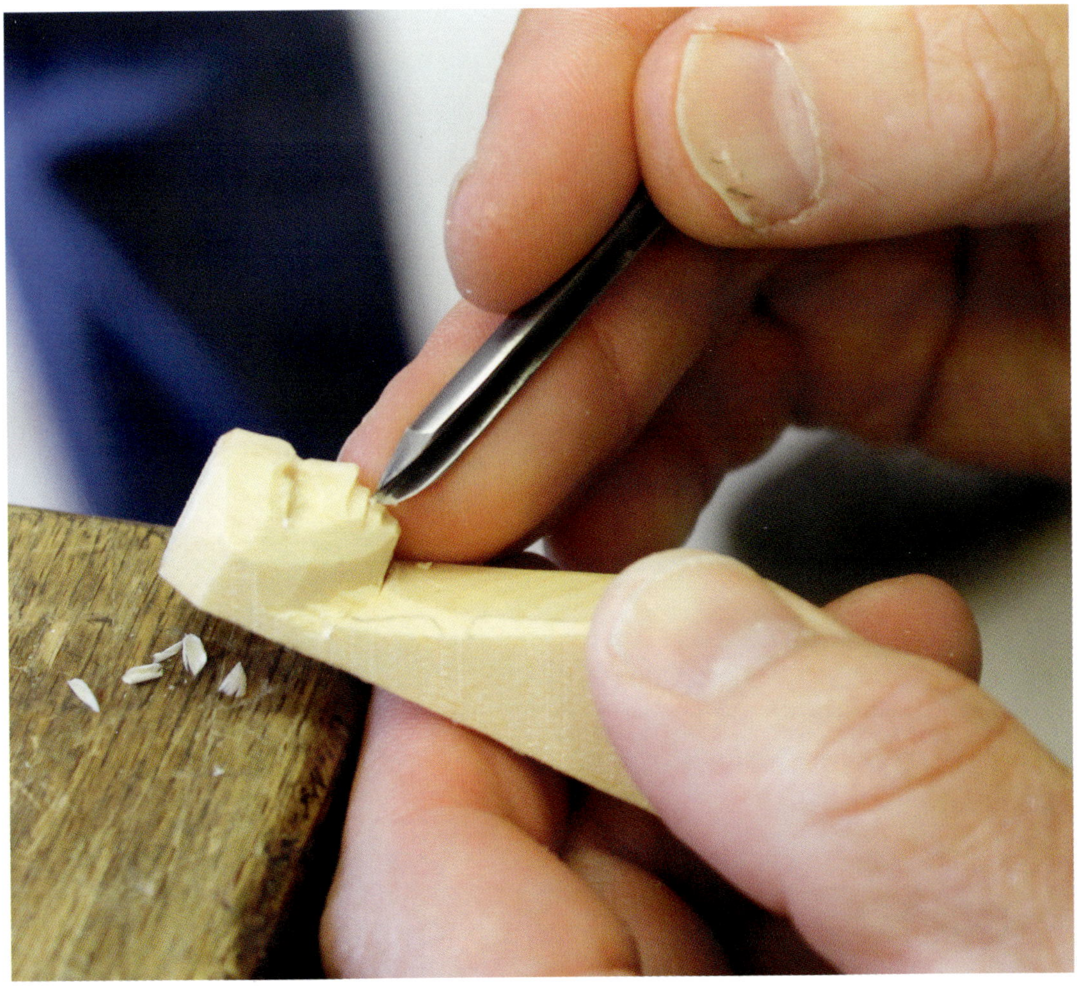

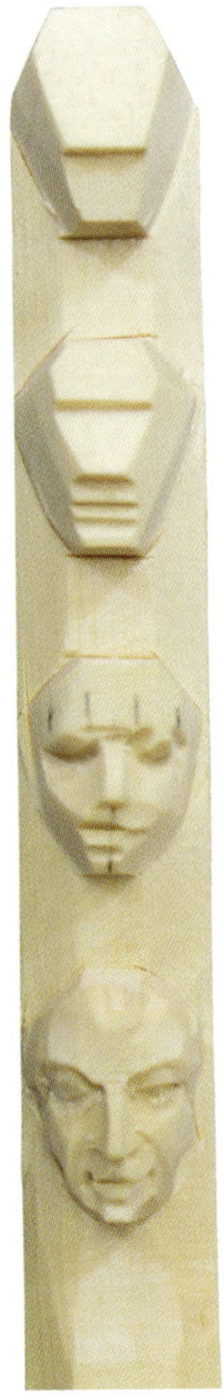

Kopfleiste

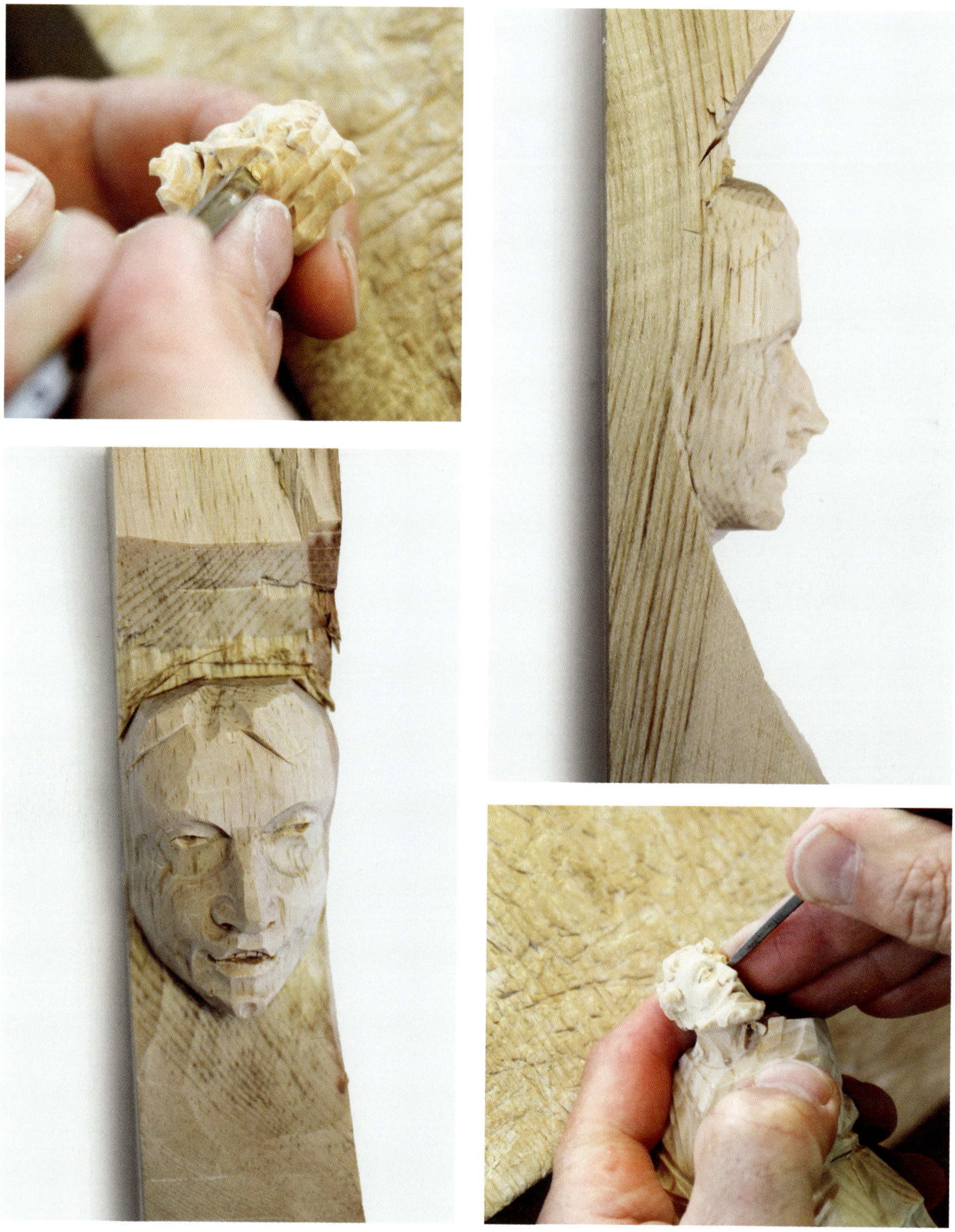

Auch können verschiedene Gesichtstypen und Ausdrücke geübt werden.

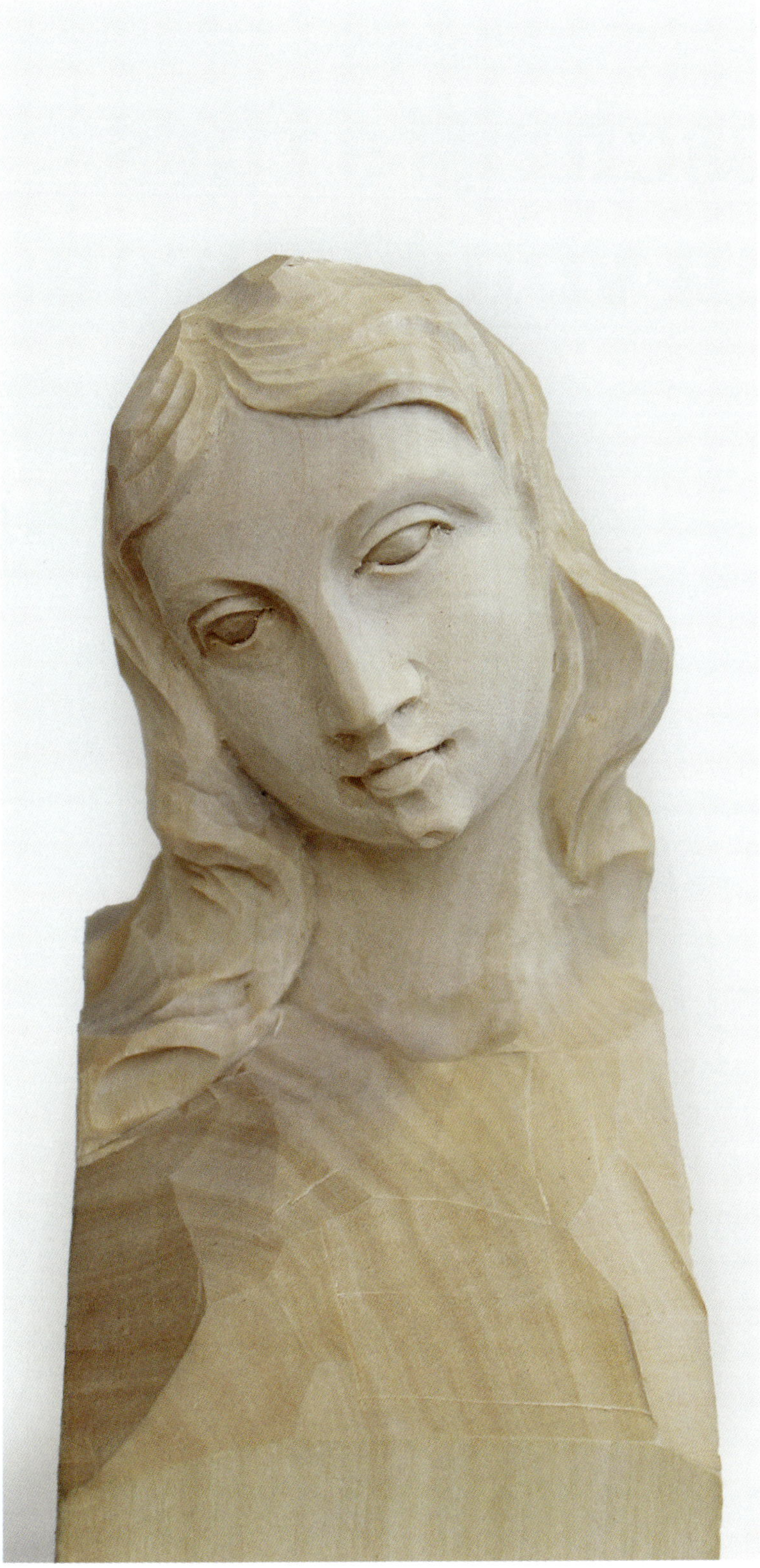

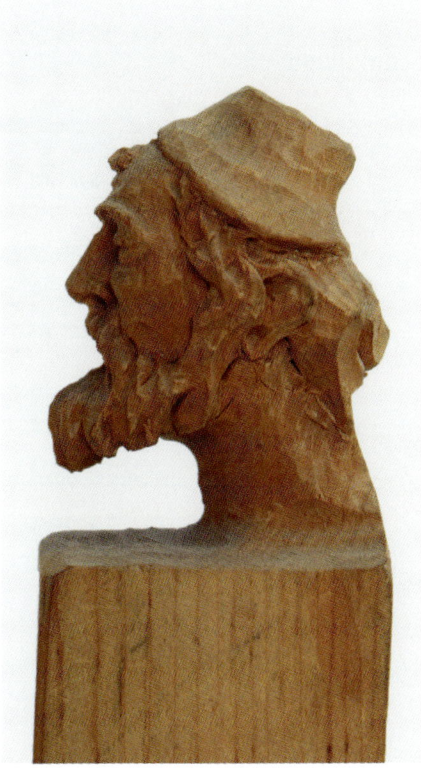

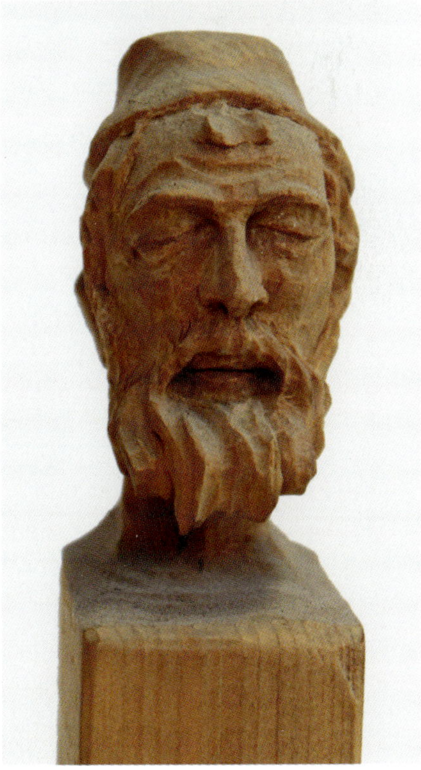

Arbeitsschritte fürs Schnitzen von Figuren

Drei Stufen beim Schnitzen:
Unterschieden wird zwischen Anhauen, Anschneiden und Feinausarbeitung.

Beim Anhauen werden erste Tiefen am zu bearbeitenden Werkstück fixiert. Ausgehend von vorne oben arbeitet man sich mit möglichst großen Schnitzeisen vor.

Beim Anschneiden soll die Richtung und Größe des Kopfes als wichtige Maßeinheit für die restliche Figur fixiert werden. Die Bewegung wird festgelegt und erste Formen für spätere Details herausgearbeitet.

Die Feinausarbeitung ist vom Zeitaufwand am intensivsten. Wie viele Details man in sein Werkstück hineinarbeitet, bleibt dem persönlichen Geschmack und den eigenen Vorstellungen überlassen.

Für alle drei Arbeitsschritte sind einige Grundregeln zur Sicherheit zu beachten:

- Das Schnitzmesser wird, wenn möglich, mit beiden Händen geführt.
- Das Werkstück wird am Schnitztisch oder der Werkbank fixiert.
- Die Führung des Werkzeugs erfolgt immer vom Körper weg.
- Bei der Feinausarbeitung legt man das Werkstück auf eine feste Auflage. Die eine Hand hält das Werkstück und mit der anderen Hand wird das Schnitzmesser gehalten.

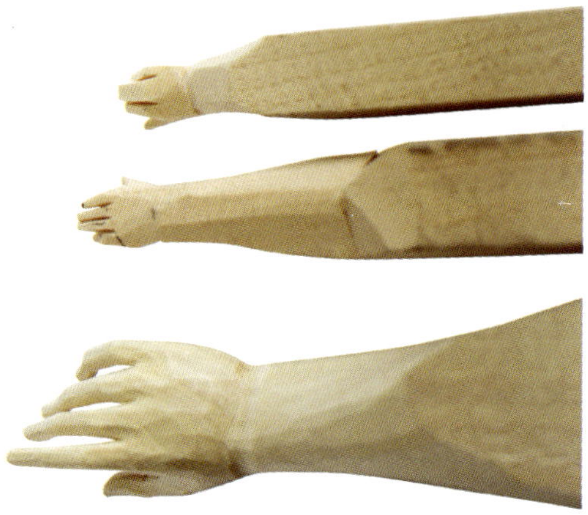

Auch Hände lassen sich auf diese Weise üben, bevor man sich an eine Figur wagt.

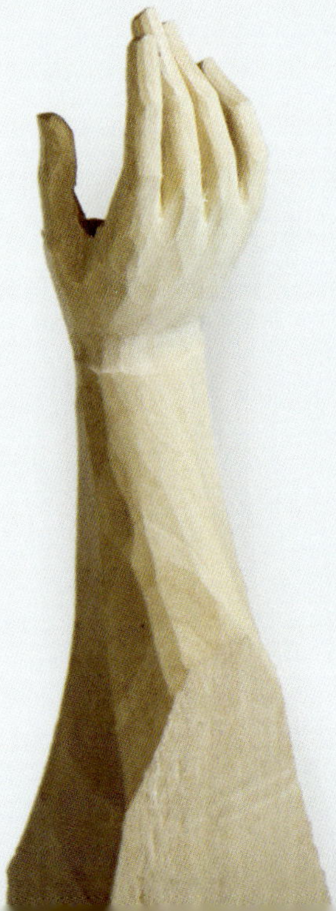

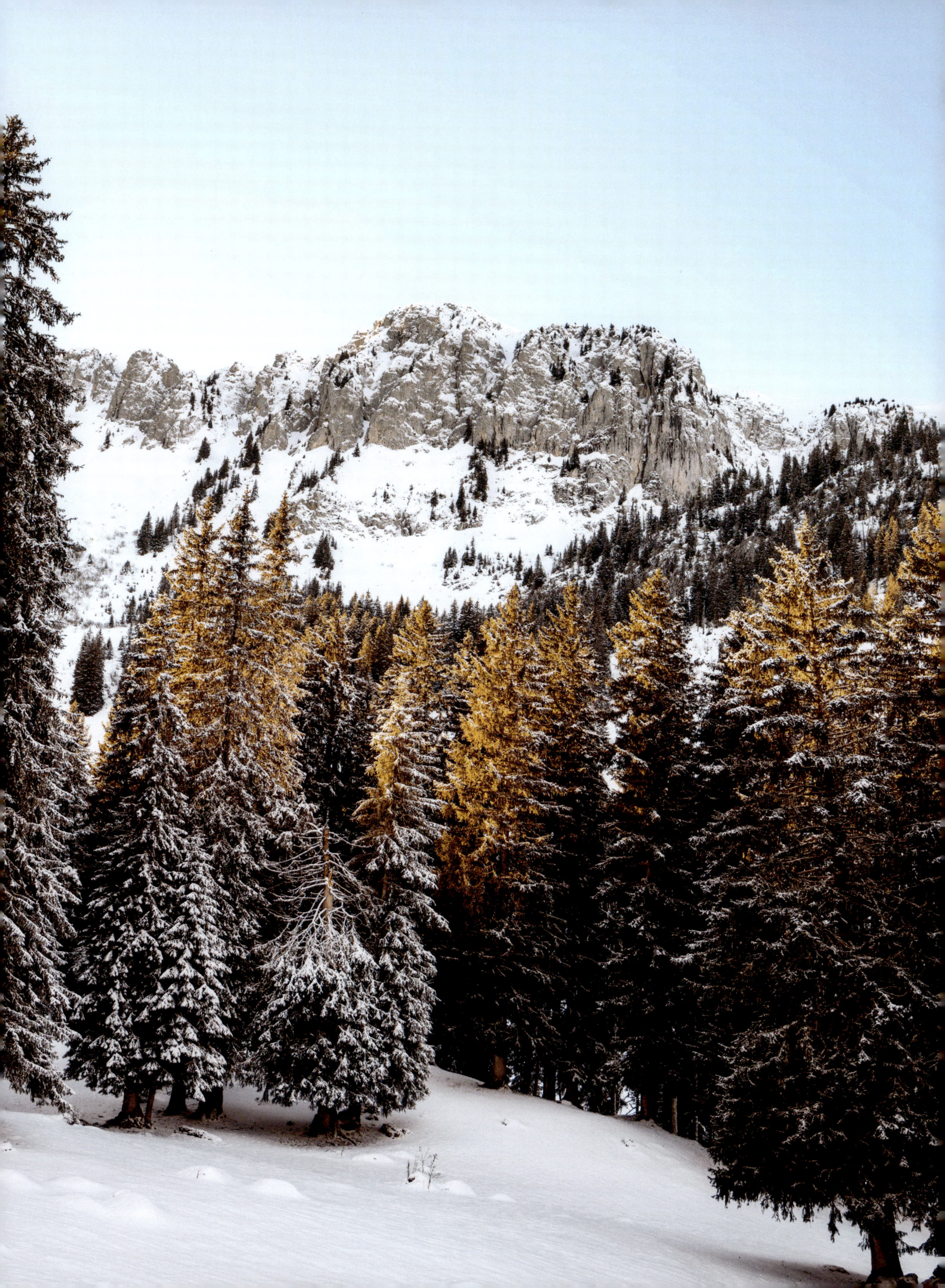

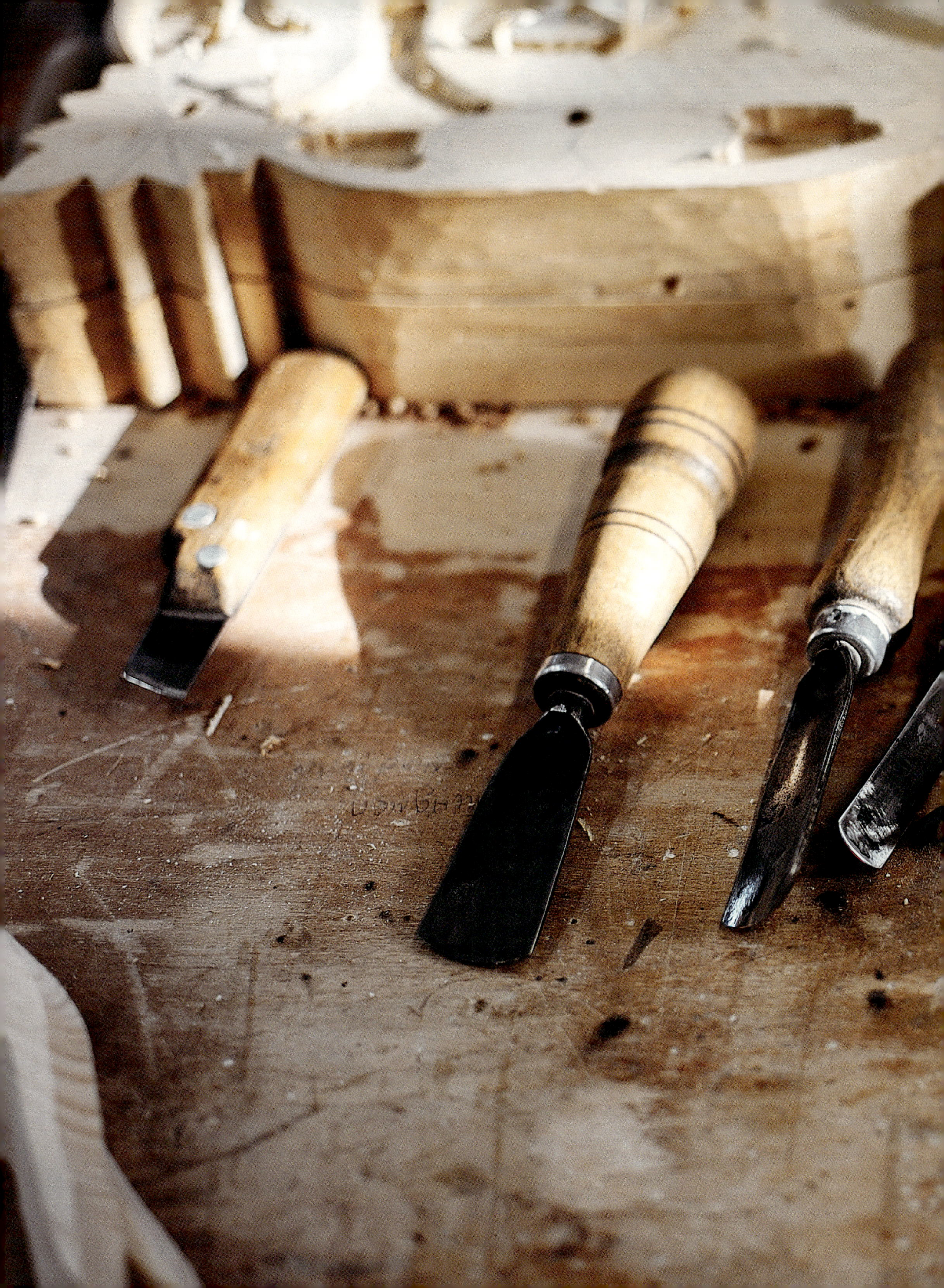

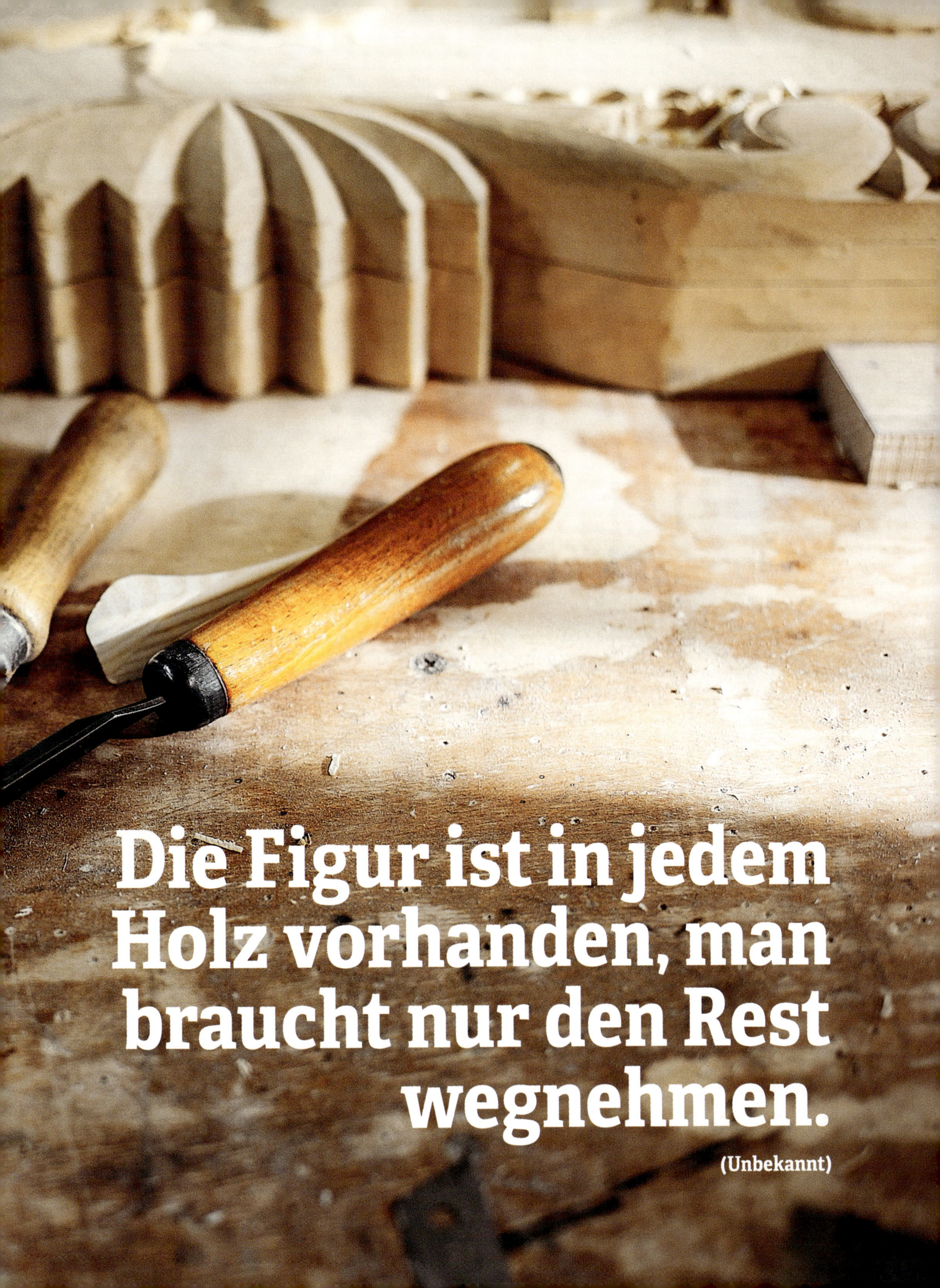
Die Figur ist in jedem
Holz vorhanden, man
braucht nur den Rest
wegnehmen.
(Unbekannt)

Schnitzen eines liegenden Schafes

Das liegende Schaf eignet sich gut für einen Einstieg. Die Schwierigkeiten sind noch überschaubar. Es sind noch keine Durchbrüche an den Beinen zu arbeiten.

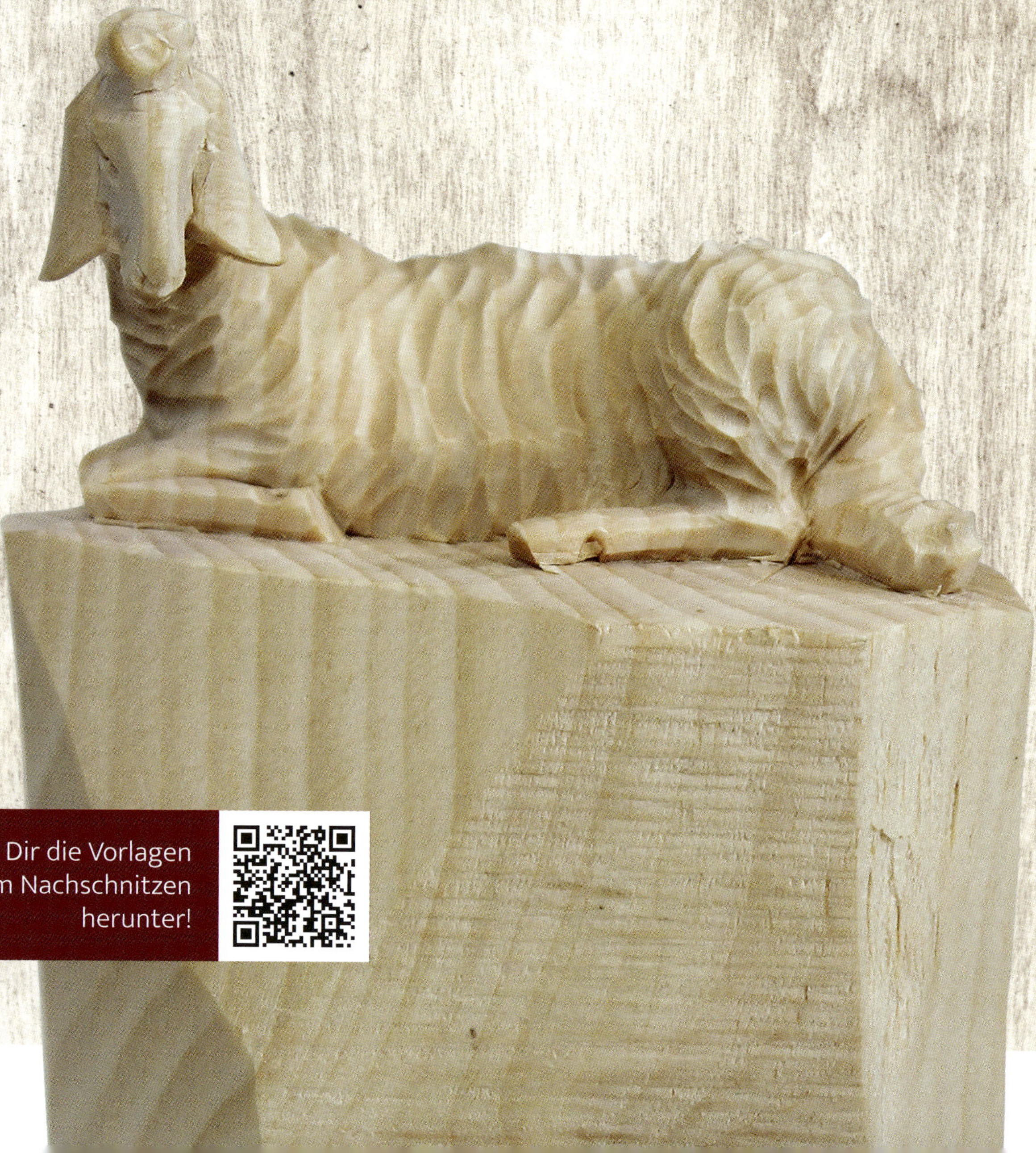

Lade Dir die Vorlagen zum Nachschnitzen herunter!

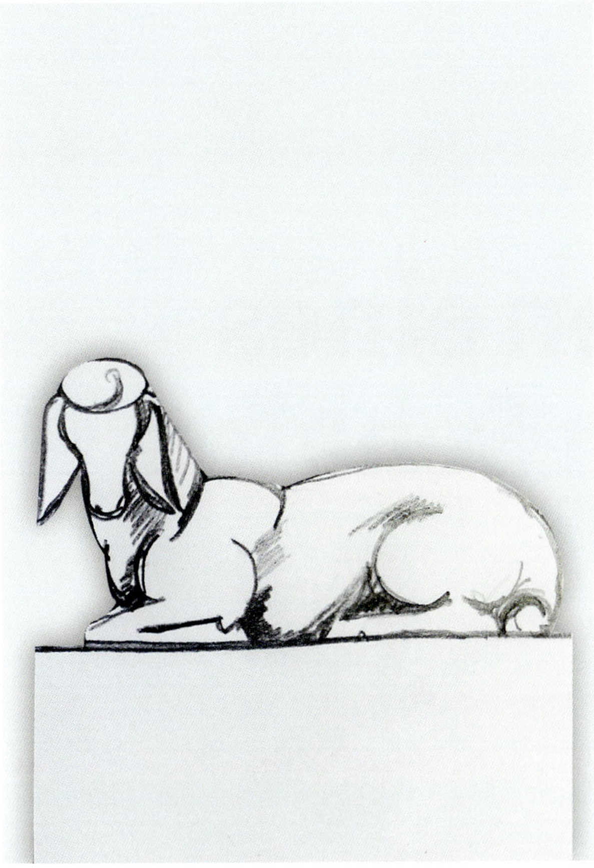

Entwurf liegendes Schaf

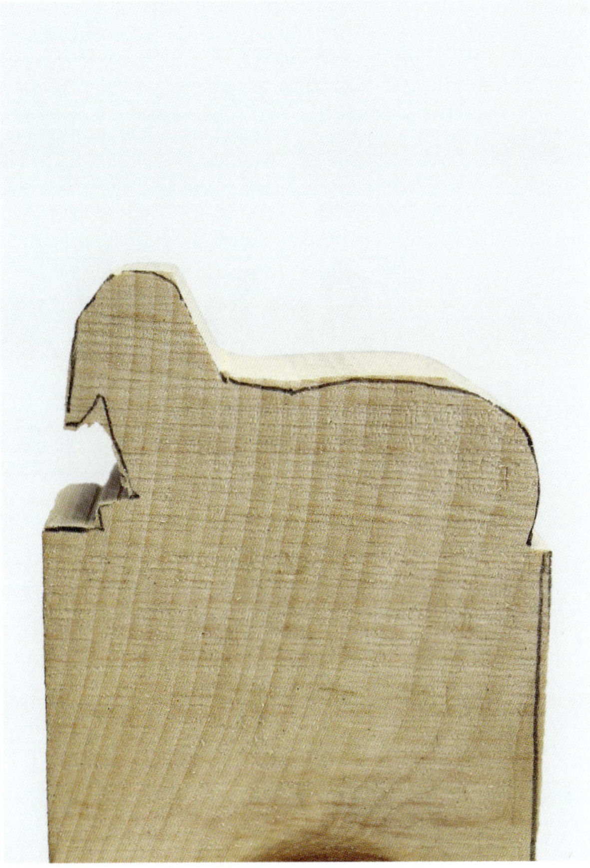

Zuschnitt liegendes Schaf

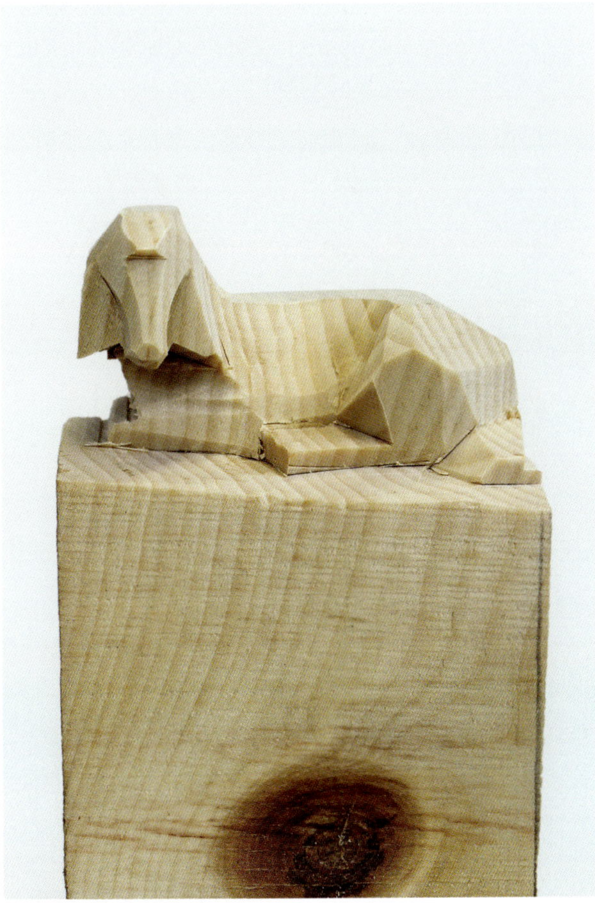

Erste Schnitte an der Vorderseite vom liegenden Schaf

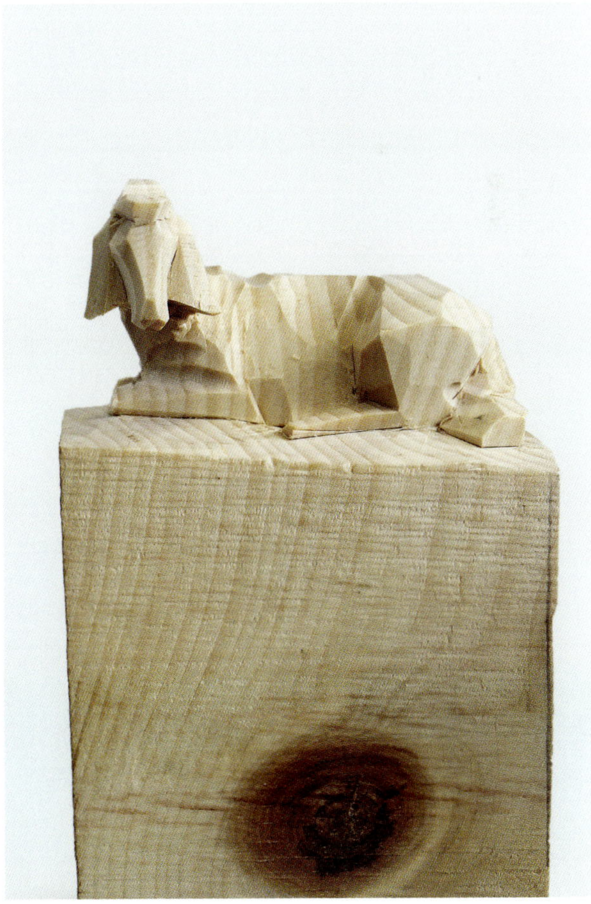

Angeschnittenes liegendes Schaf

Schnitzen eines stehenden Schafes

Beim stehenden Schaf bestehen die Schwierigkeiten hauptsächlich an den dünnen Beinen. **ACHTUNG!** Werden die Beine am Beginn zu dünn geschnitzt, können sie leicht brechen.

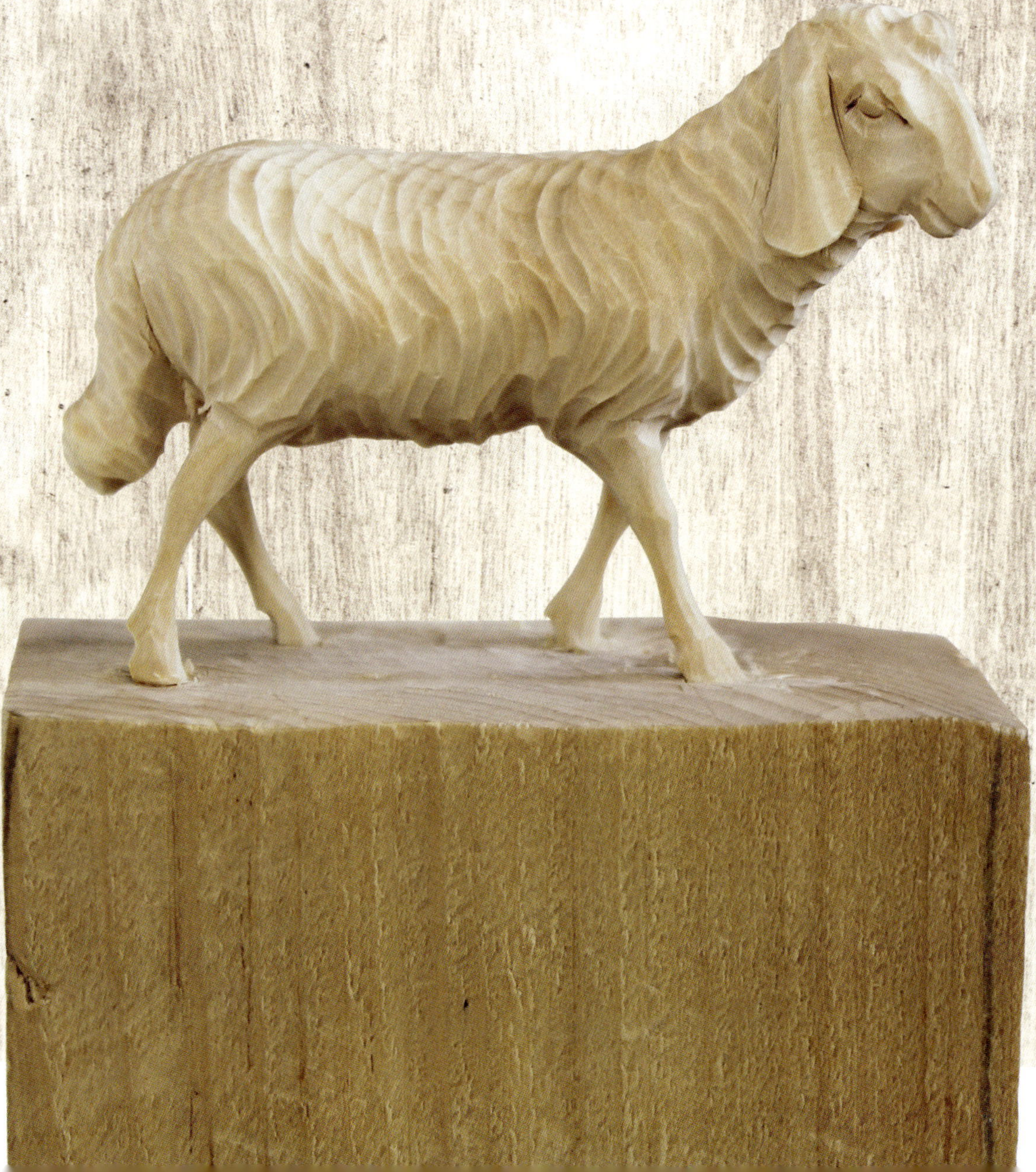

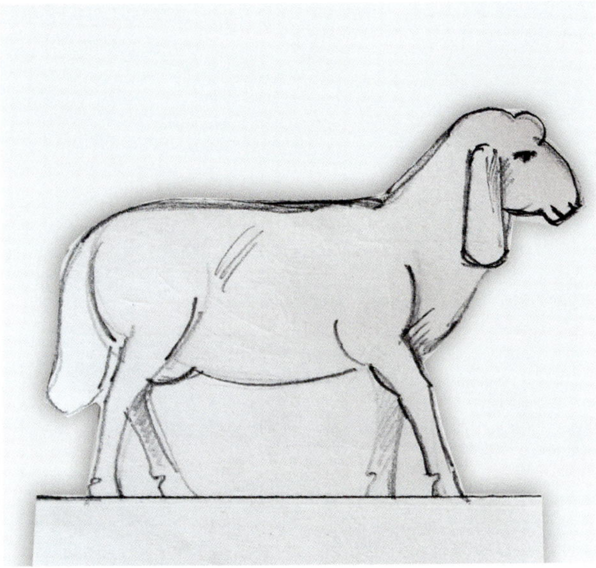

Entwurf stehendes Schaf

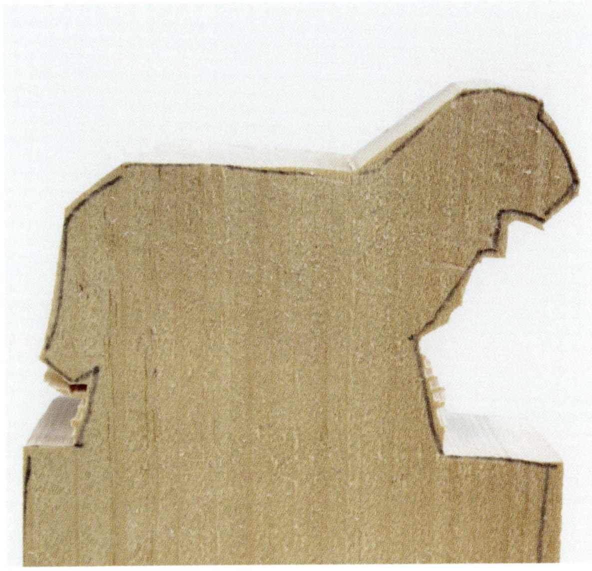

Zuschnitt stehendes Schaf

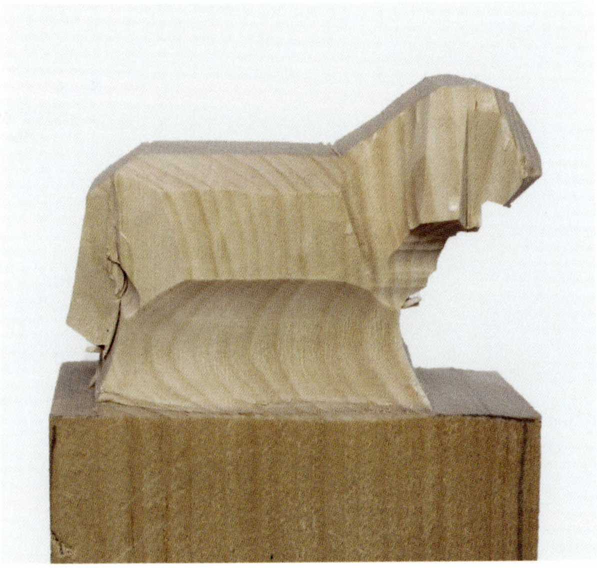

Erste Schnitte an der Vorderseite

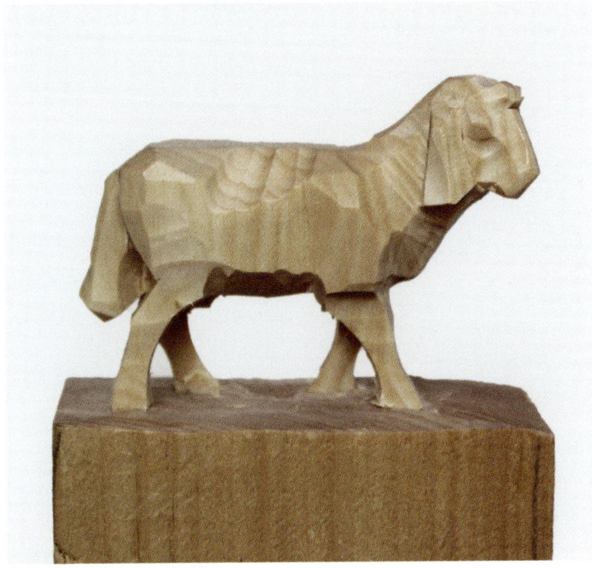

Angeschnittenes stehendes Schaf

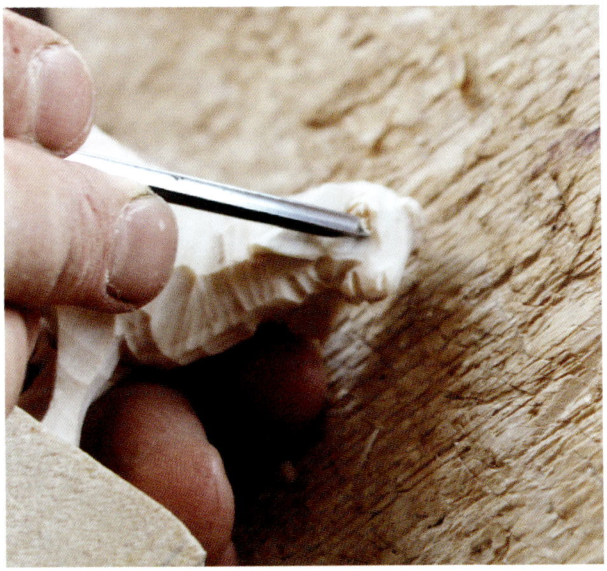

Feinarbeit am Gesicht des Schafes

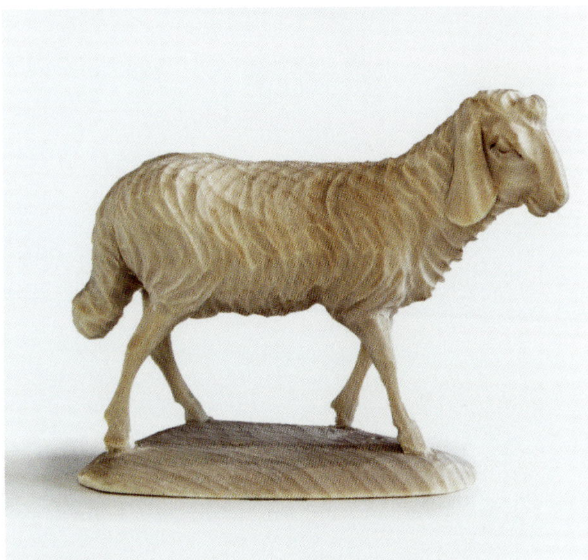

Fertig geschnitzt und vom Sockel abgeschnitten

Variante des stehenden Schafes

Schnitzen des zweiten Schafes. Es unterscheidet sich im Wesentlichen in der Kopfhaltung und der Beinstellung vom ersten Schaf.

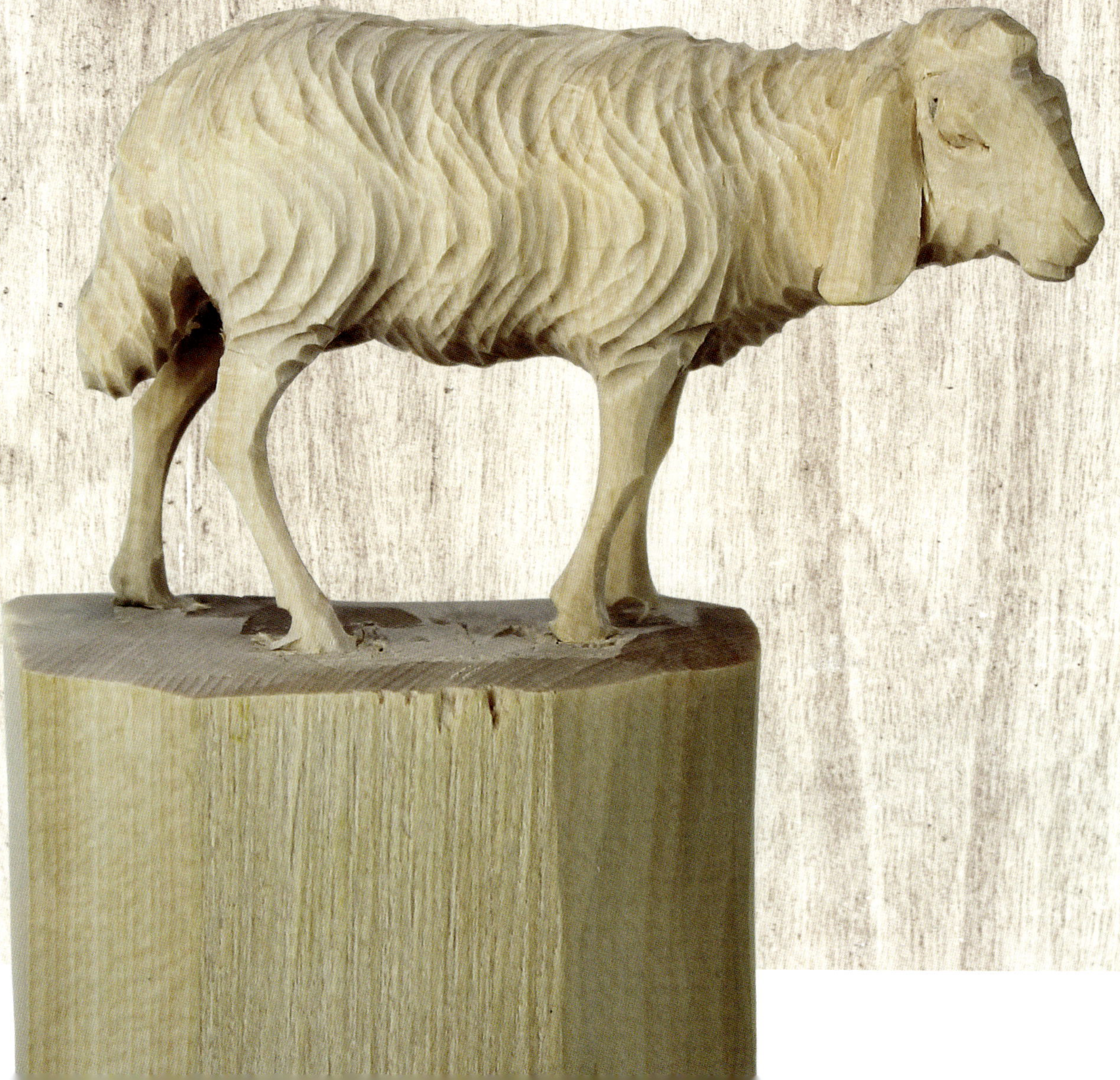

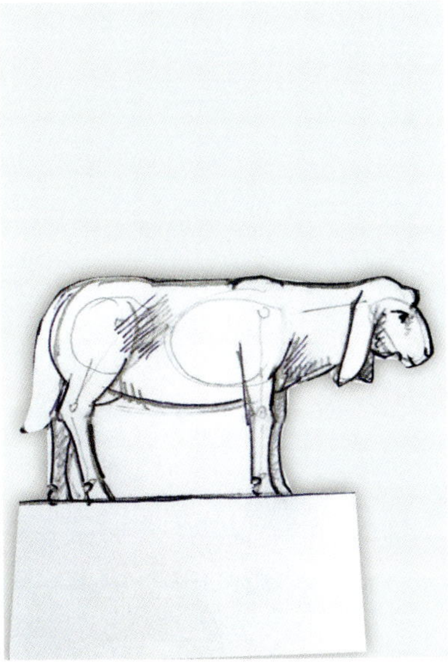

Entwurf stehendes Schaf

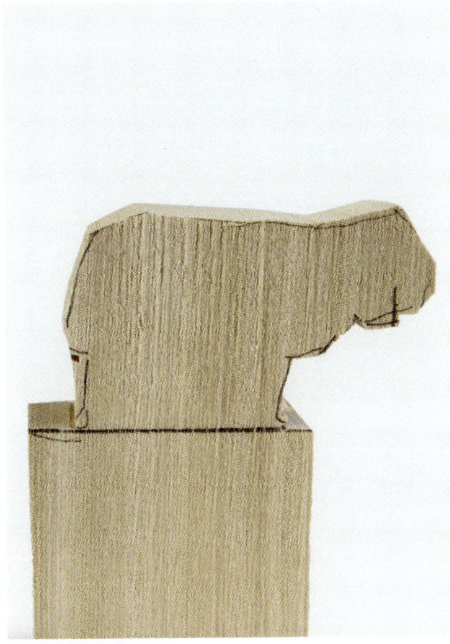

Zuschnitt stehendes Schaf

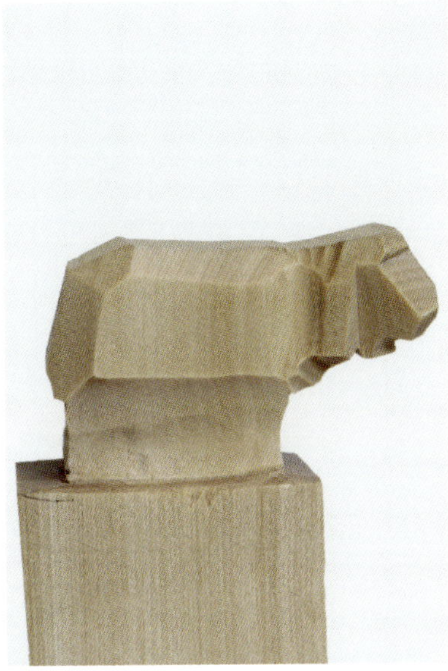

Erste Schnitte an der Vorderseite

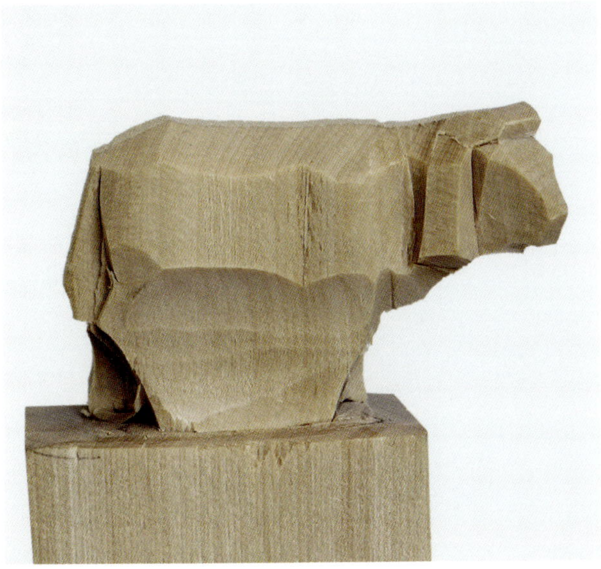

Herausarbeiten der Schrittstellung

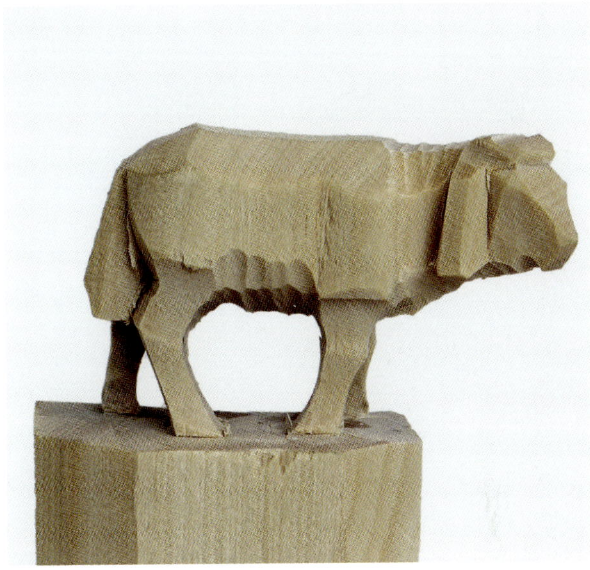

Angeschnittenes stehendes Schaf

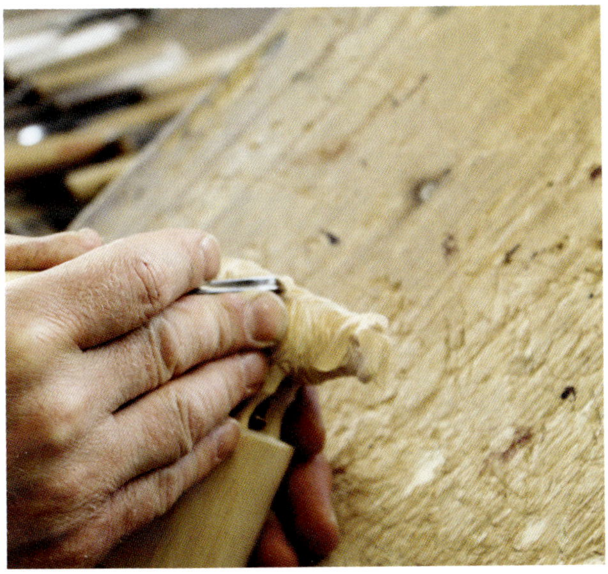

Arbeiten an der Wolle des stehenden Schafs

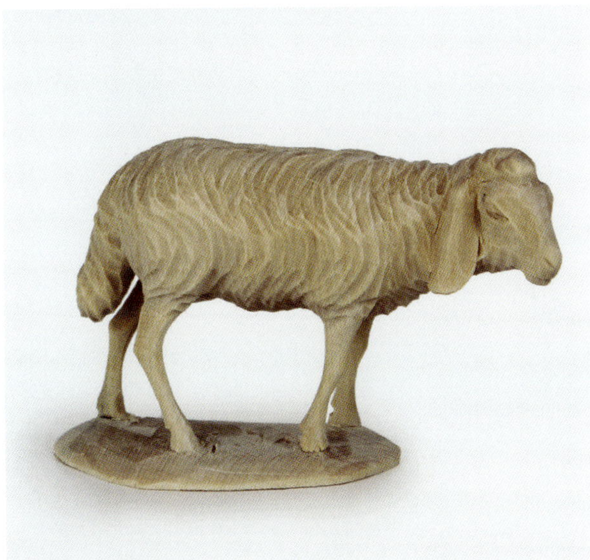

Fertig geschnitztes und vom Sockel abgeschnittenes stehendes Schaf

Schnitzen eines Widders

Beim Widder werden die Ohren separat geschnitzt und angeleimt. Die Hörner lassen sich aus einem in Leim getauchten Lederband formen.

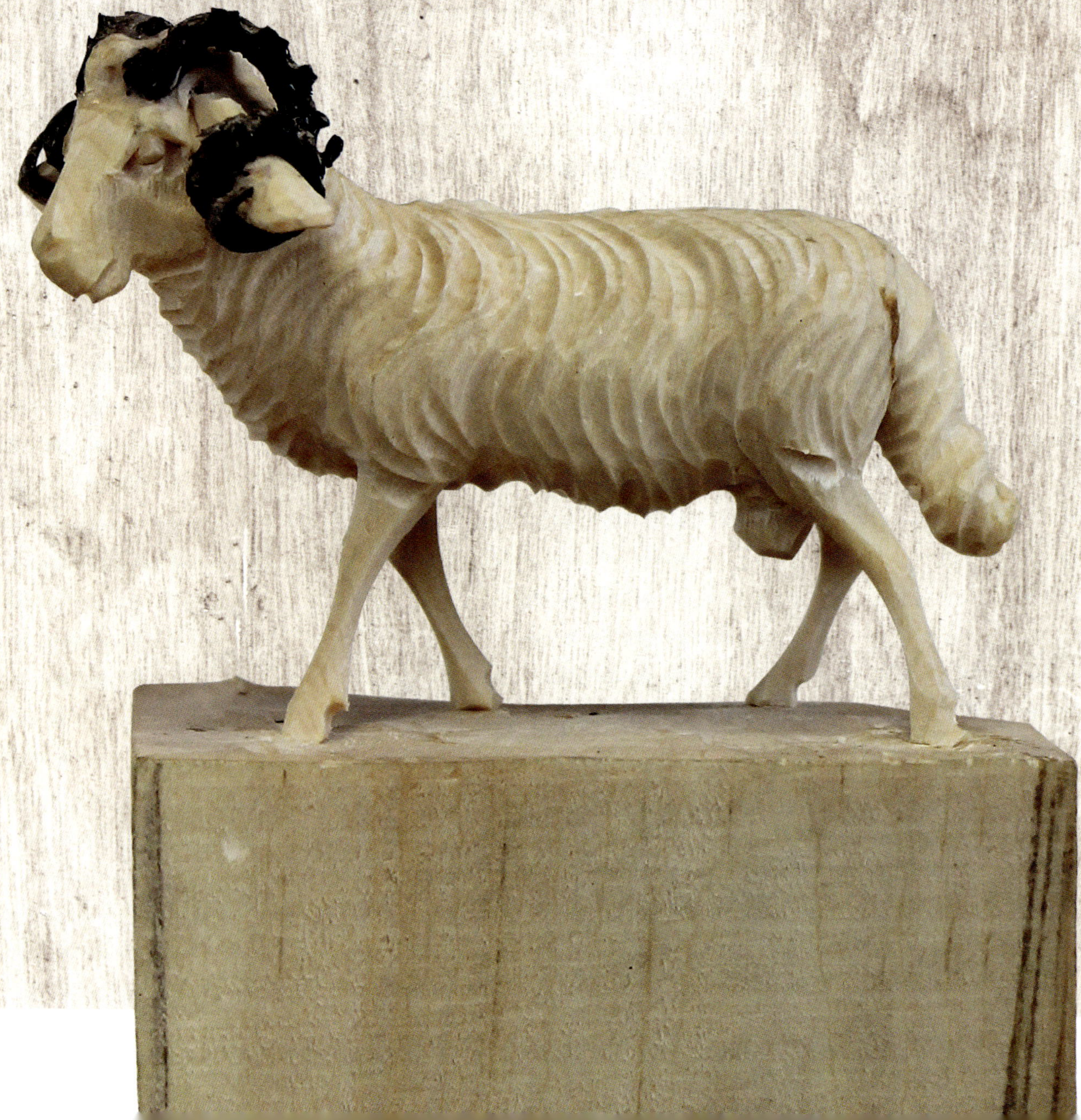

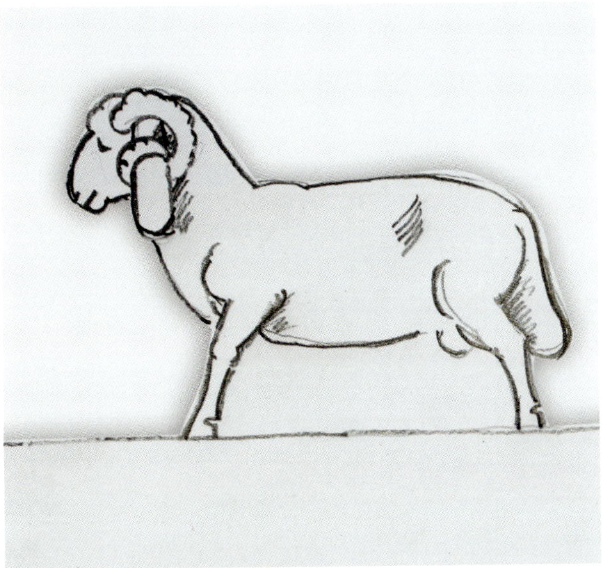
Entwurf stehender Widder

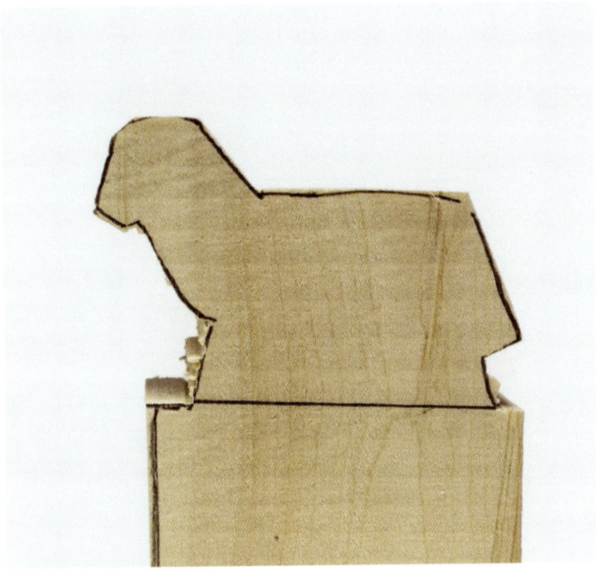
Zuschnitt stehender Widder

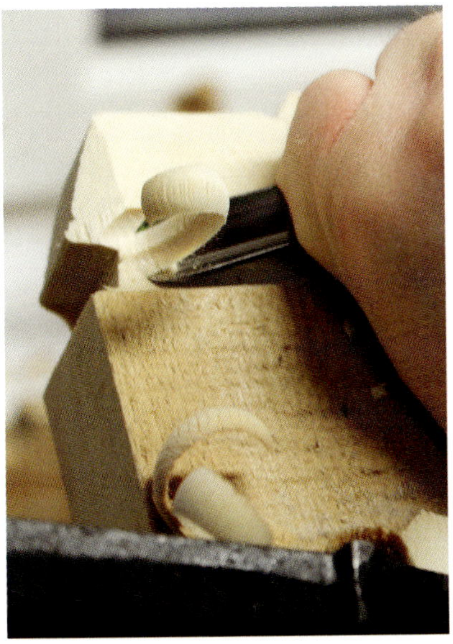
Arbeiten am stehenden Widder

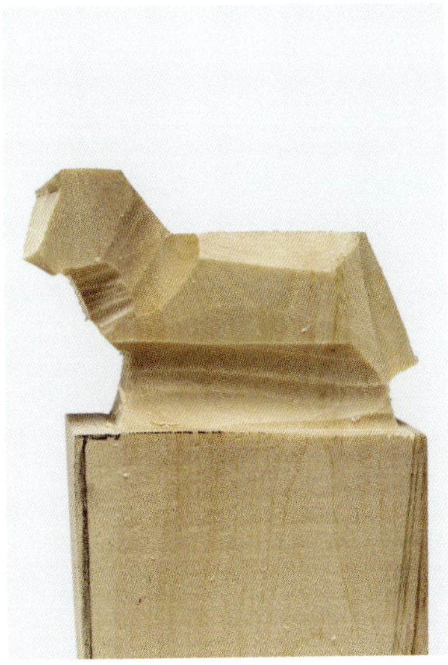
Erste Schnitte an der Vorderseite

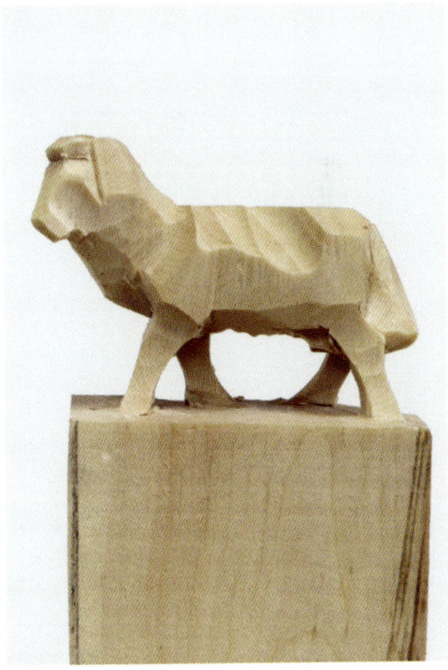
Angeschnittener stehender Widder

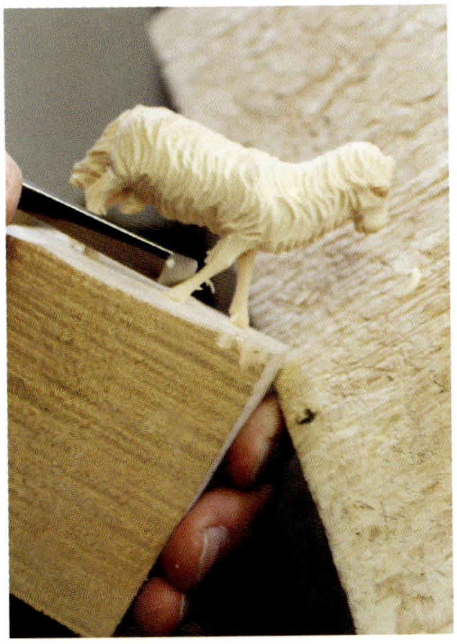
Feinarbeit an den Beinen des stehenden Widders

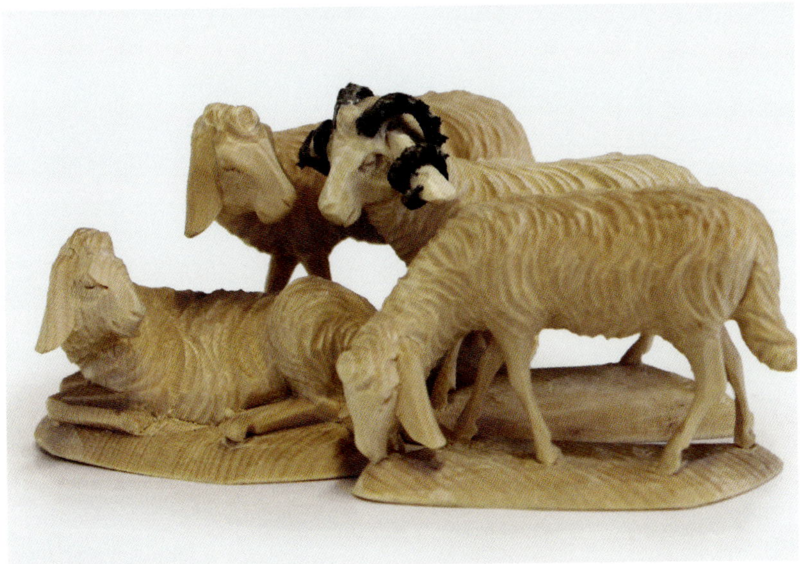
Stehender Widder als Teil einer Schafsgruppe

Schnitzen einer grasenden Ziege

Die Ohren und die Hörner werden separat geschnitzt und angeleimt.

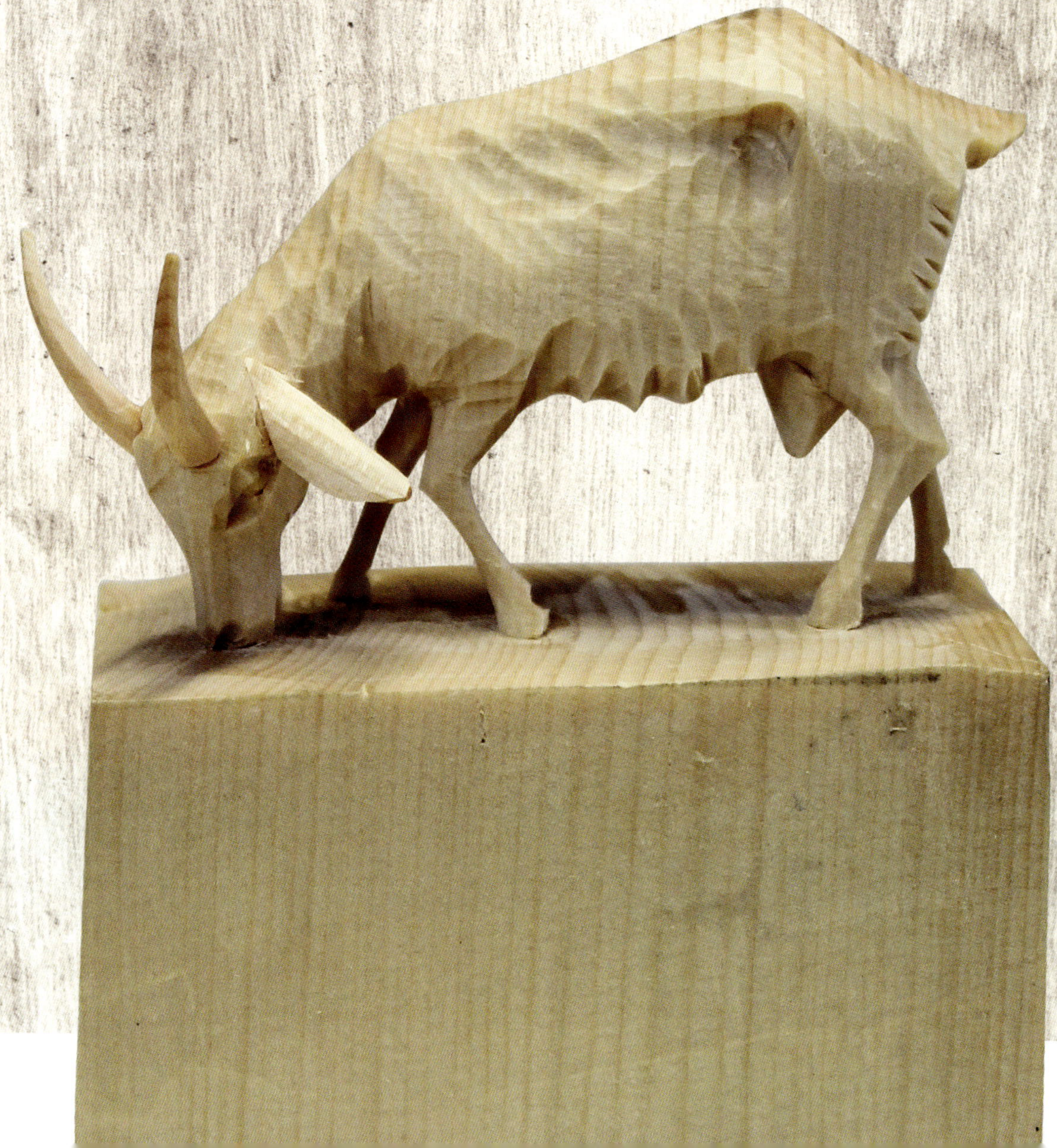

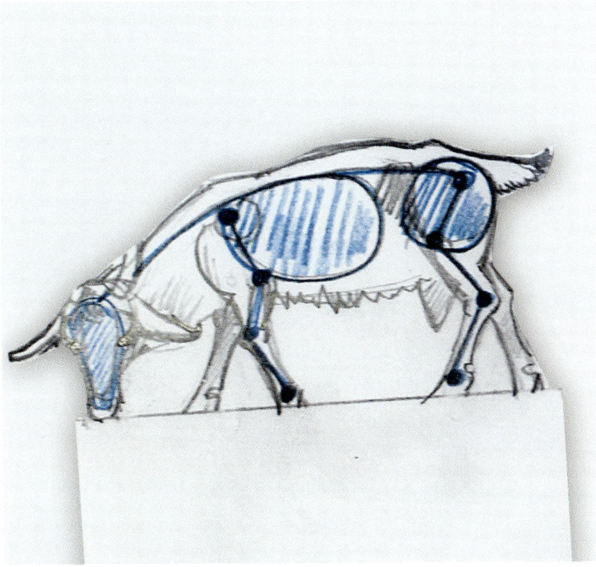

Entwurf Ziege grasend

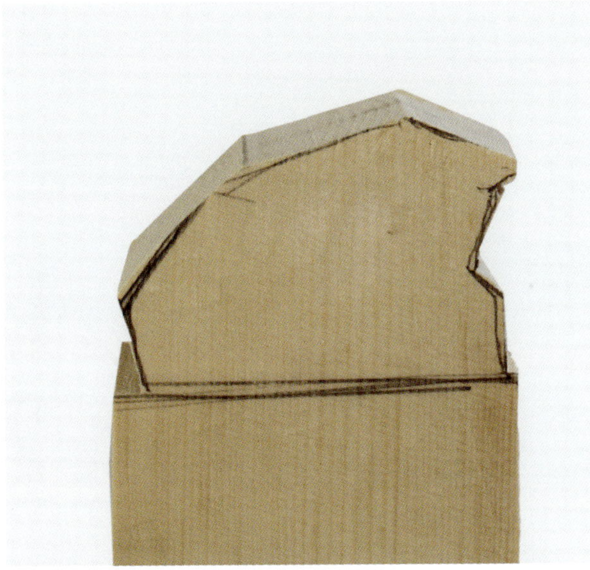

Zuschnitt der grasenden Ziege

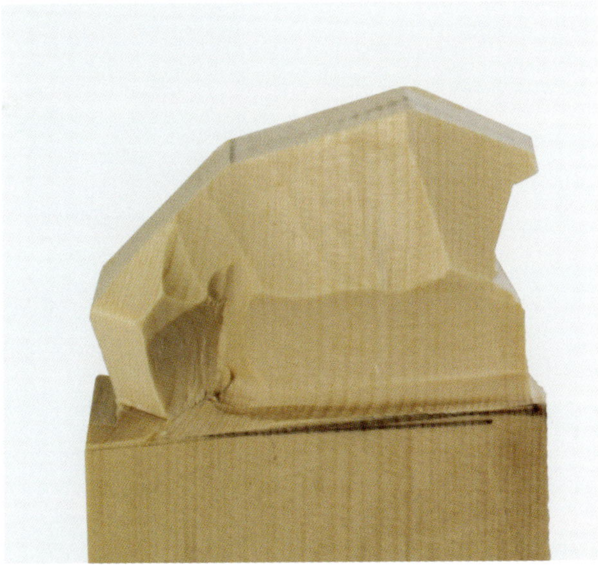

Erste Schnitte an der Vorderseite der grasenden Ziege

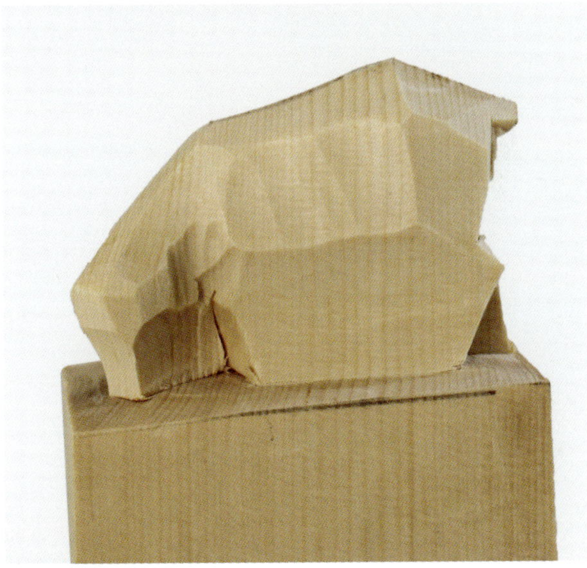

Herausarbeiten der Beinstellung der grasenden Ziege

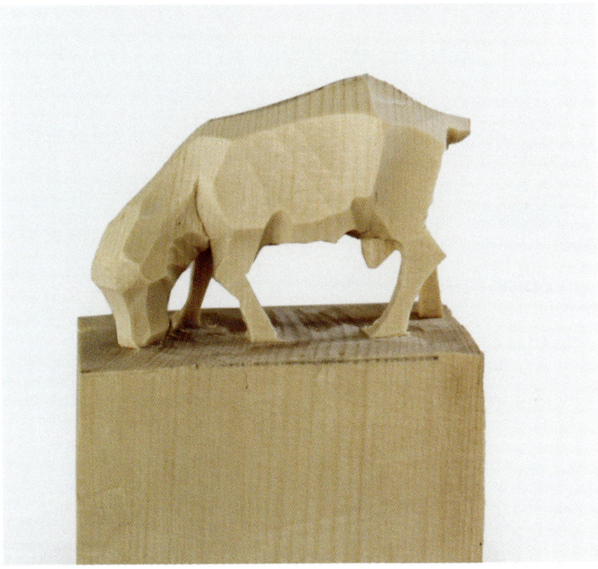

Angeschnittene grasende Ziege

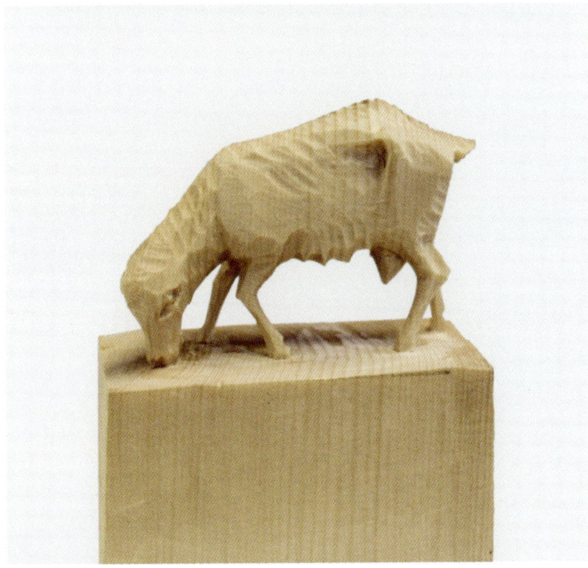

Fertig geschnitzte grasende Ziege ohne Ohren und Hörner

Varianten von Ziegen

Ziegen sind im Wesen neugierig und frech. Dies sollte beim Entwerfen und Schnitzen durch deren Kopfhaltung und Blick berücksichtigt werden.

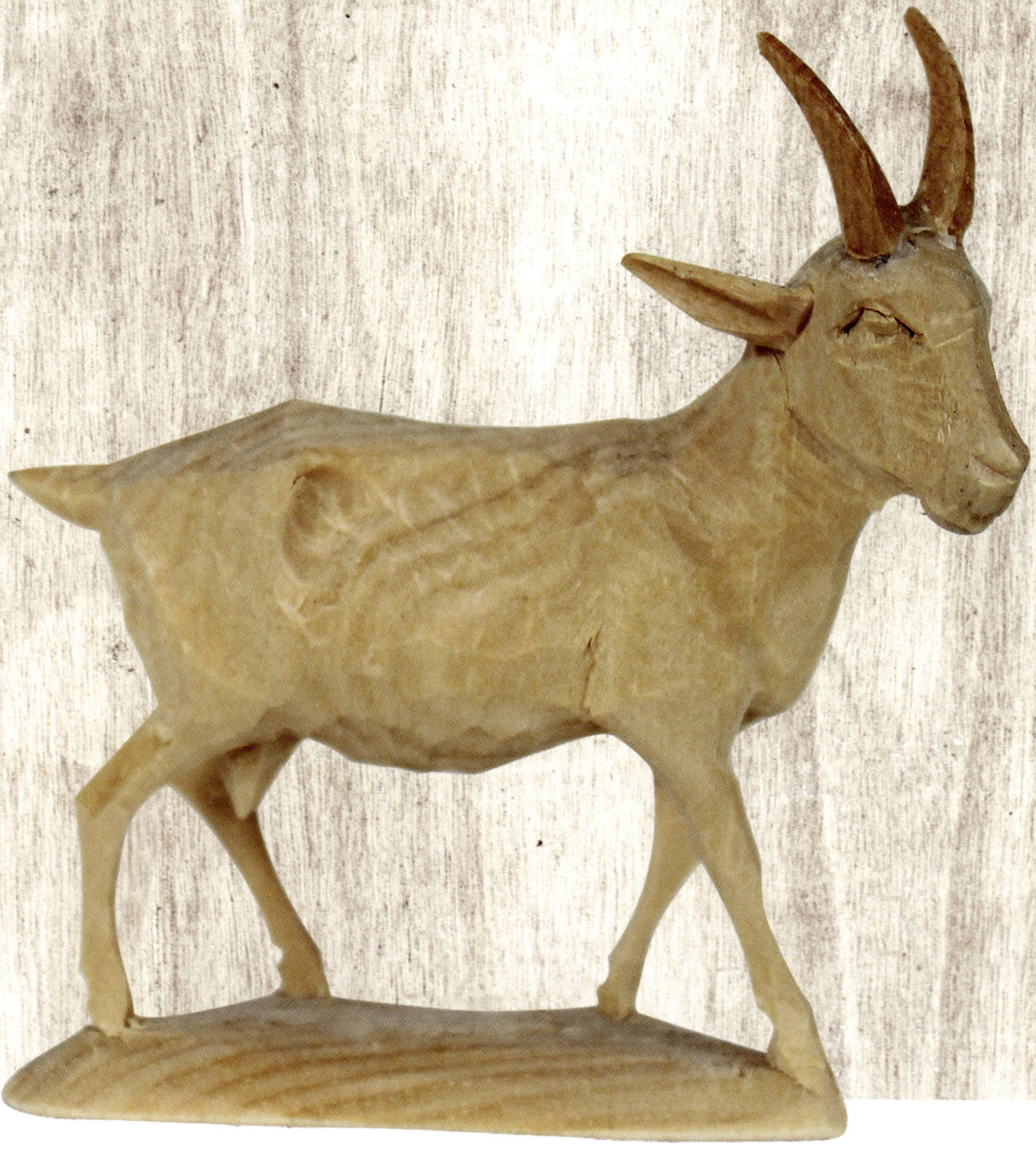

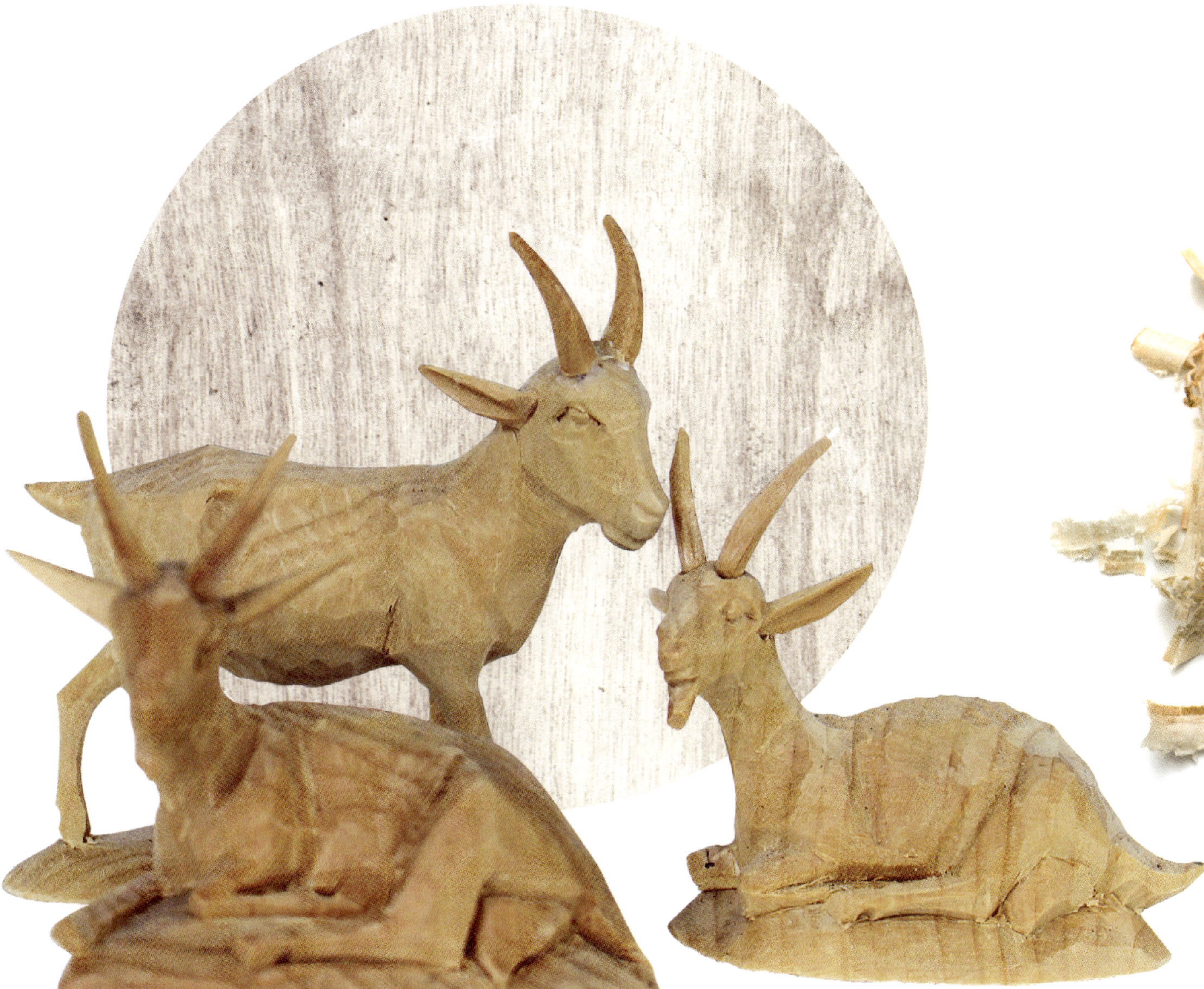

Ziegengruppe, bestehend aus zwei liegenden und einer stehenden Ziege

Schnitzen eines Esels

In der Krippe einer der tierischen Hauptdarsteller.
Der Esel gilt als Symbol für die Völker der Heiden.

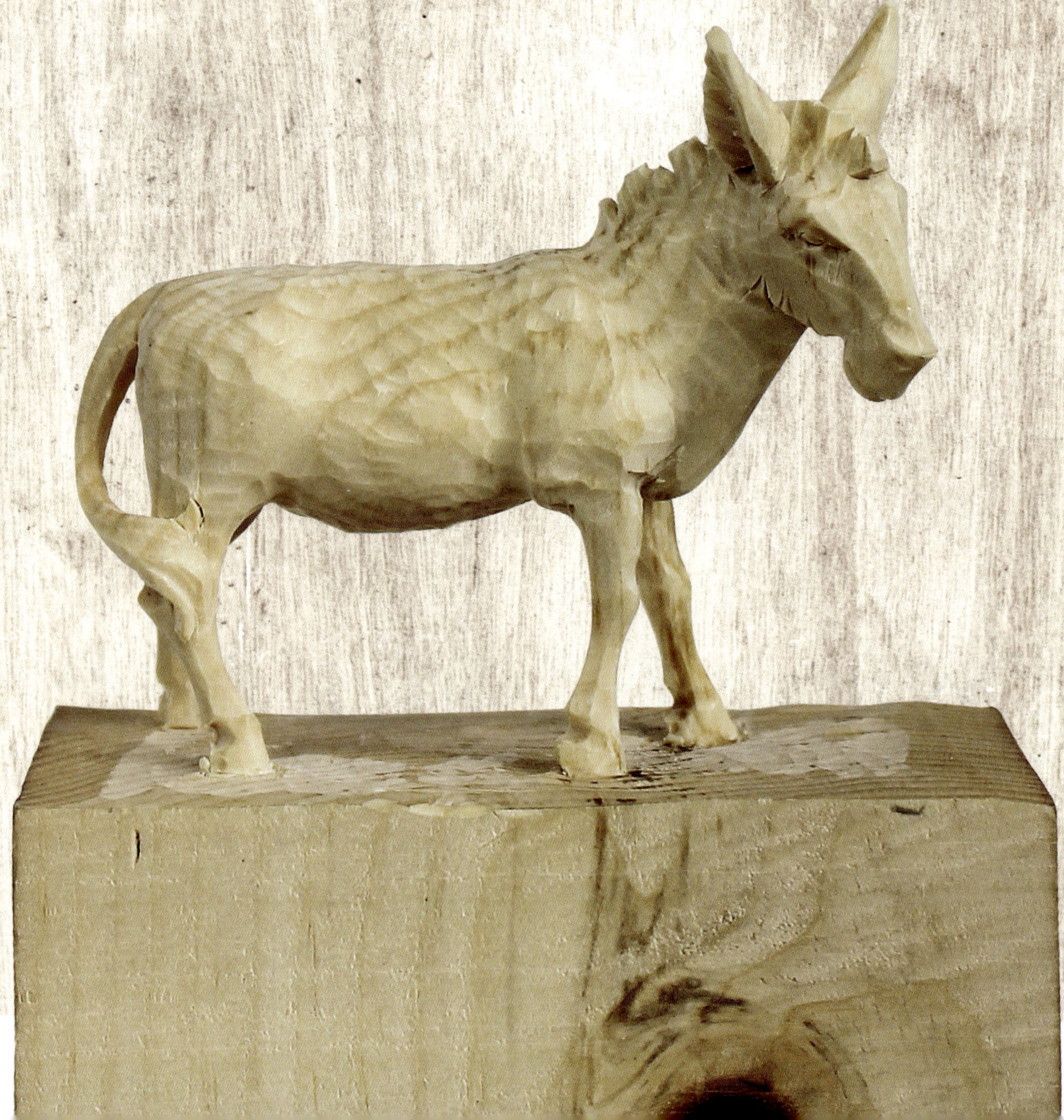

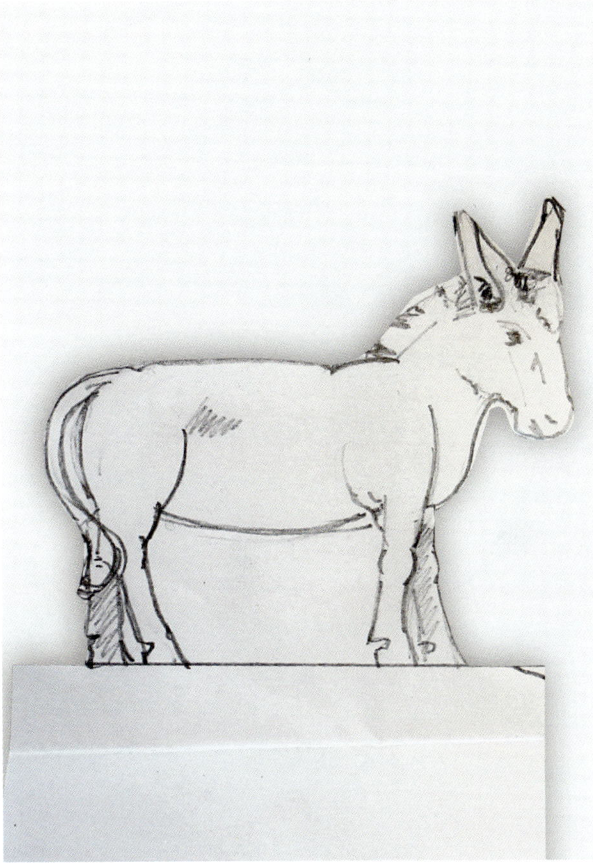

Entwurfszeichnung Esel

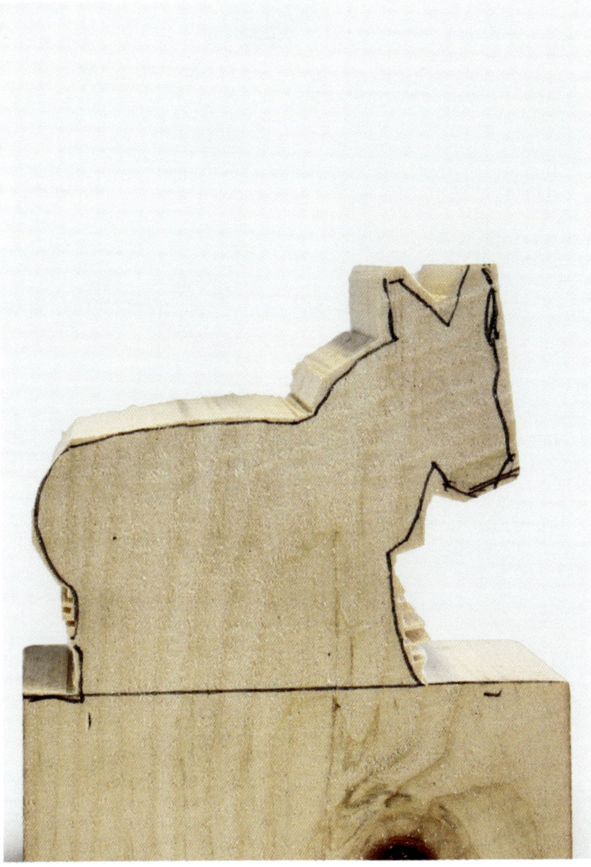

Zuschnitt Esel

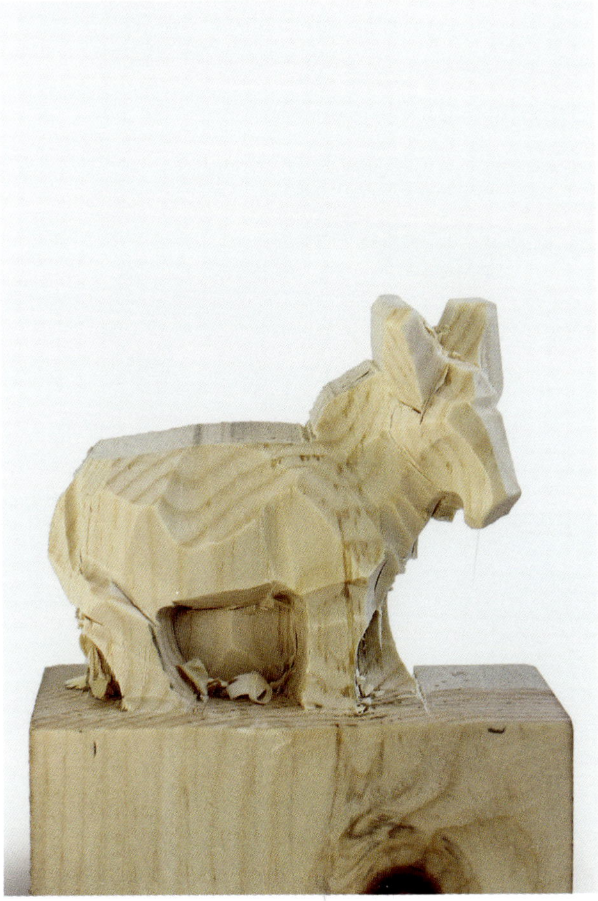

Angeschnittener Esel

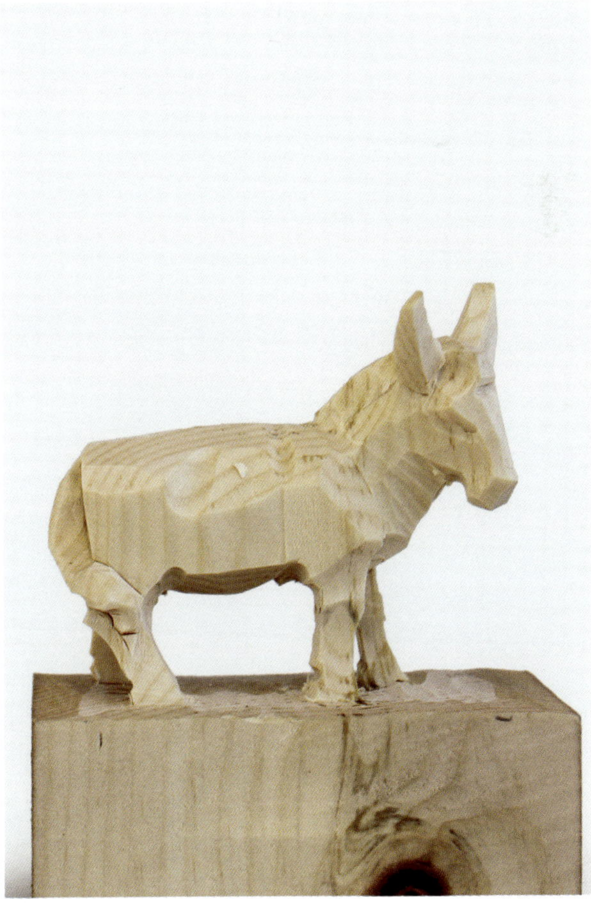

Angeschnittener Esel

Schnitzen eines Ochsen

Neben dem Esel ist er die zweite wichtige Tierfigur im Stall.
Der Ochs gilt als Symbol für das Volk Israels.

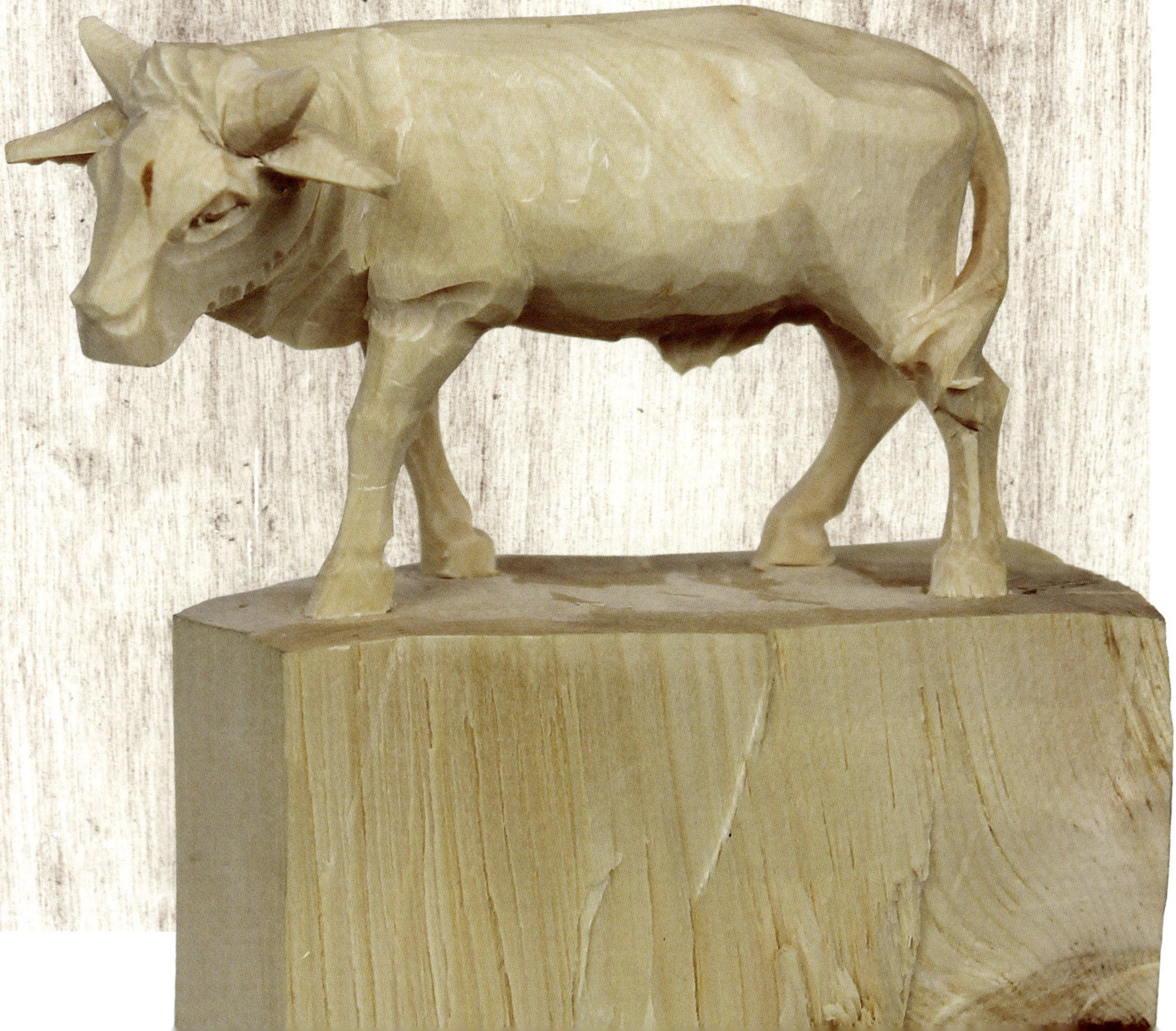

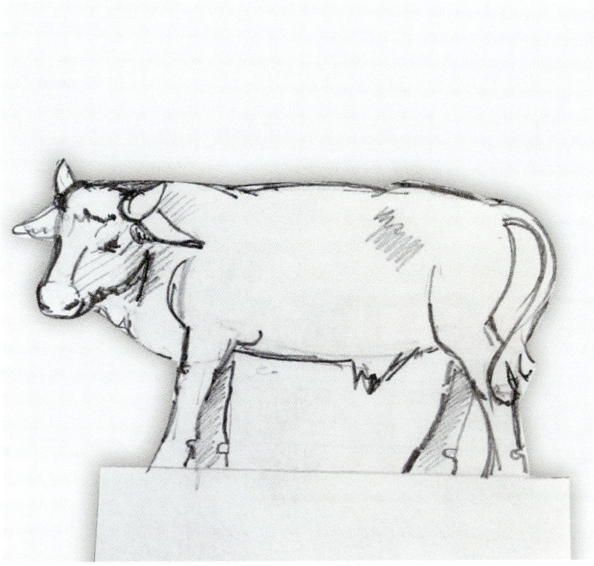

Entwurfzeichnung Ochs

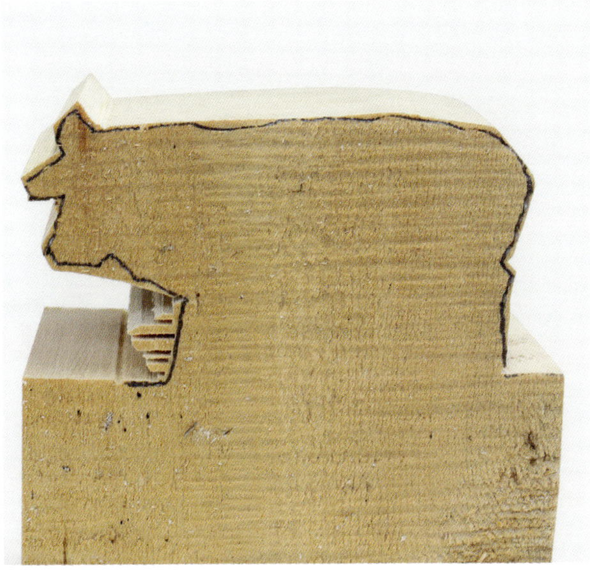

Zuschnitt Ochs

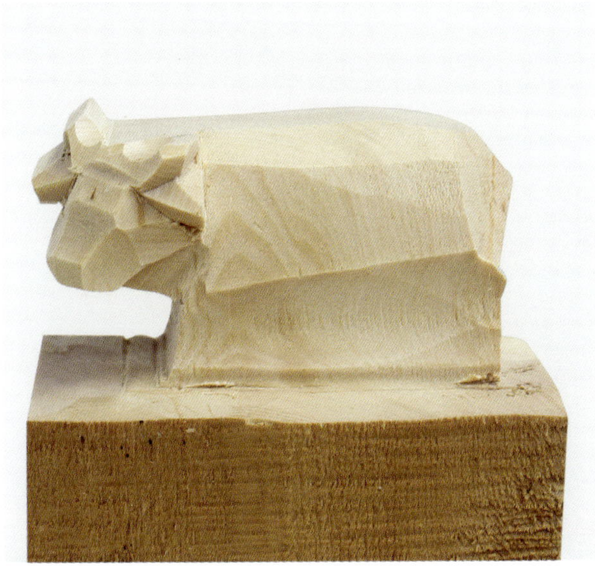

Erste Schnitte von vorn Ochs

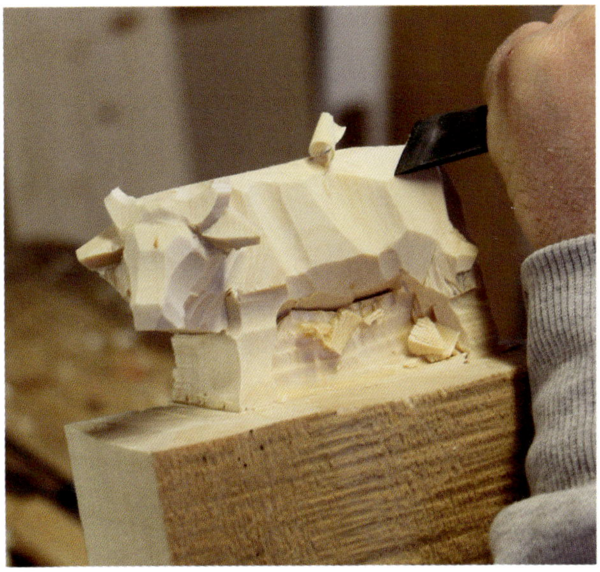

Arbeiten am Ochsen

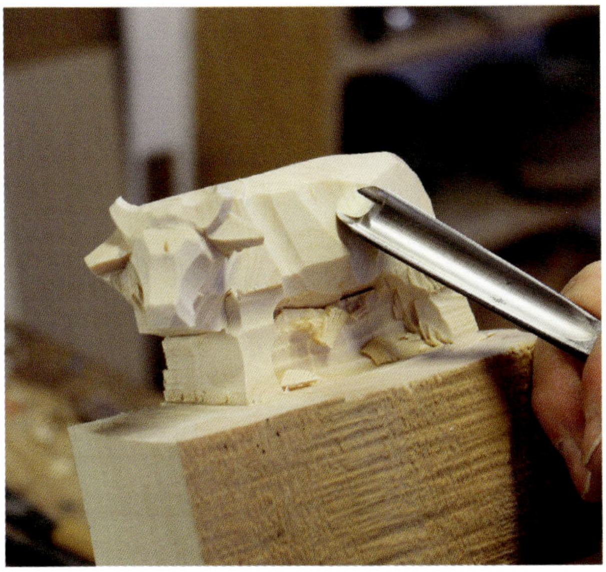

Arbeiten am Körper des Ochsen

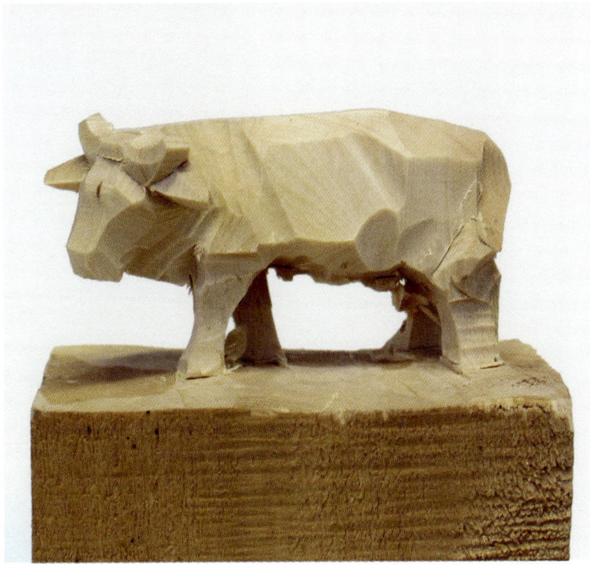

Angeschnittener Ochs

Schnitzen eines Hirten mit Flöte

Bei dieser Figur werden beide Hände und die Flöte separat geschnitzt und angeleimt.

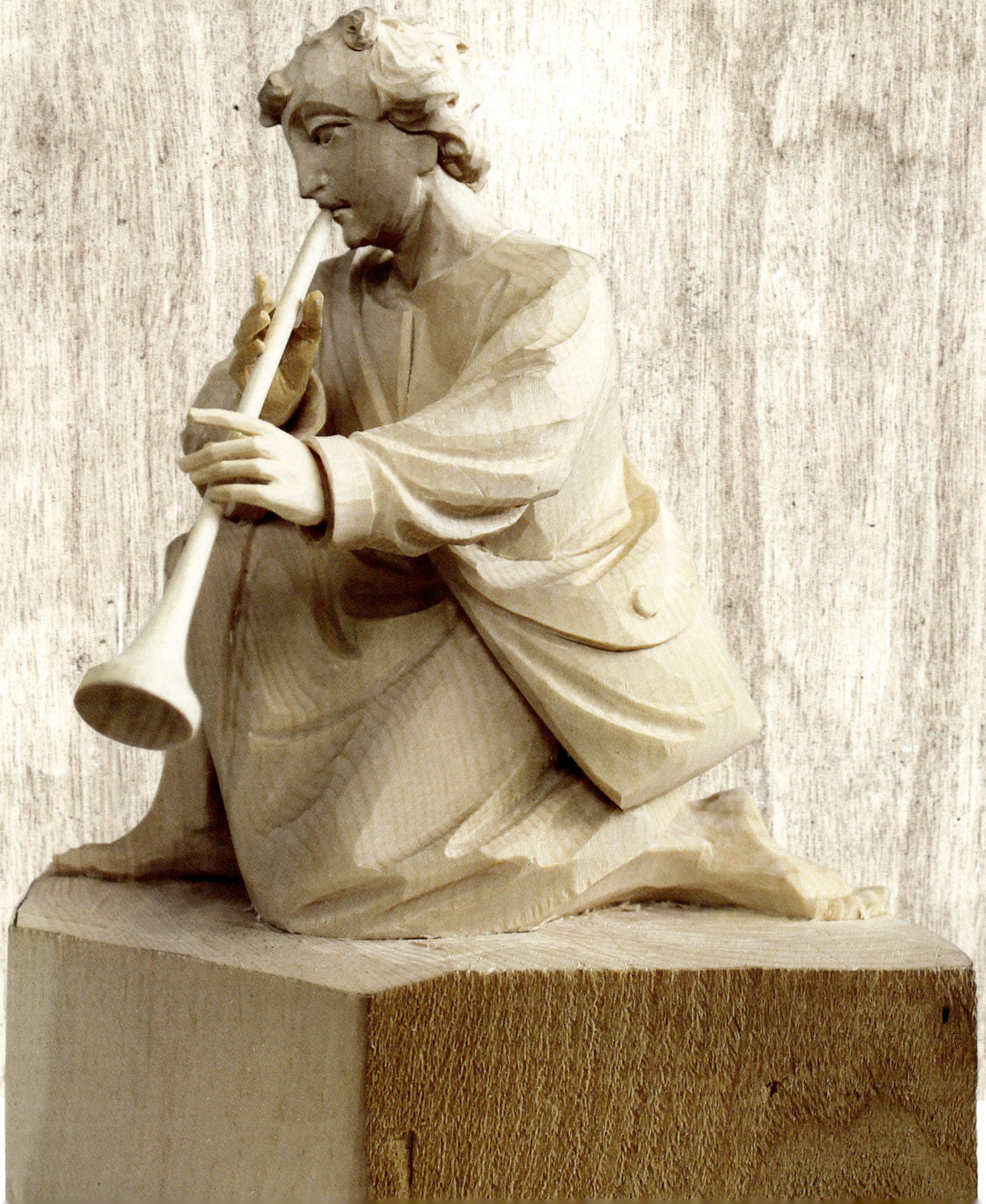

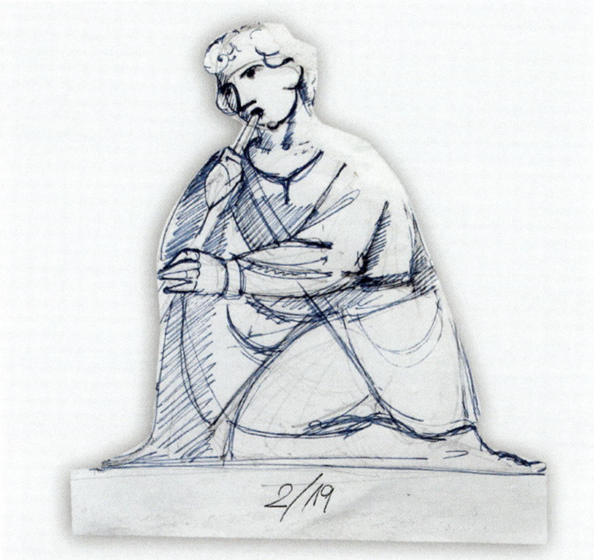

Entwurf Hirte mit Flöte

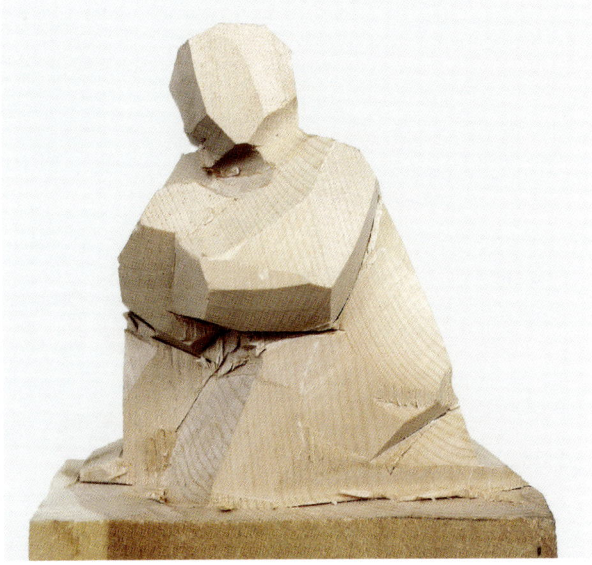

Erste Schnitte von vorn Hirte mit Flöte

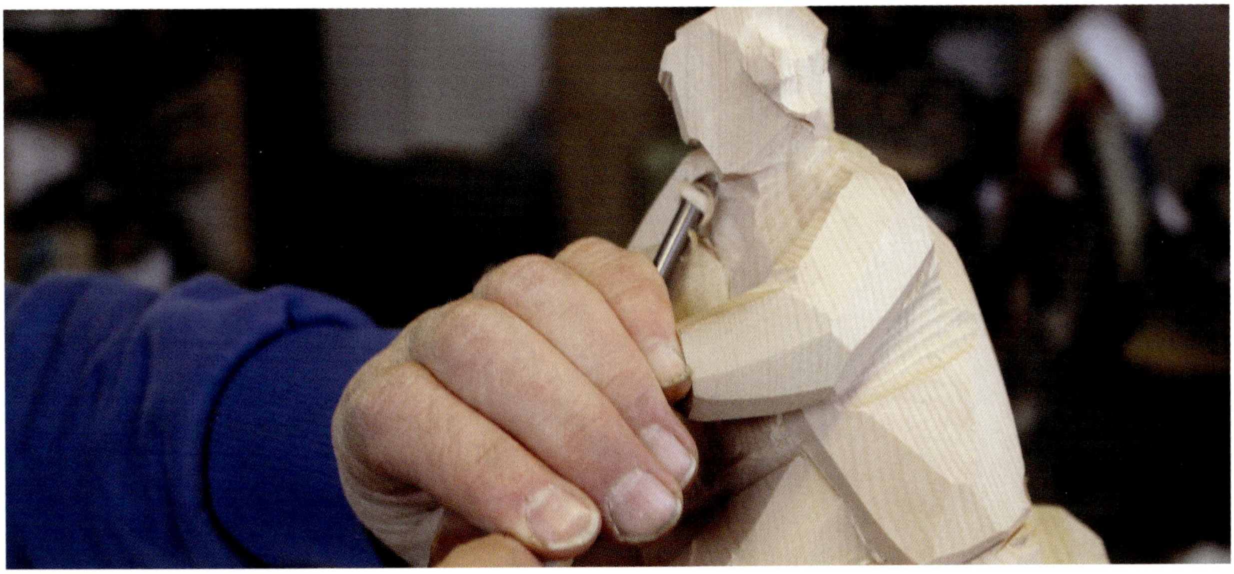

Arbeiten am Hirten mit Flöte

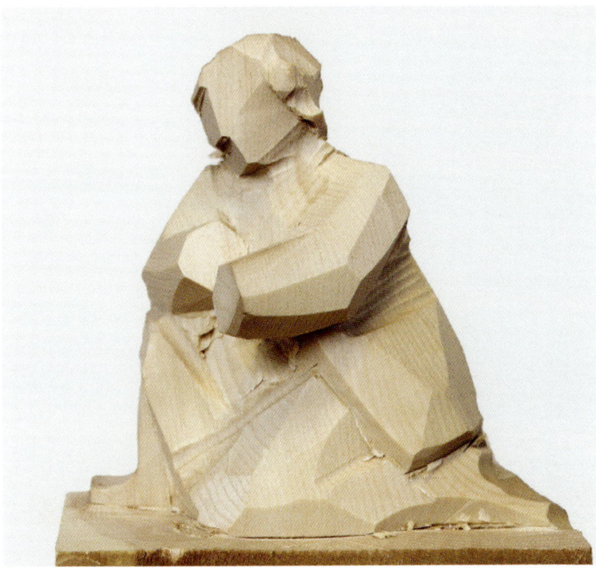

Herausarbeiten einiger Details für den Hirten mit Flöte

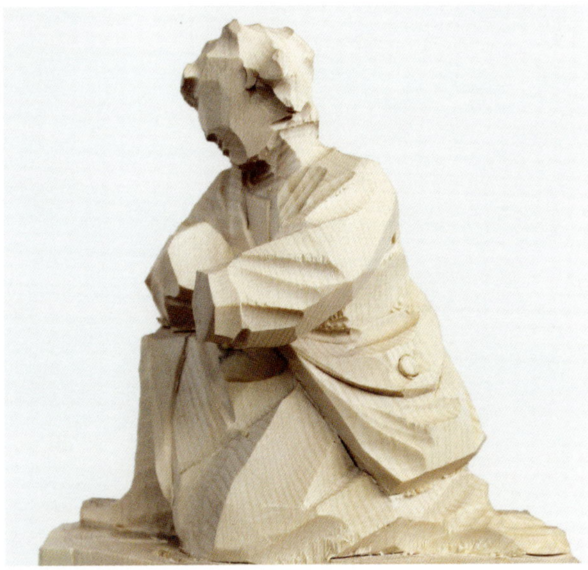

Angeschnittener Hirte mit Flöte

Schnitzen eines Hirten mit Korb

Die linke Hand und der Korb werden separat geschnitzt und angeleimt bzw. dazugestellt.

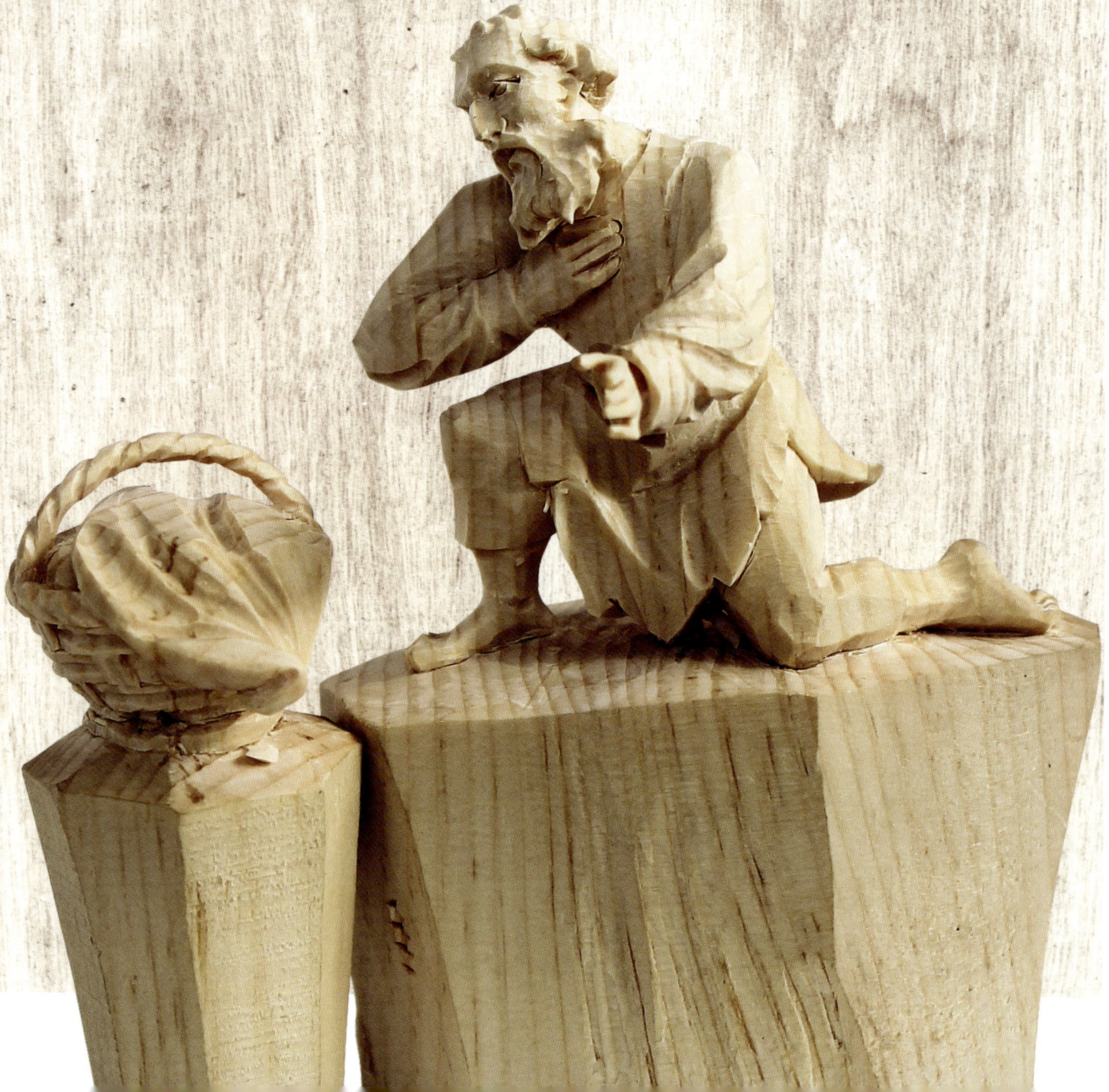

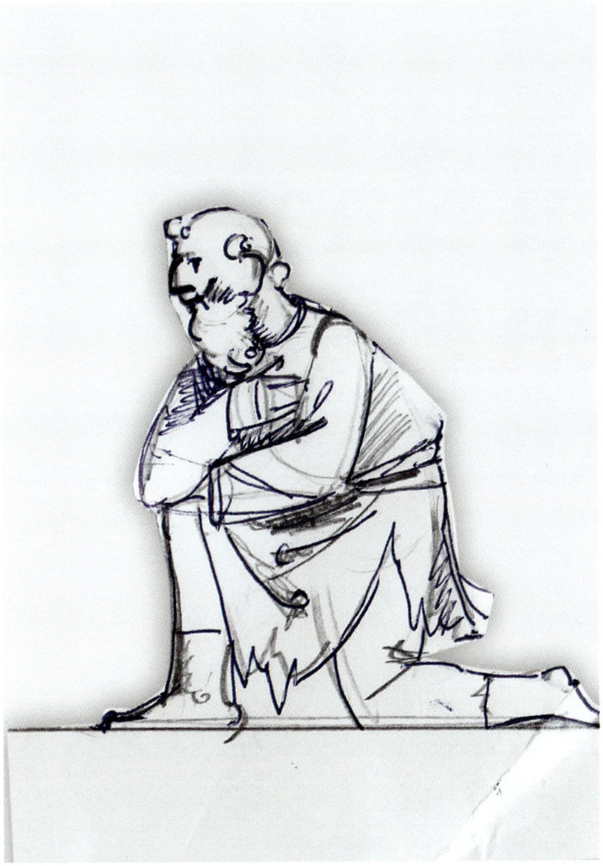

Entwurfzeichnung kniender Hirte mit Korb

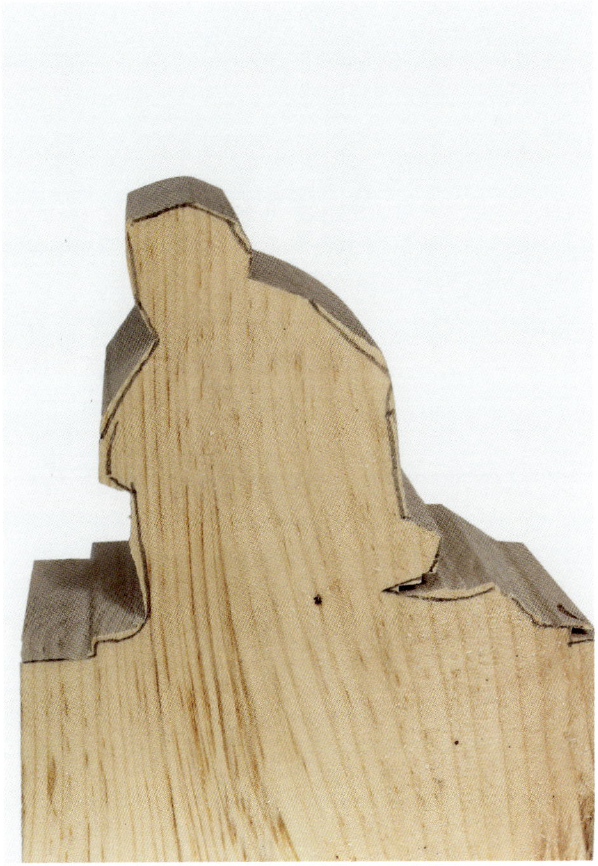

Zuschnitt Hirte mit Korb

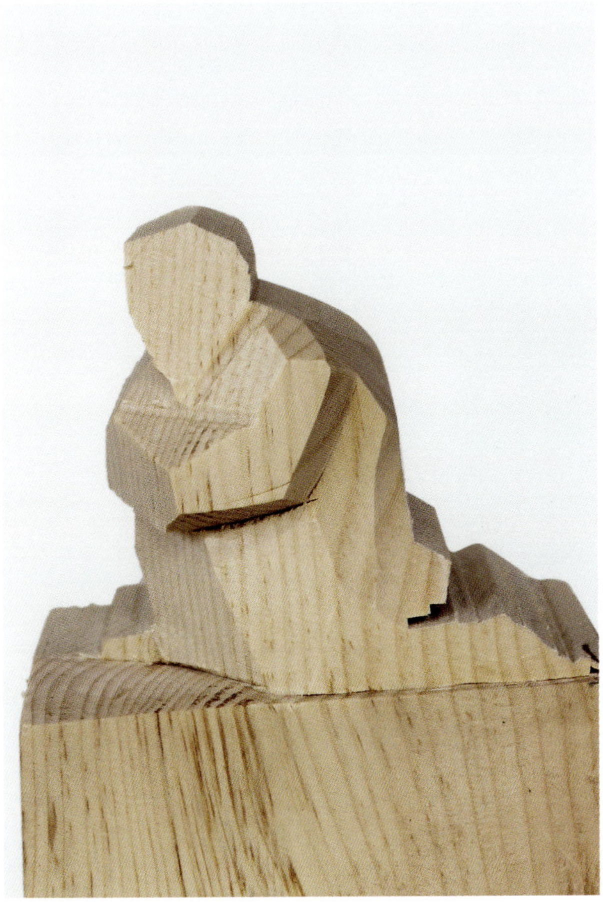

Erste Schnitte von vorn Hirte mit Korb

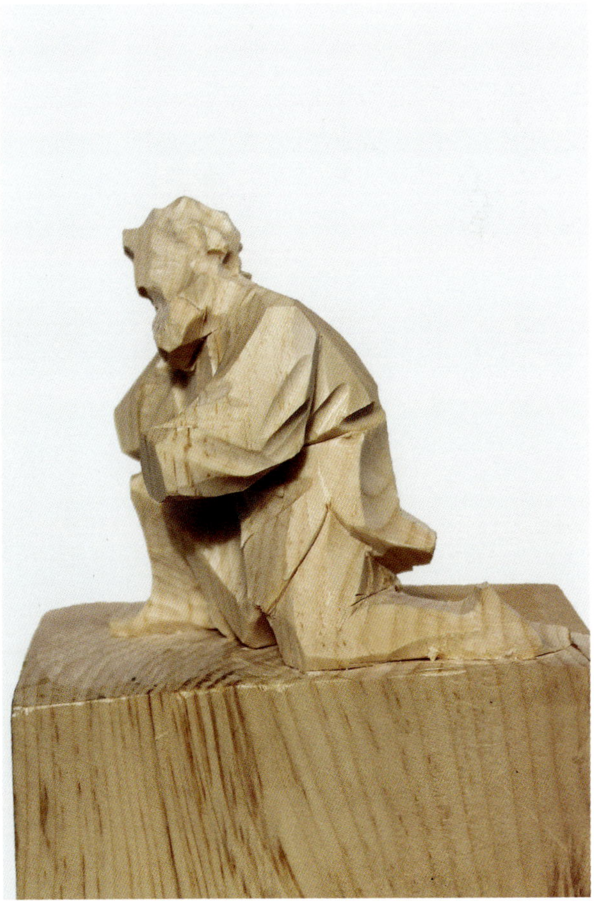

Angeschnittener Hirte mit Korb

Schnitzen einer sitzenden Frau mit Kind

Beim Kind dieser Figurengruppe werden die Hände des Kindes separat geschnitzt und angeleimt. Eine Figurengruppe aus zwei oder mehreren Figuren stellt an den Schnitzer eine besondere Herausforderung.

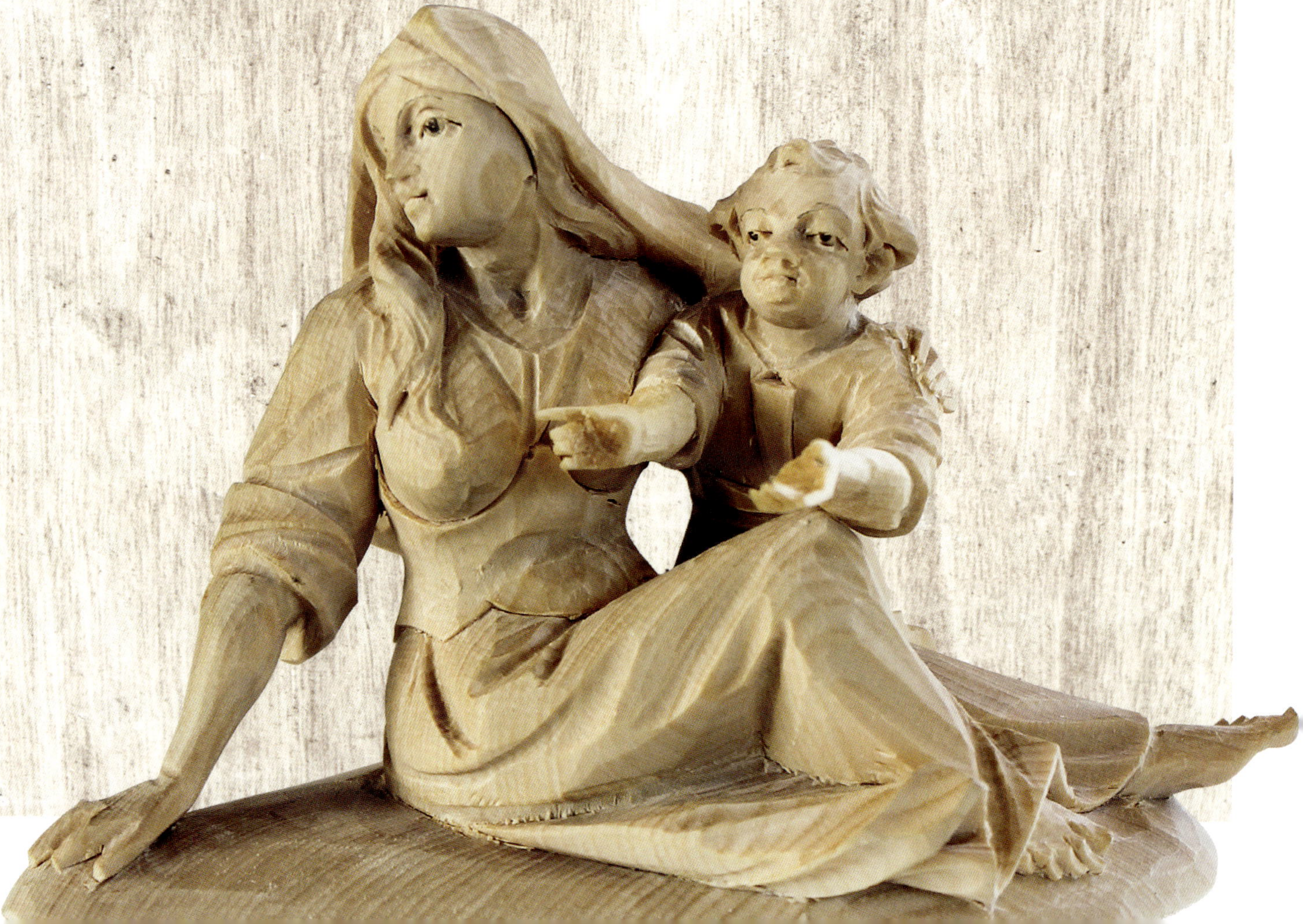

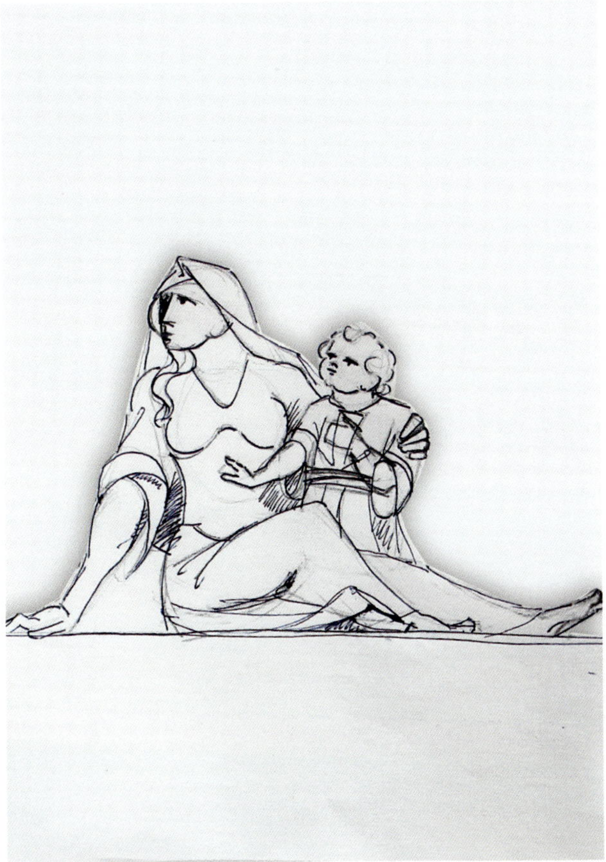

Entwurfszeichnung sitzende Frau mit Kind

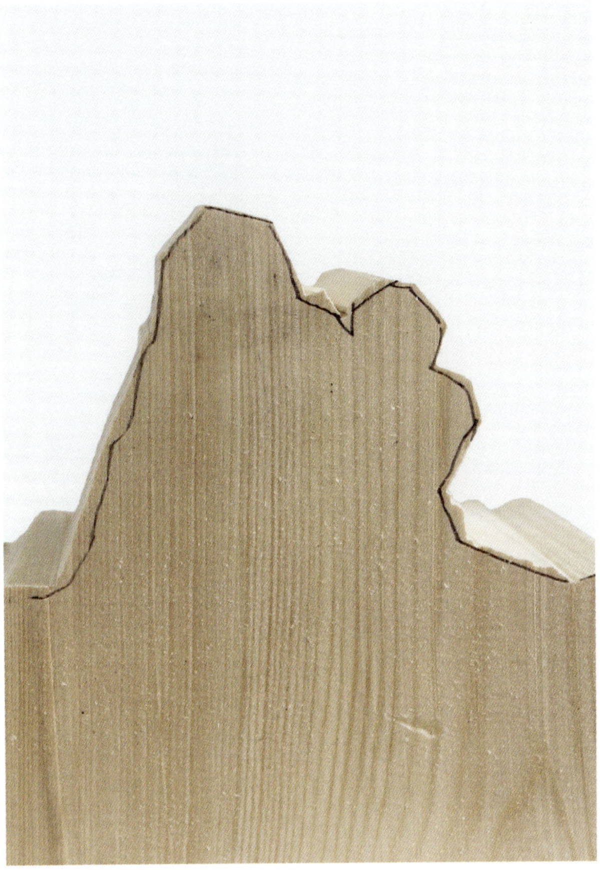

Zuschnitt sitzende Frau mit Kind

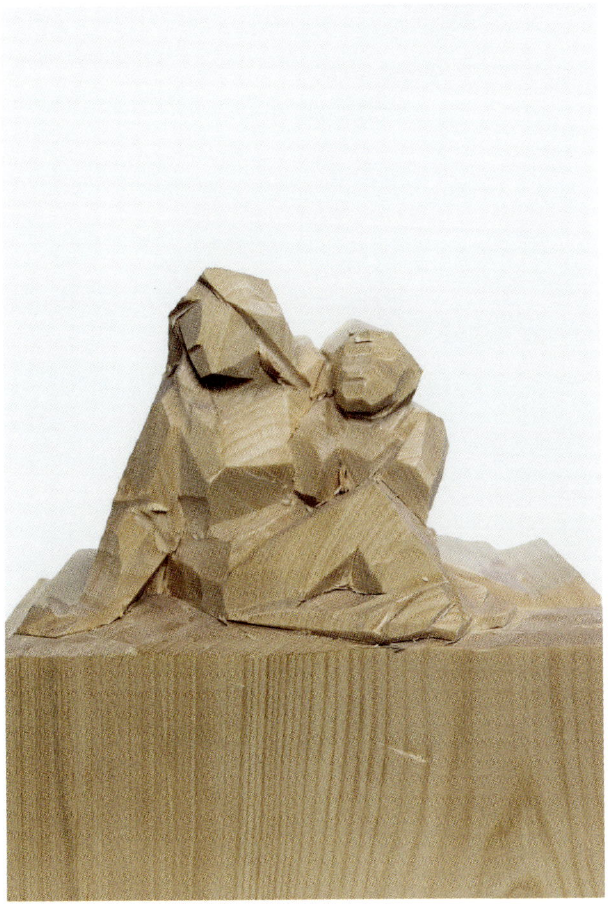

Erste Schnitte von vorn sitzende Frau mit Kind

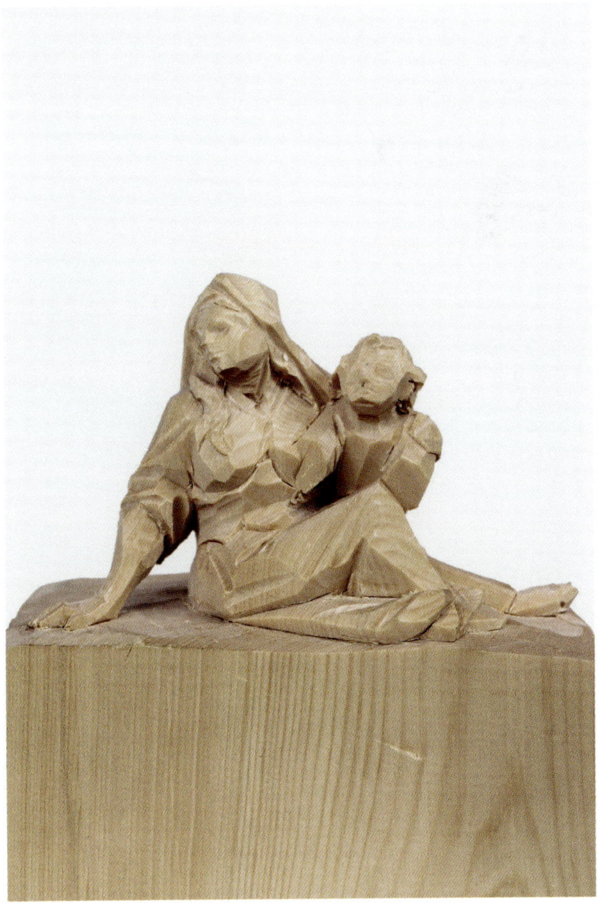

Angeschnittene sitzende Frau mit Kind

Schnitzen der Marienfigur

Bei der Darstellung einer Marienfigur gibt es viele Möglichkeiten (kniend, liegend, sitzend ...). Die hier dargestellte Figur sitzt andächtig an der rechten Seite vom Jesuskind.

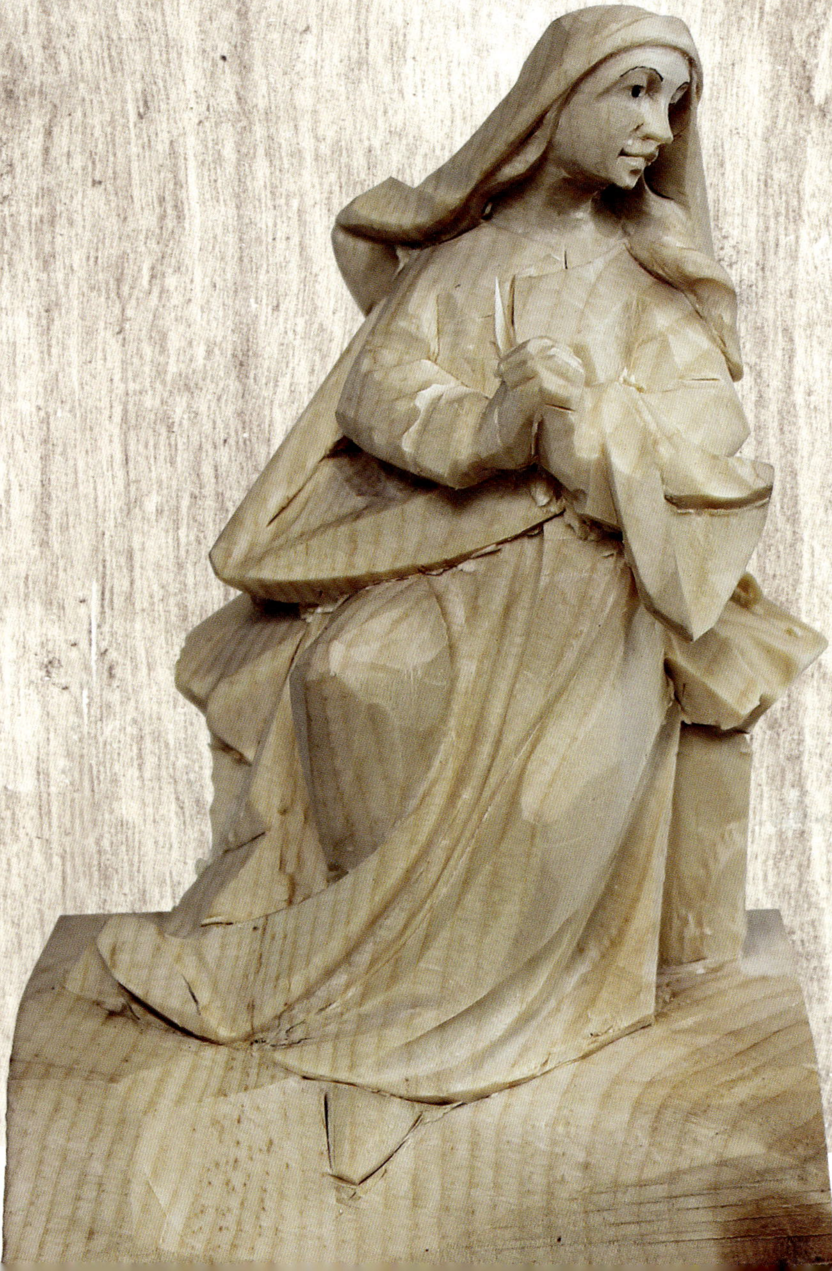

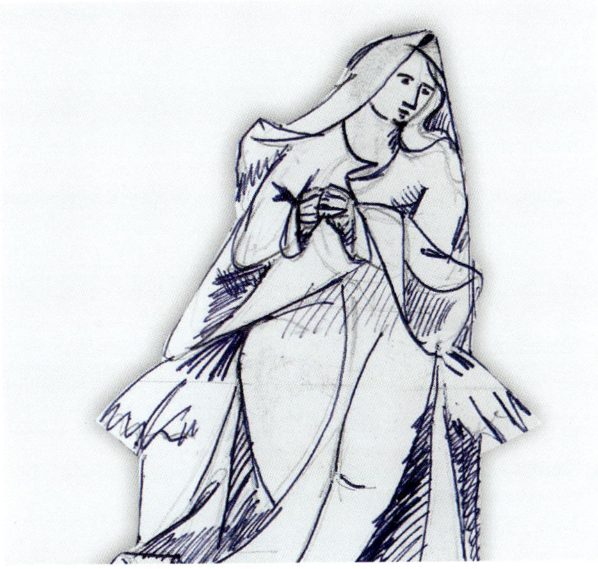

Entwurf der Marienfigur

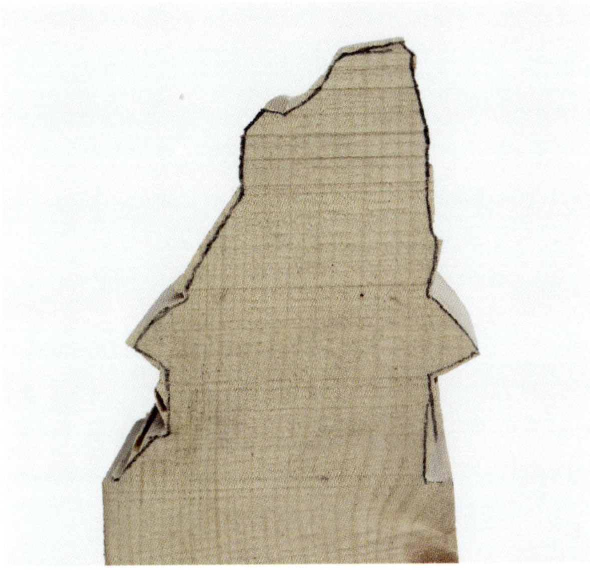

Zuschnitt der Marienfigur

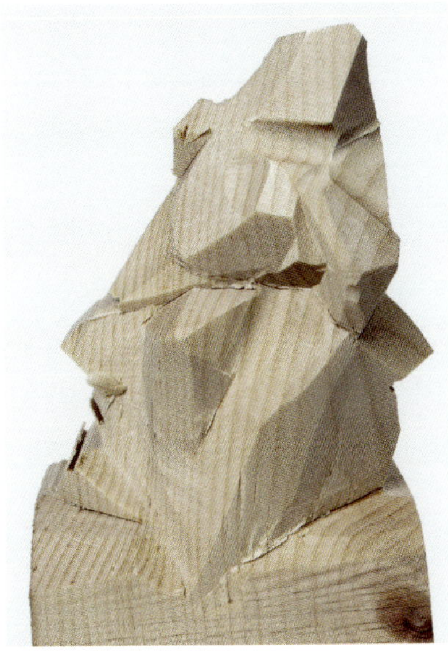

Erste Schnitte von vorn

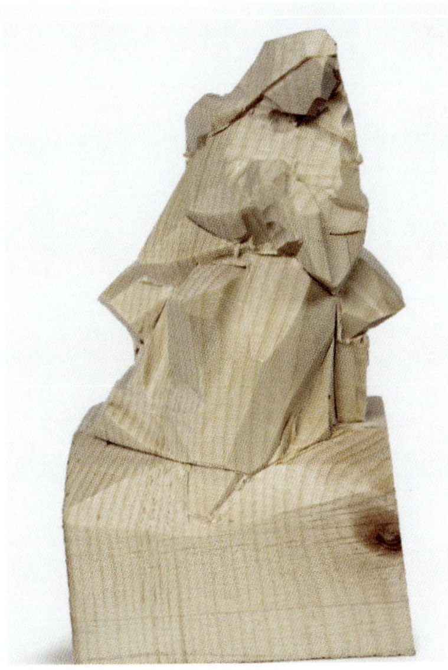

Herausarbeiten erster Details

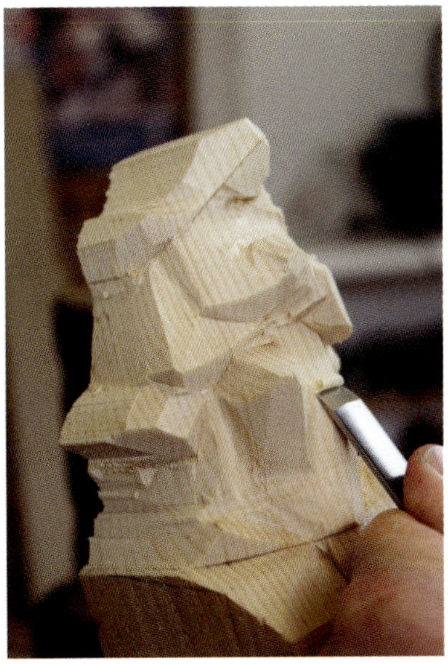

Arbeit am Fuß der Marienfigur

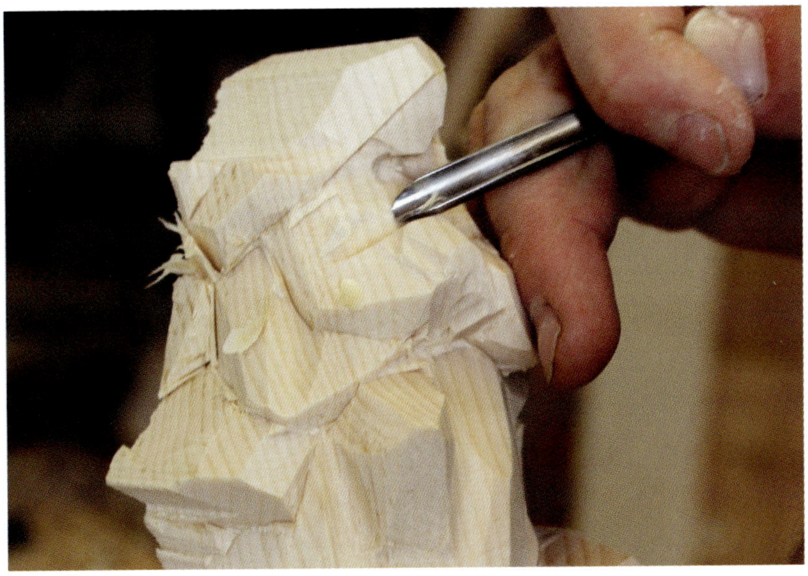

Angeschnittene Marienfigur

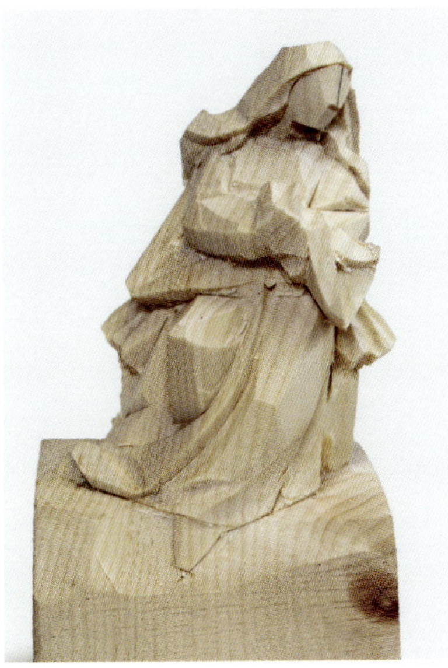

Arbeit an der Halsgrube der Marienfigur

Schnitzen des heiligen Josef

Josef wird meistens als beschützende Vaterfigur dargestellt. Die Hände und der Stock werden bei dieser Figur aus einem Stück geschnitzt.

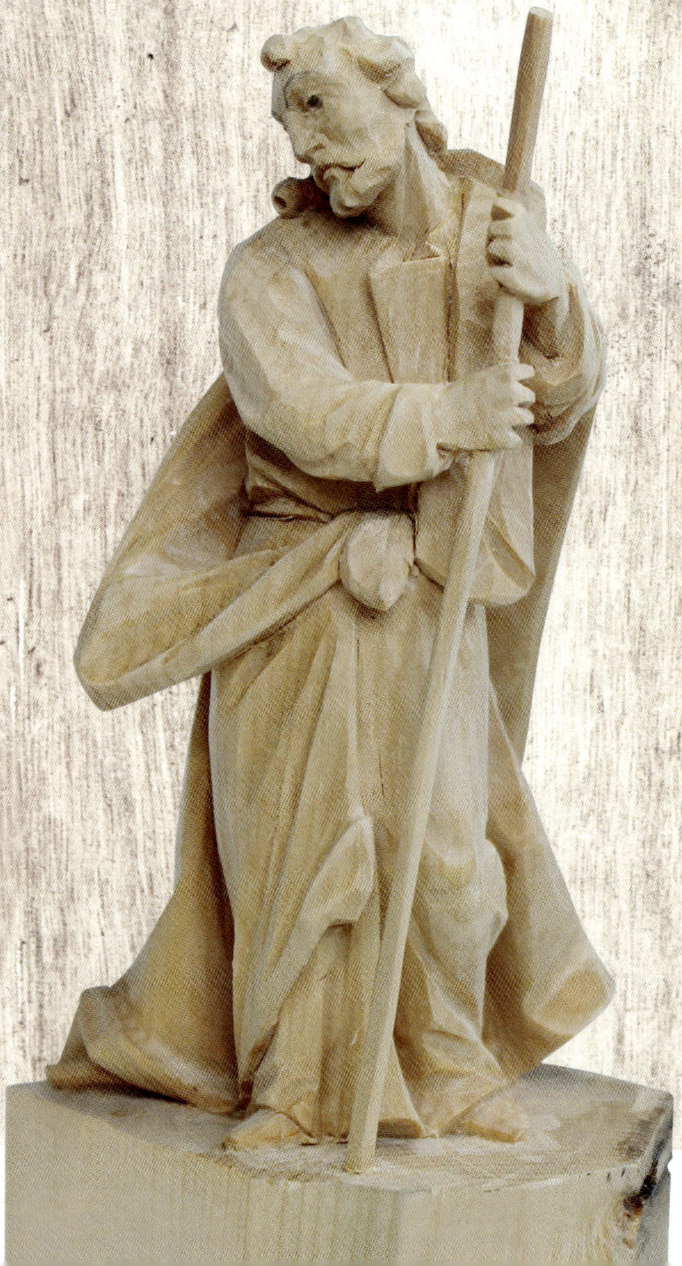

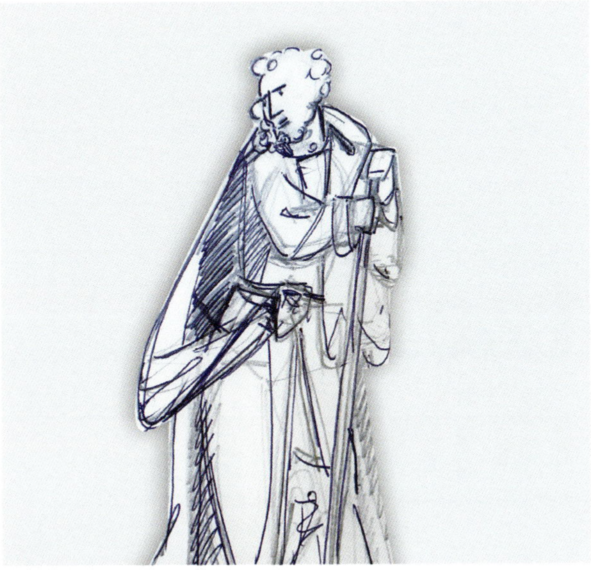

Entwurf der Josefsfigur

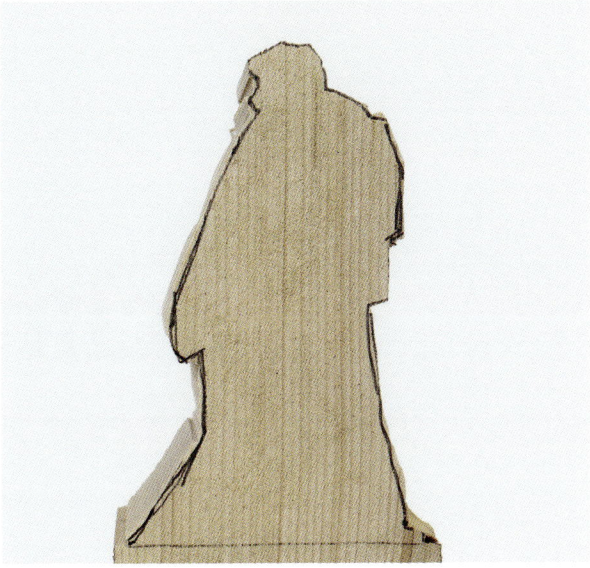

Zuschnitt Josefsfigur

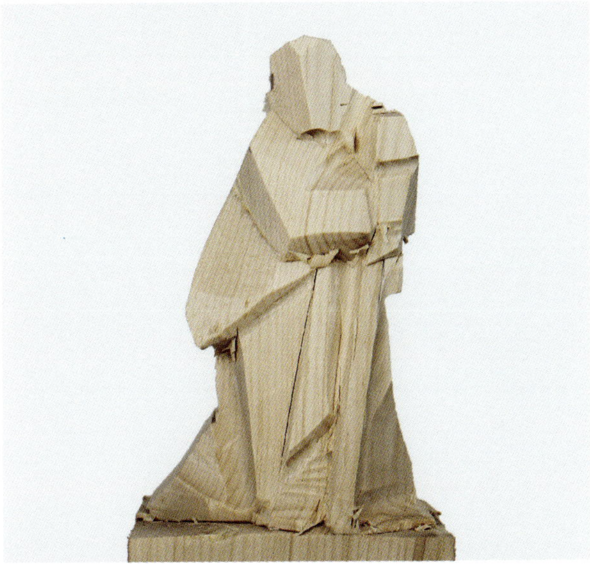

Erste Schnitte an der Vorderseite der Josefsfigur

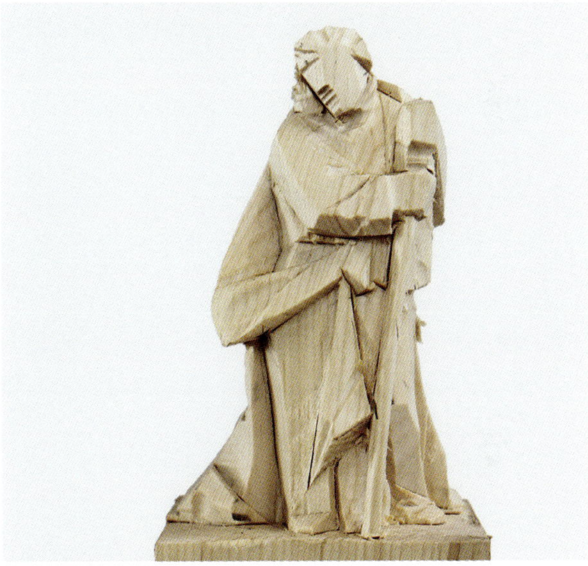

Angeschnittene Josefsfigur

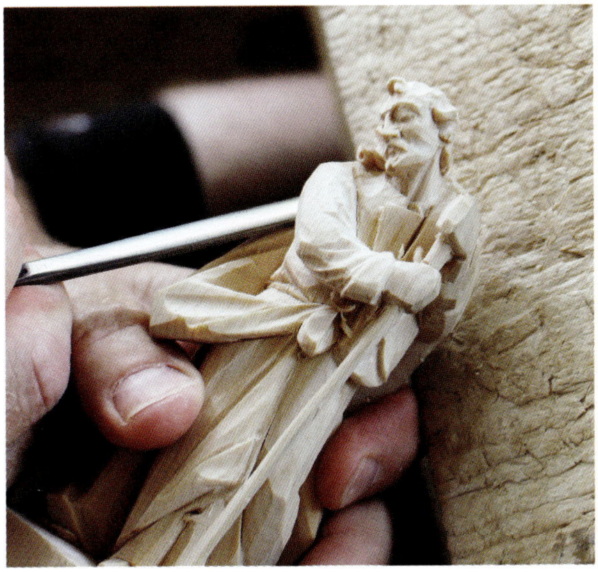

Arbeit an der Josefsfigur

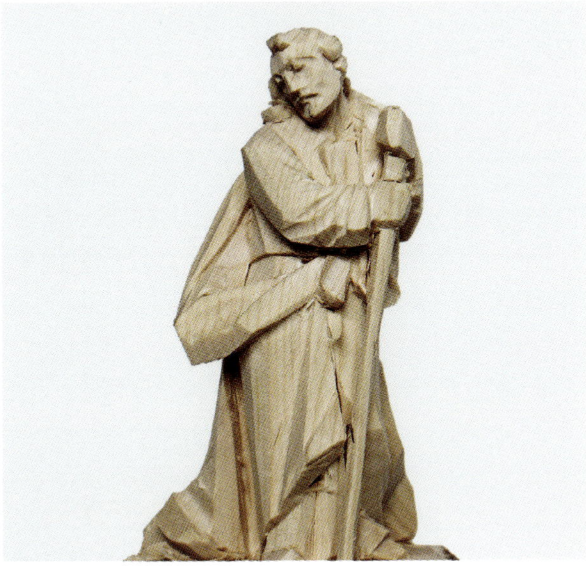

Details der Josefsfigur

Schnitzen des Jesuskindes

Das Jesuskind ist die zentrale Figur jeder Krippe. Obwohl sie die kleinste Figur ist, ist sie die wichtigste. Dementsprechend sollte auch in deren Ausführung die nötige Sorgfalt gelegt werden.

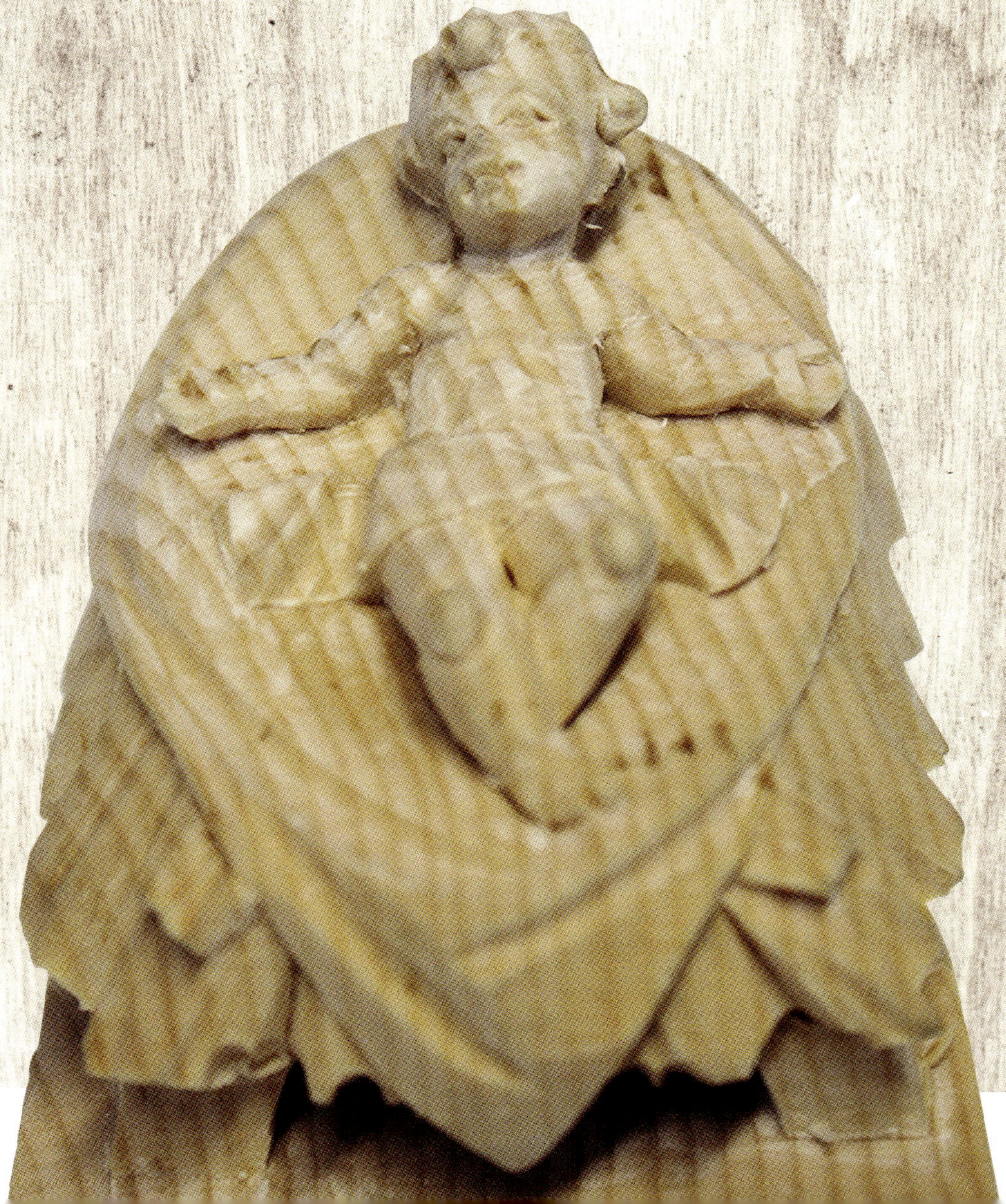

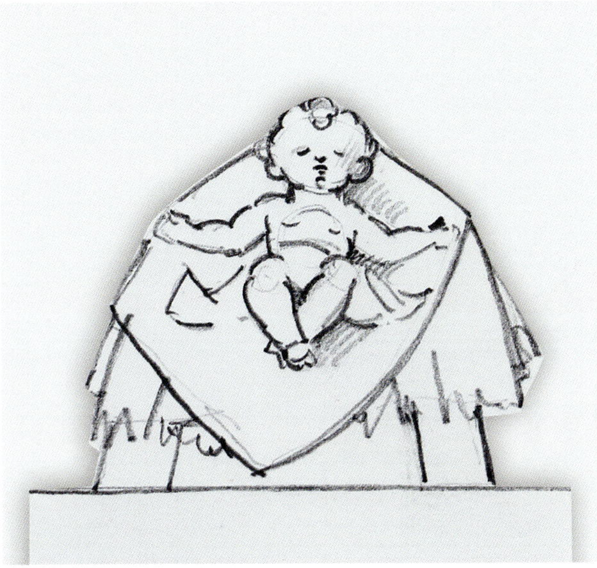
Entwurf des Jesuskindes

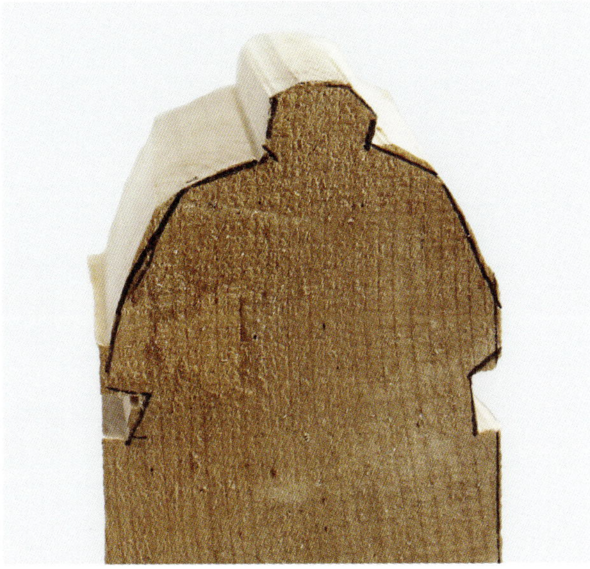
Zuschnitt Jesuskind

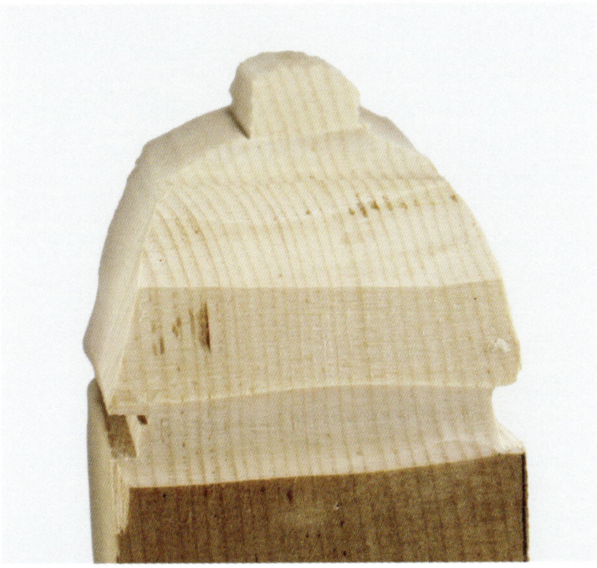
Erste Schnitte an der Vorderseite des Jesuskindes

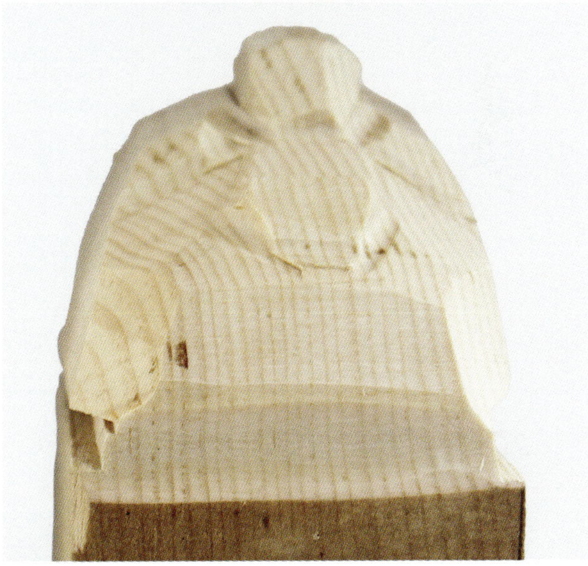
Weitere Schnitte in die Tiefe

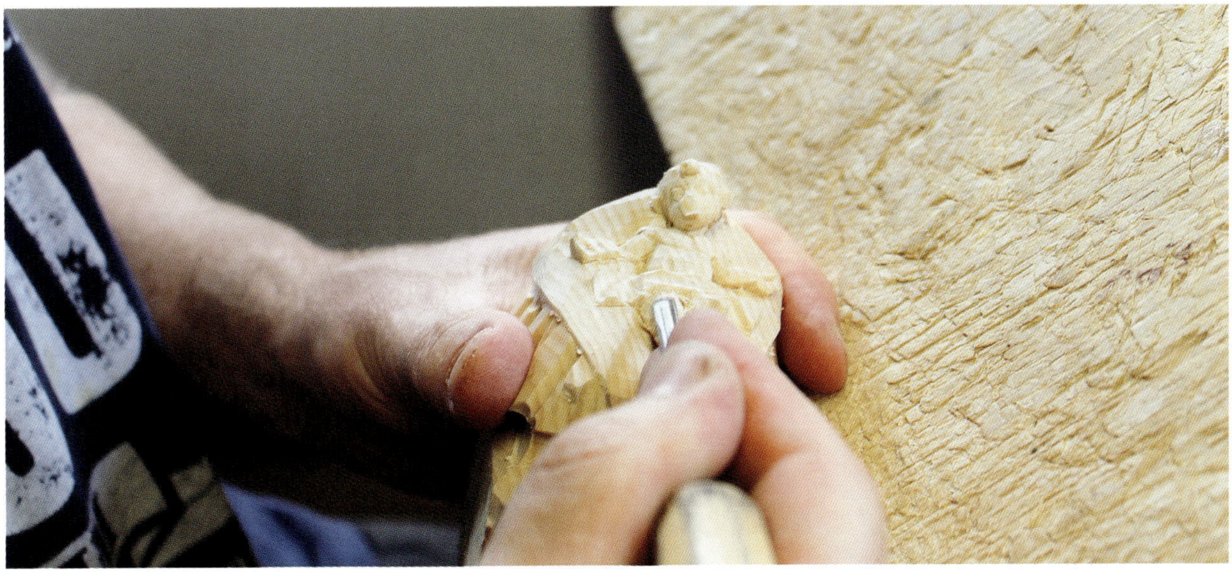
Arbeit am Jesuskind

Die Sternsinger

Die Sternsinger nach Josef Bachlechner bilden ein beliebtes Motiv für heimische Krippen aus dem Alpenraum.

Josef Bachlechner d. Ä. (1871–1923) stammte aus Brunneck in Südtirol. Er lebte und arbeitete in Hall in Tirol. Von ihm stammen sehr beliebte Krippenmotive, die schon vielen Schnitzern als Vorbild dienten.

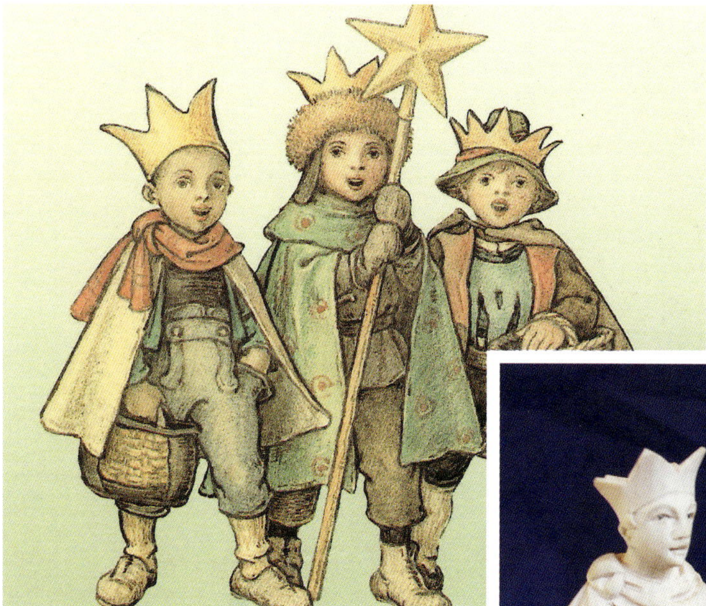

Drei Sternsinger, Entwurf von J. Bachlechner

Die drei Sternsinger

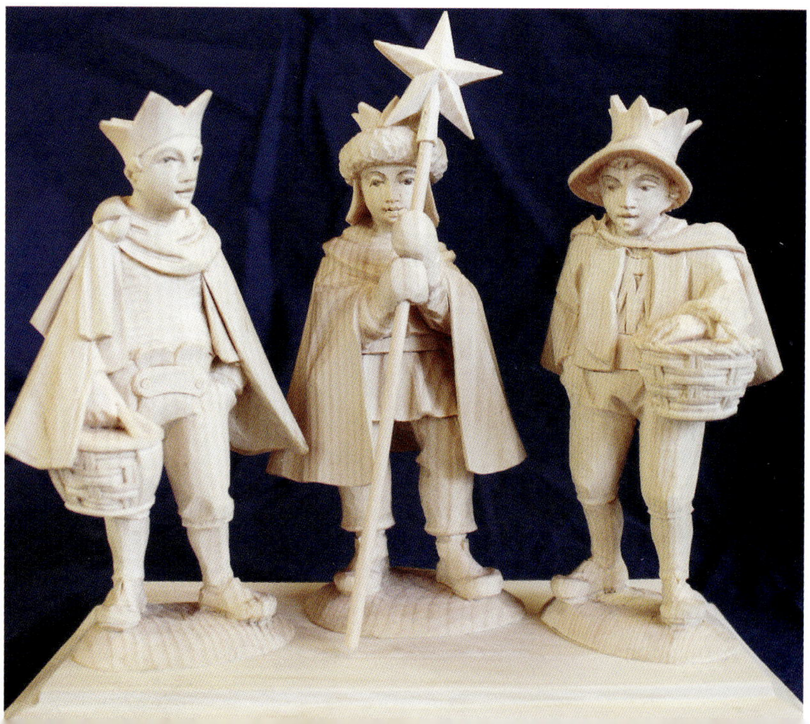

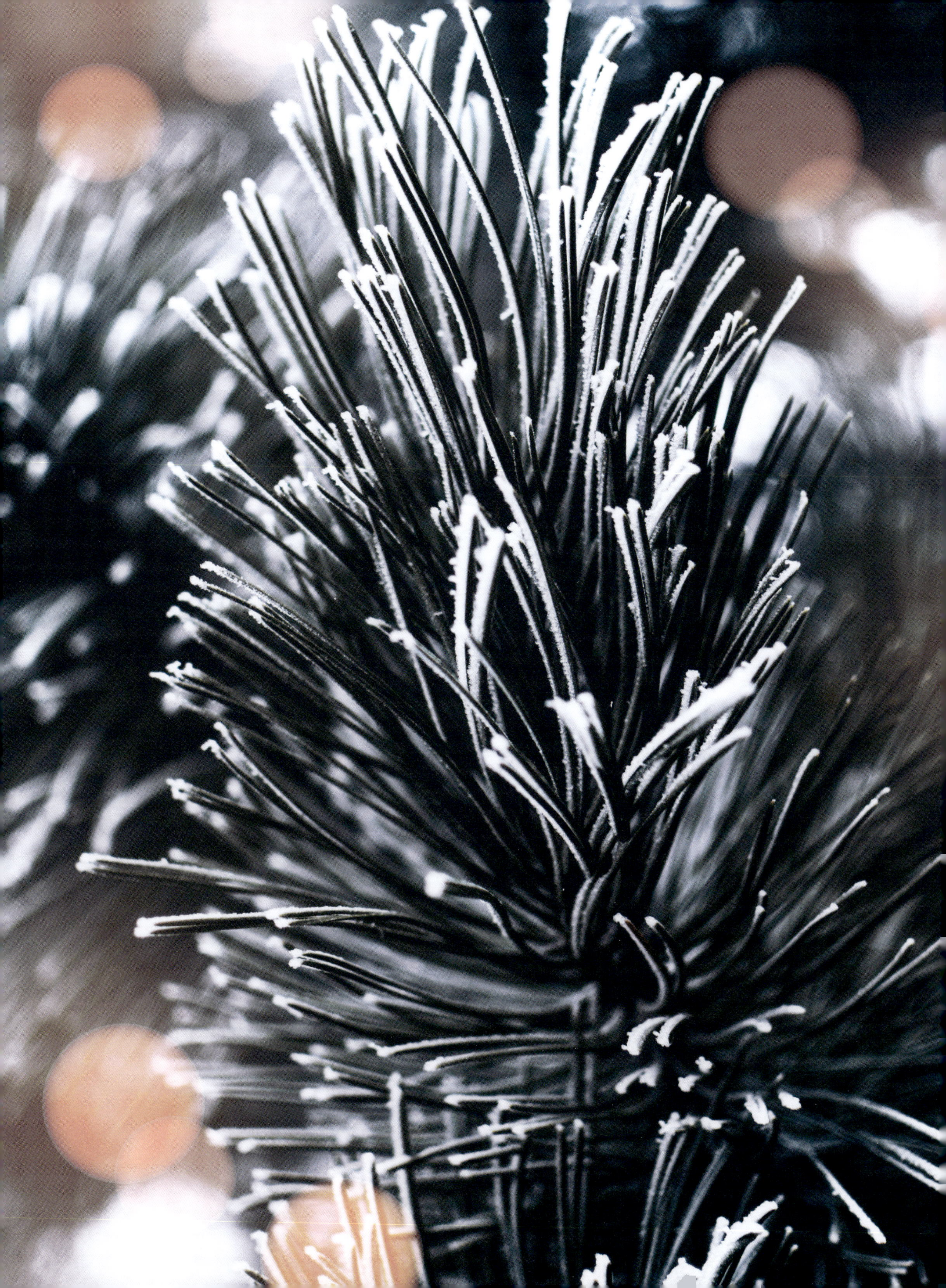

Der erste Sternsinger

Die Sternsinger bilden in alpenländischen Krippen eine Alternative zu den hl. drei Königen.

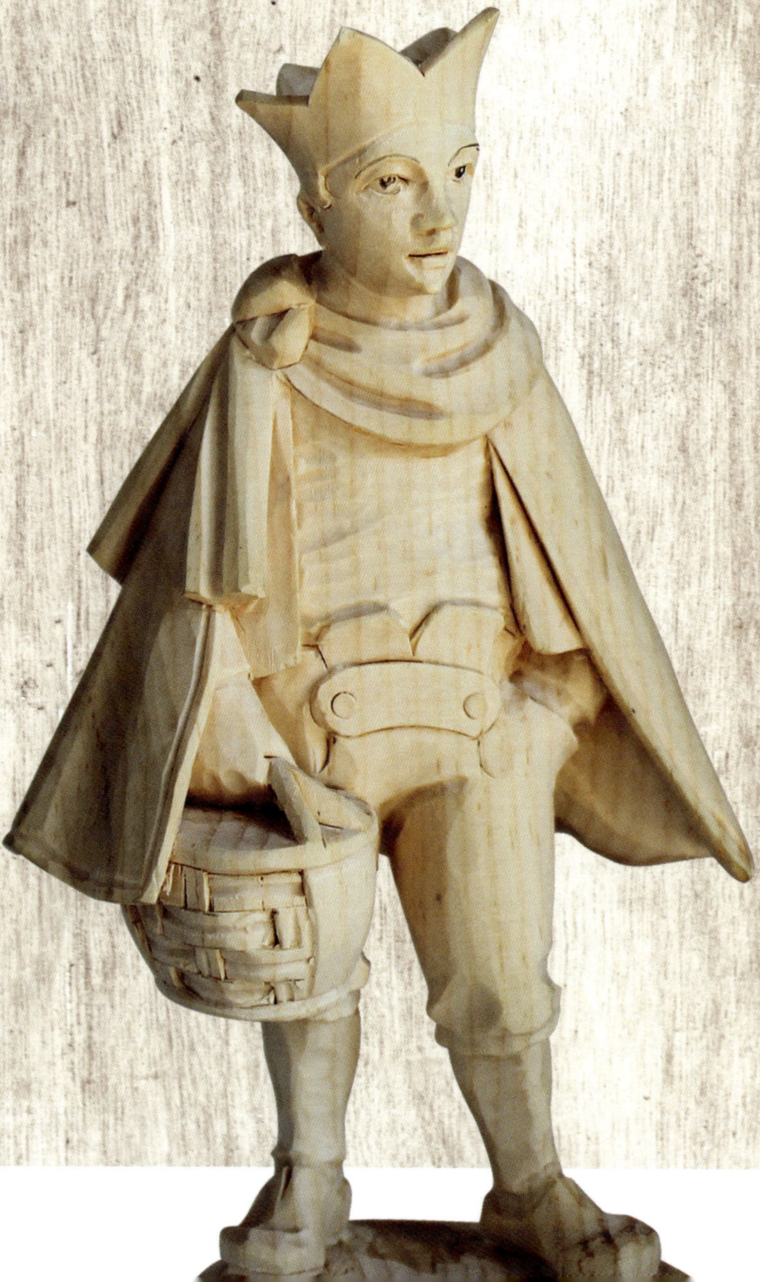

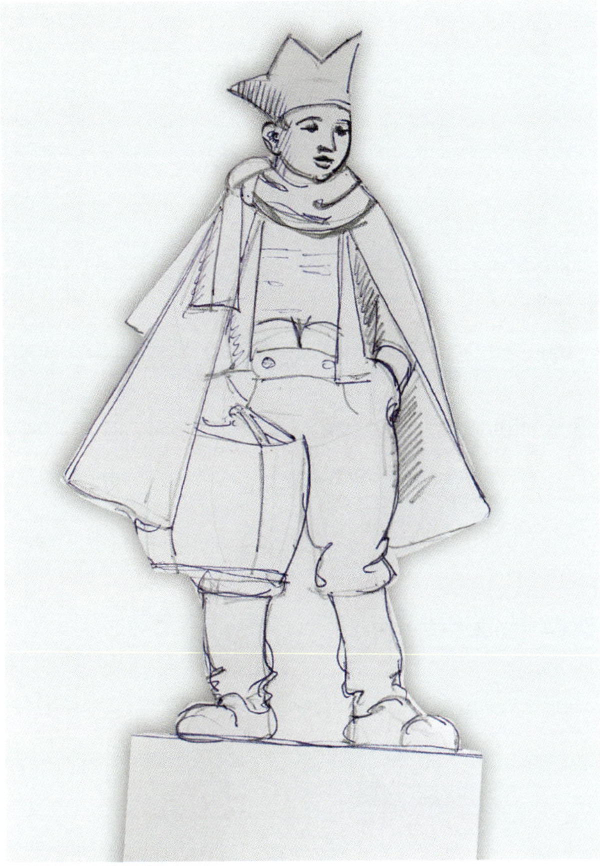

Entwurf Sternsinger

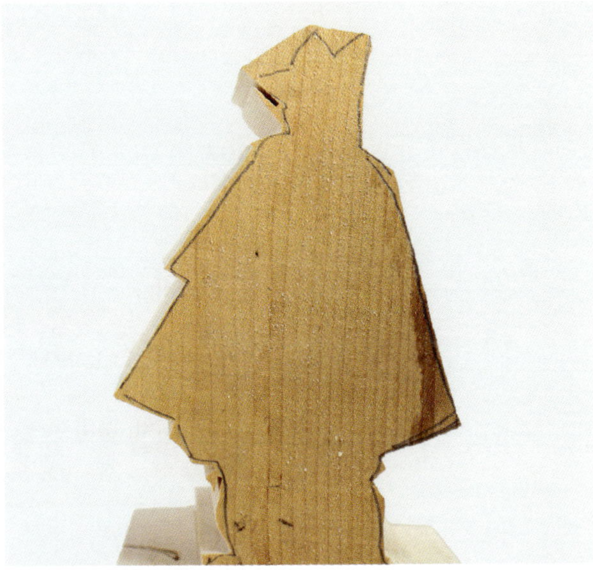

Zuschnitt Sternsinger

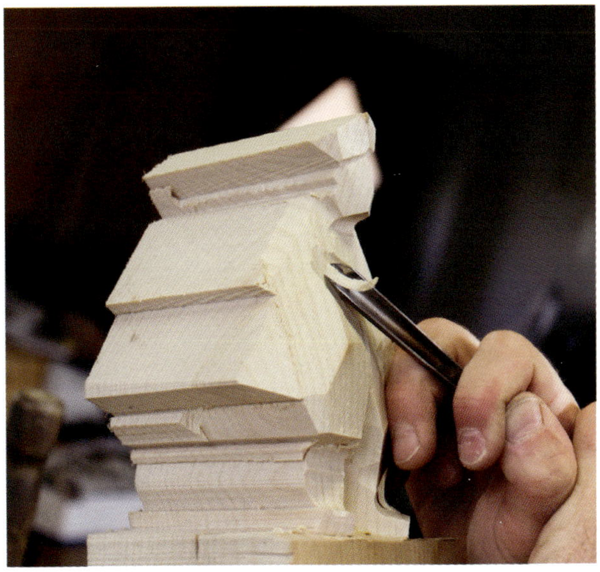

Arbeit am Sternsinger

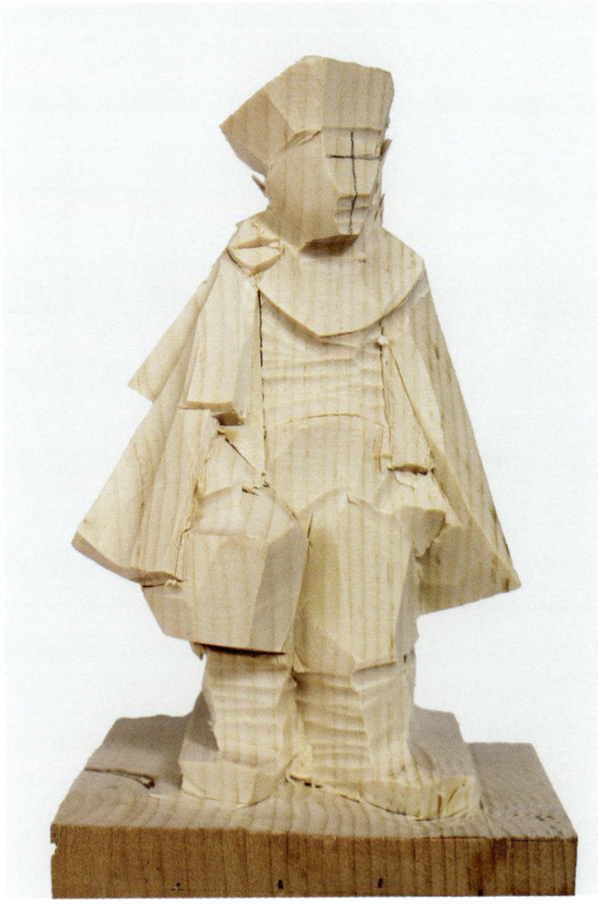

Anschnitt an der Vorderseite des Sternsingers

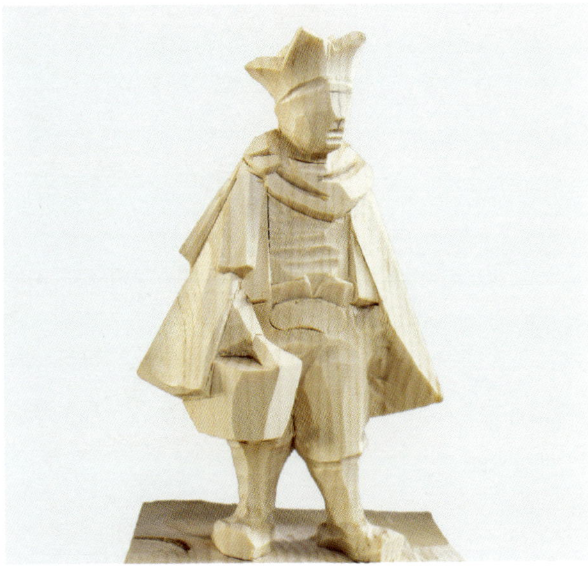

Angeschnittener Sternsinger

Der Sternträger

Bei dieser Figur wird der Stern separat geschnitzt und anschließend eingesetzt.

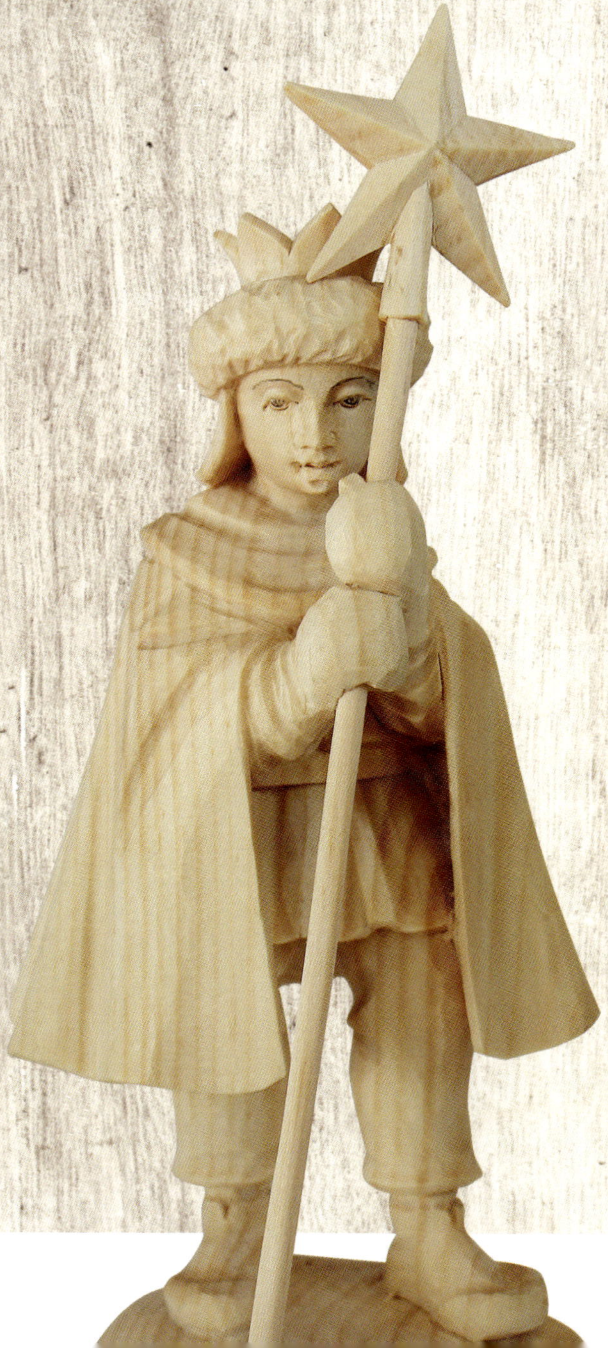

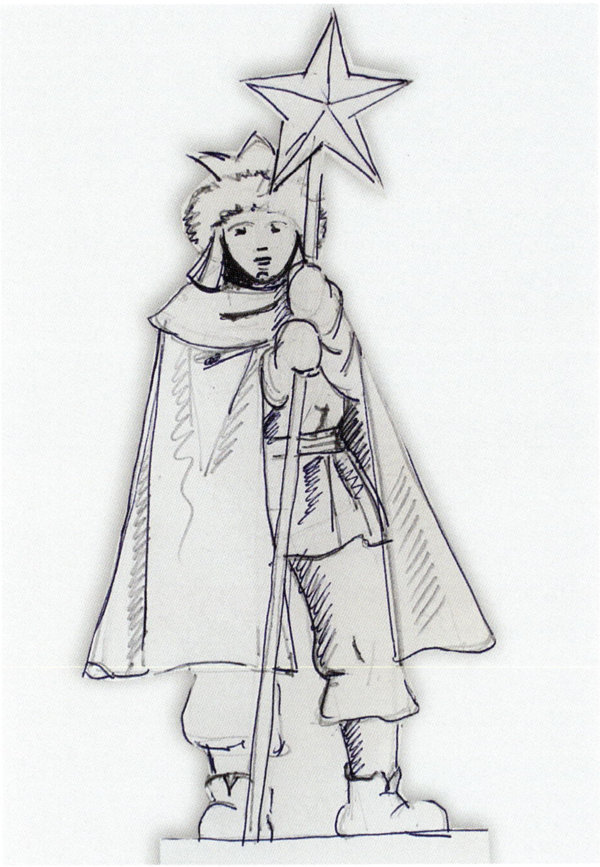
Entwurf Sternträger

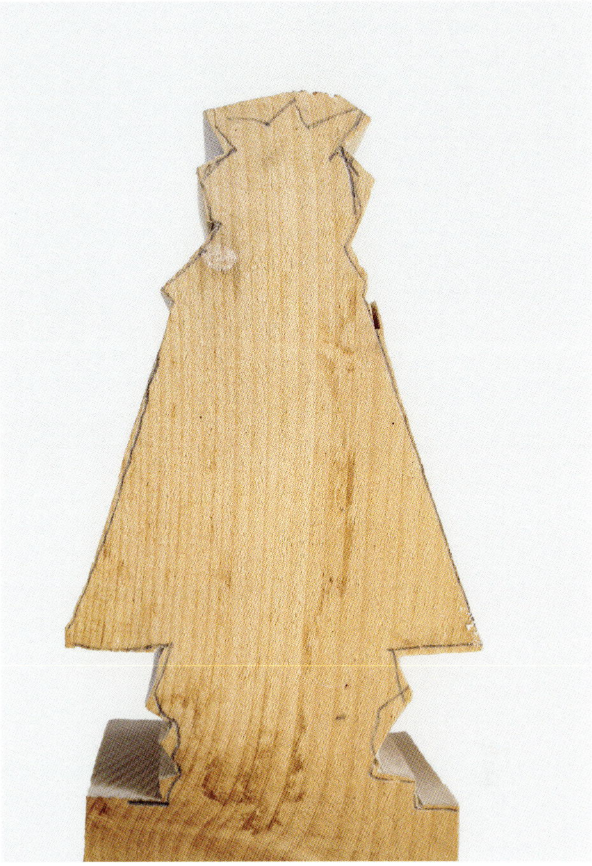
Zuschnitt Sternträger

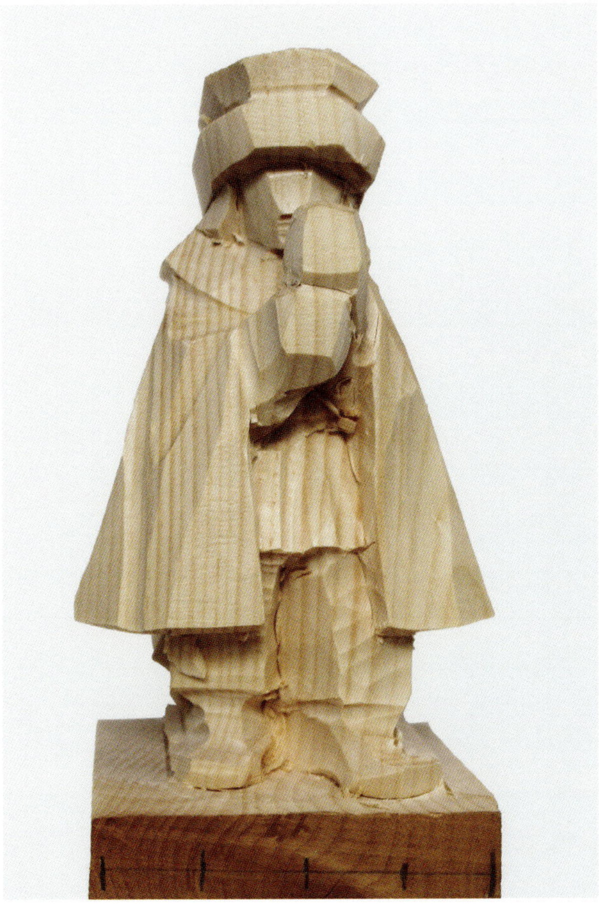
Erste Schnitte an der Vorderseite Sternträger

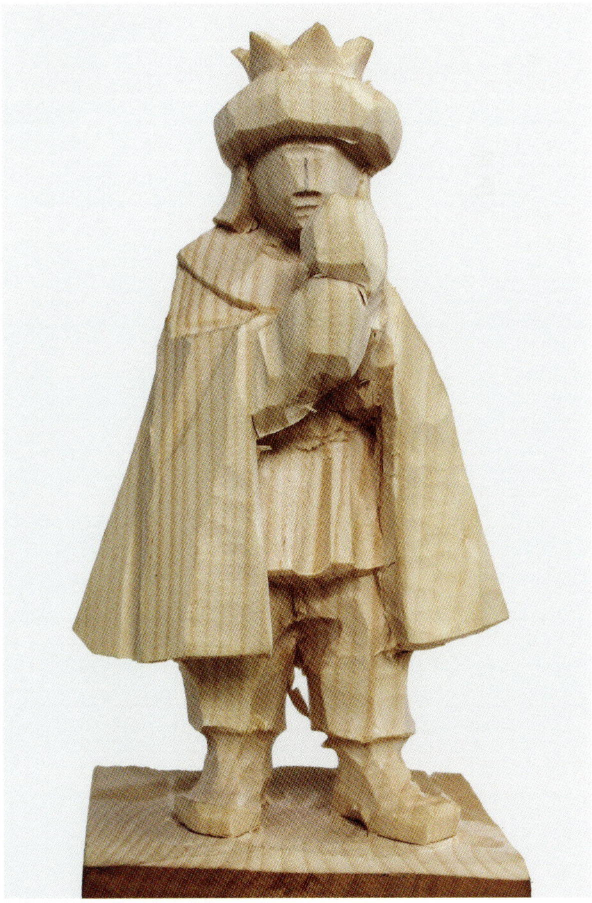
Angeschnittener Sternträger

Der dritte Sternsinger

Die Krone beim dritten König sitzt schief am Hut und die Hand steckt im Hosensack.

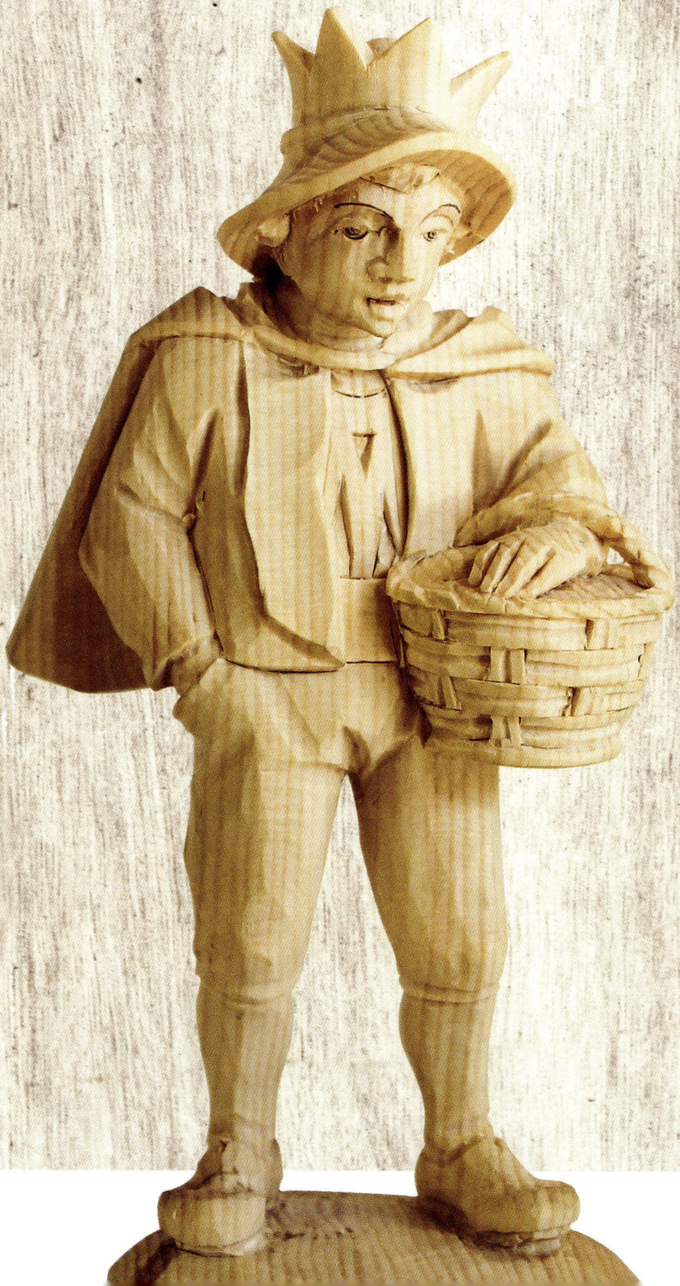

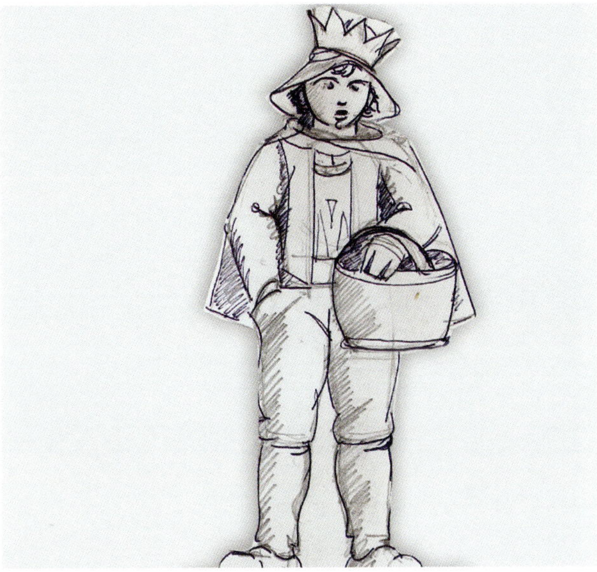

Entwurf des Sternsingers

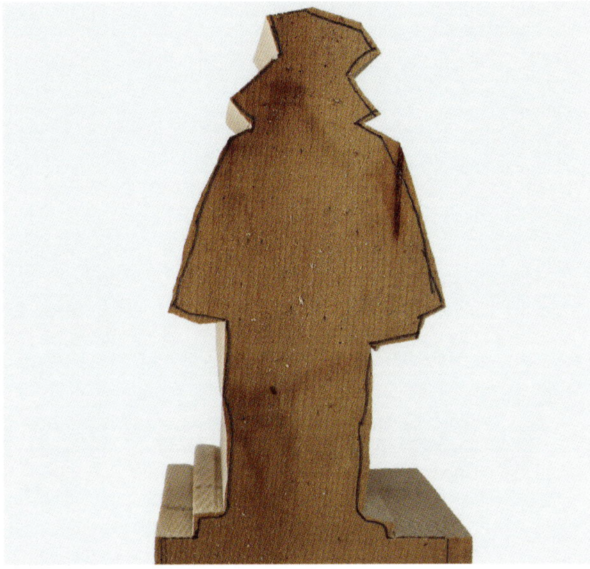

Zuschnitt Sternsinger

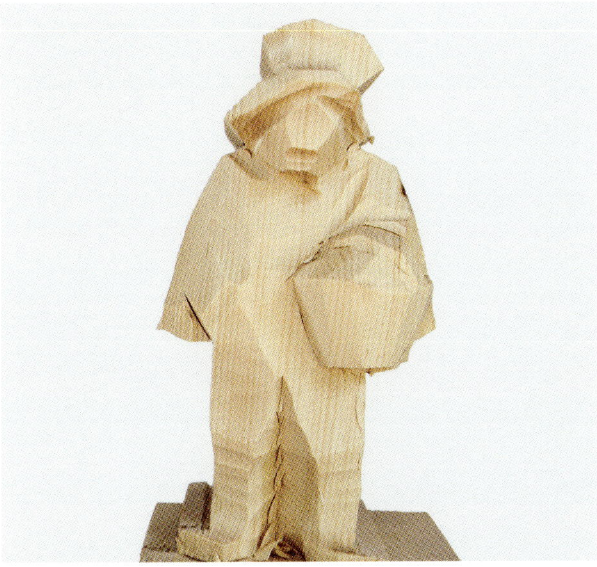

Erste Schnitte an der Vorderseite des Sternsingers

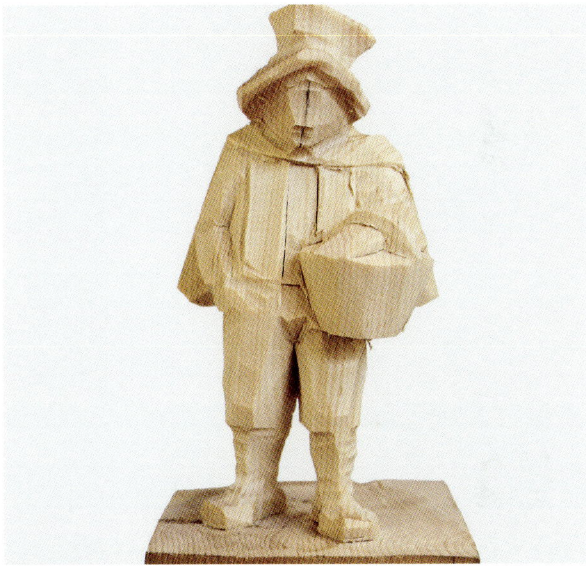

Angeschnittener Sternsinger

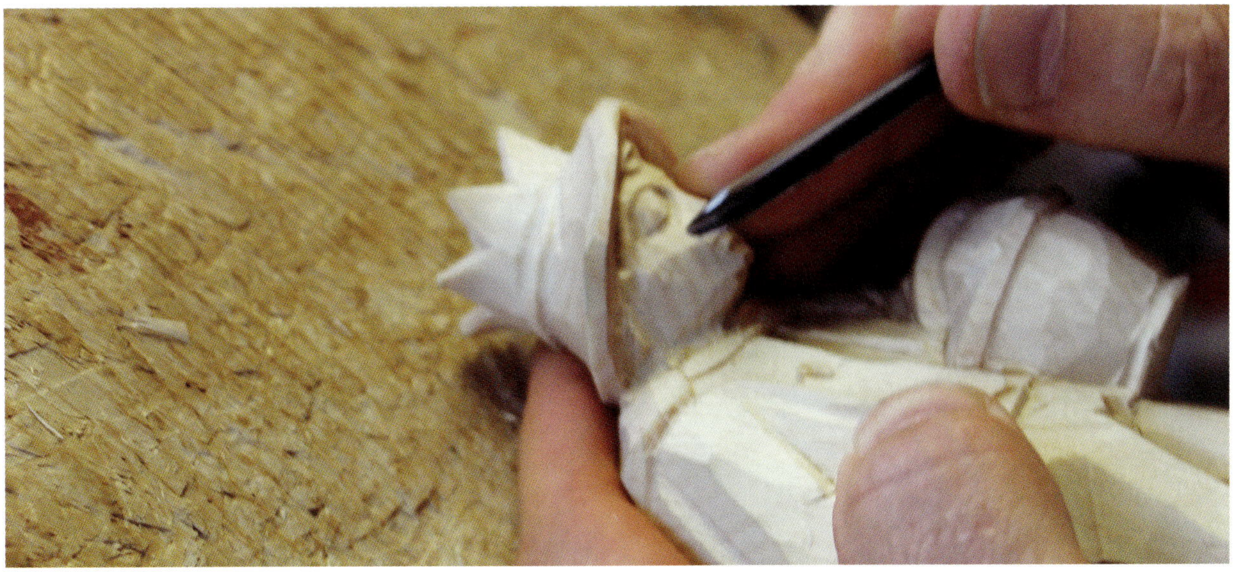

Arbeit am Sternsinger

Sitzender Hirte der Verkündigungsgruppe

Der linke Arm des Hirten wird separat geschnitzt und später angeleimt.

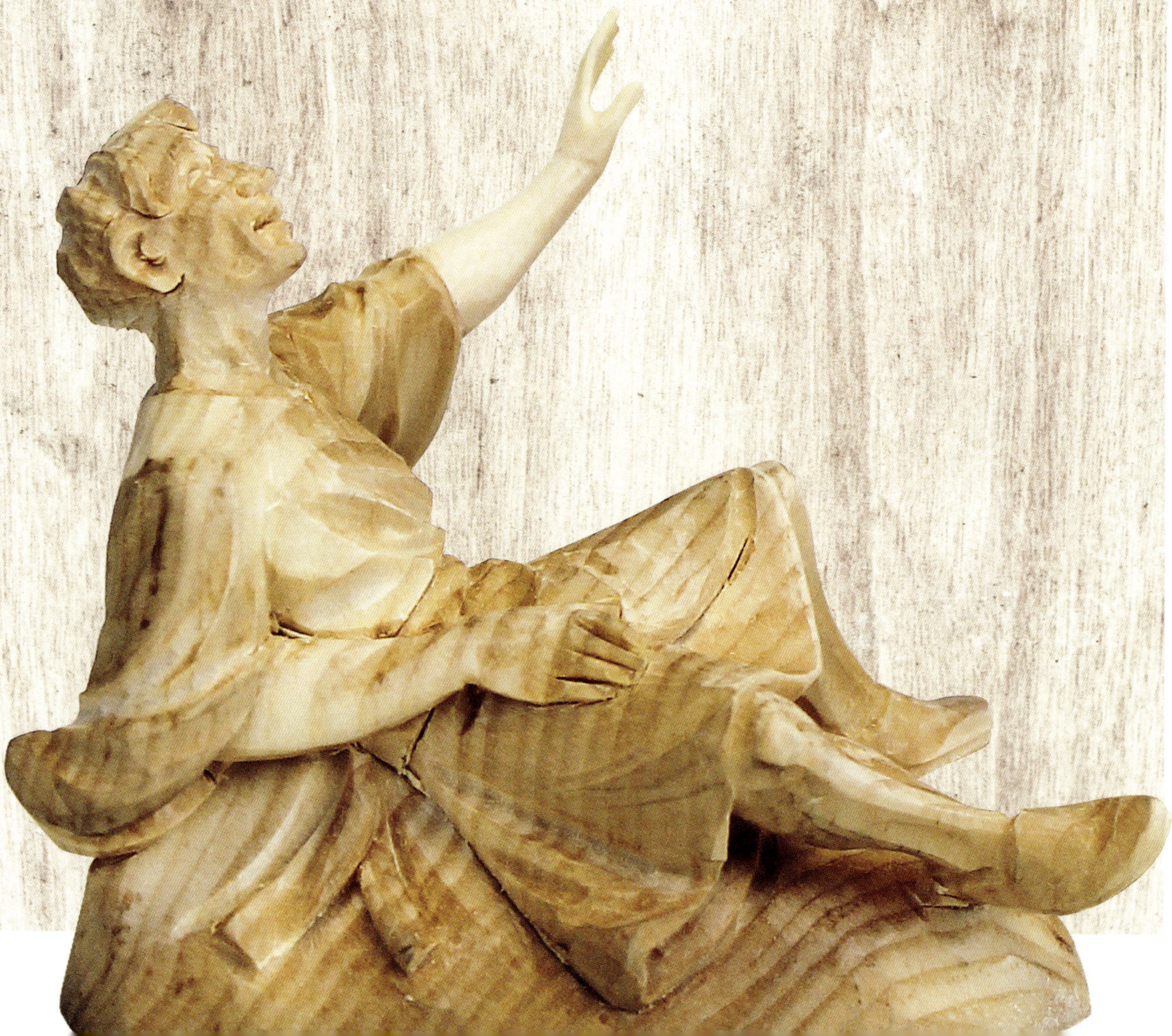

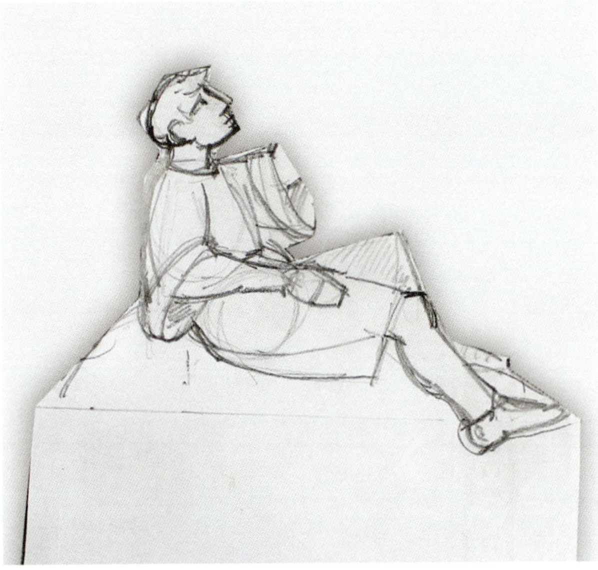

Entwurf sitzender Hirte der Verkündigung

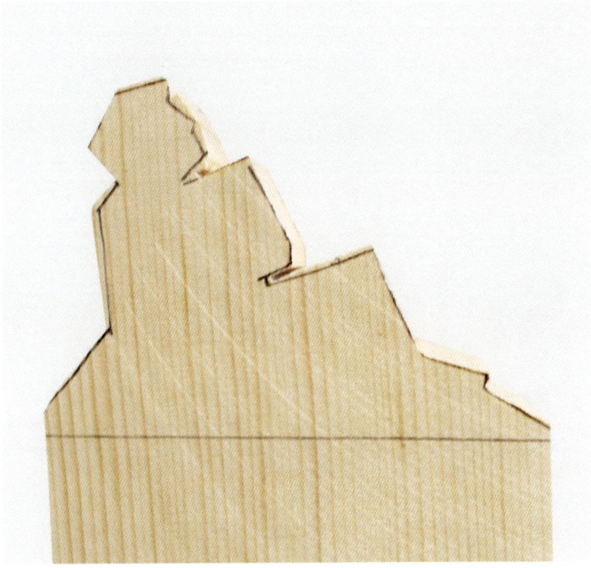

Zuschnitt sitzender Hirte der Verkündigung

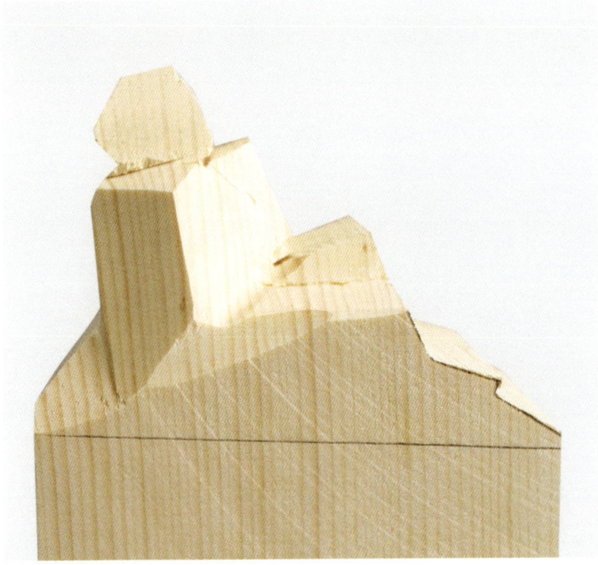

Erste Schnitte an der Vorderseite

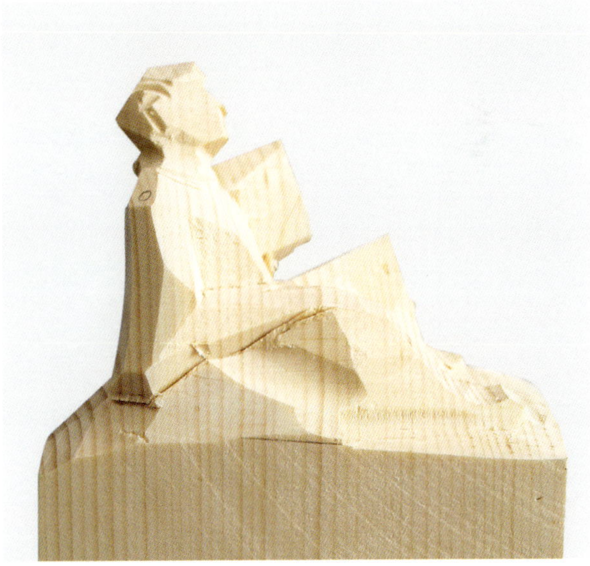

Grob angeschnittene Figur

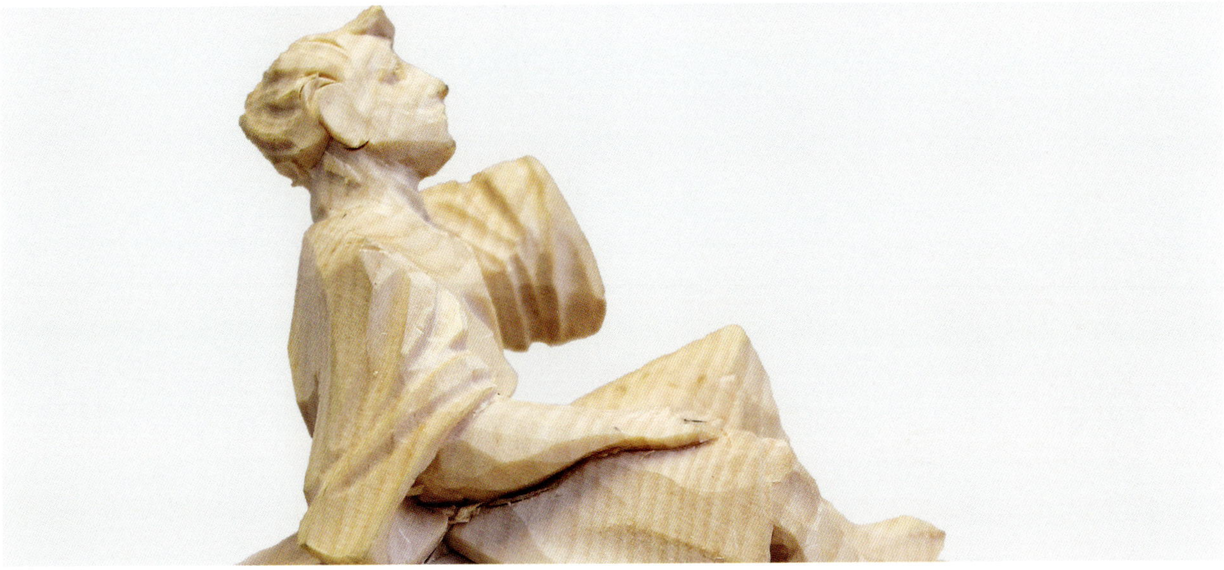

Angeschnittene Figur sitzender Hirte der Verkündigung

Schwebender Engel der Verkündigungsgruppe

Gemeinsam mit dem sitzenden Hirten bildet der schwebende Engel die Gruppe der Verkündigung an die Hirten. Hände und Flügel werden separat geschnitzt und angeleimt.

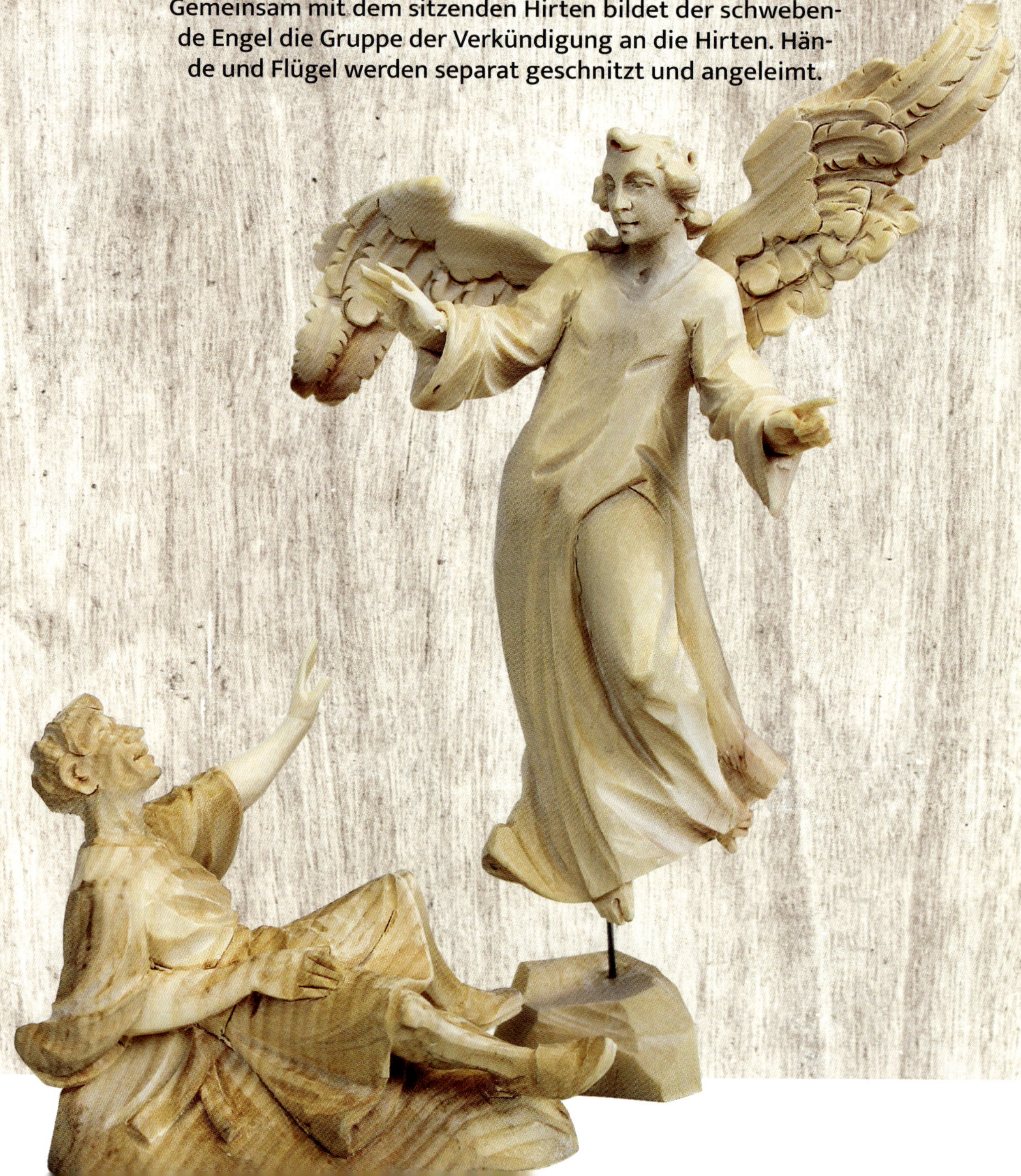

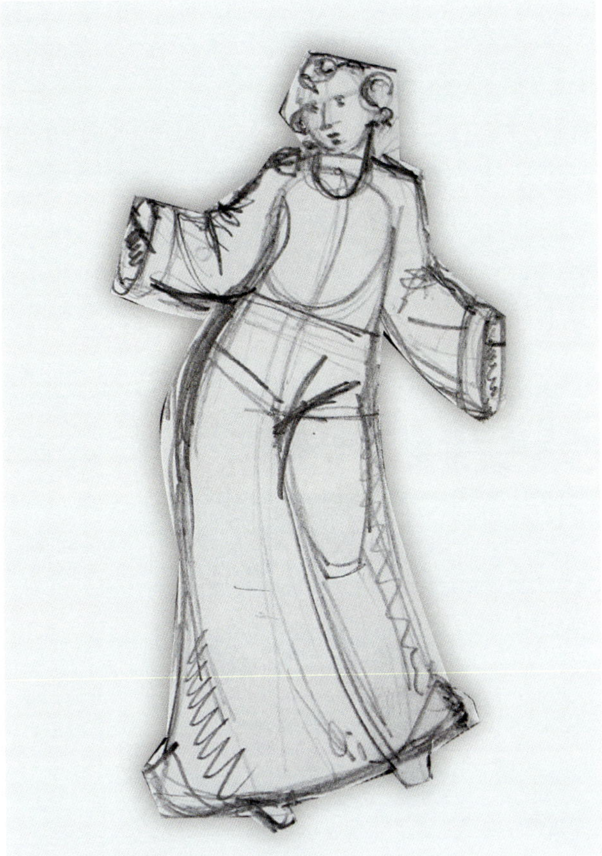

Entwurf schwebender Engel

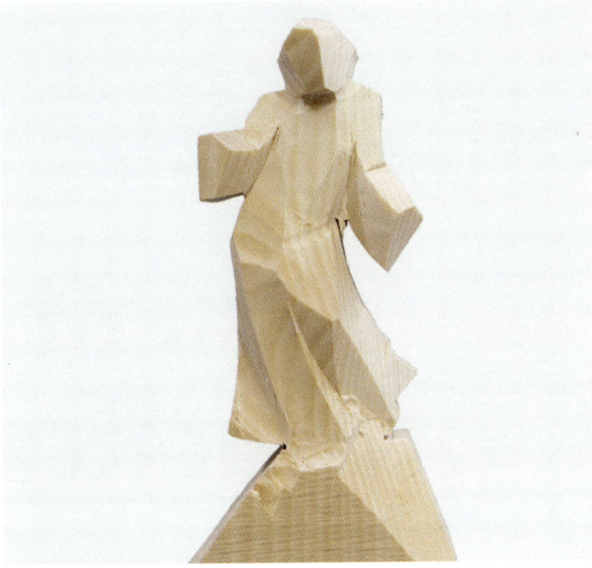

Erste Schnitte an der Vorderseite

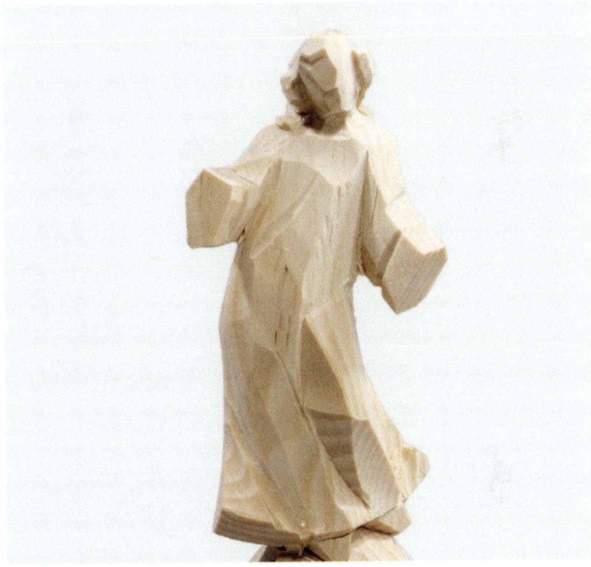

Grob angeschnittener schwebender Engel

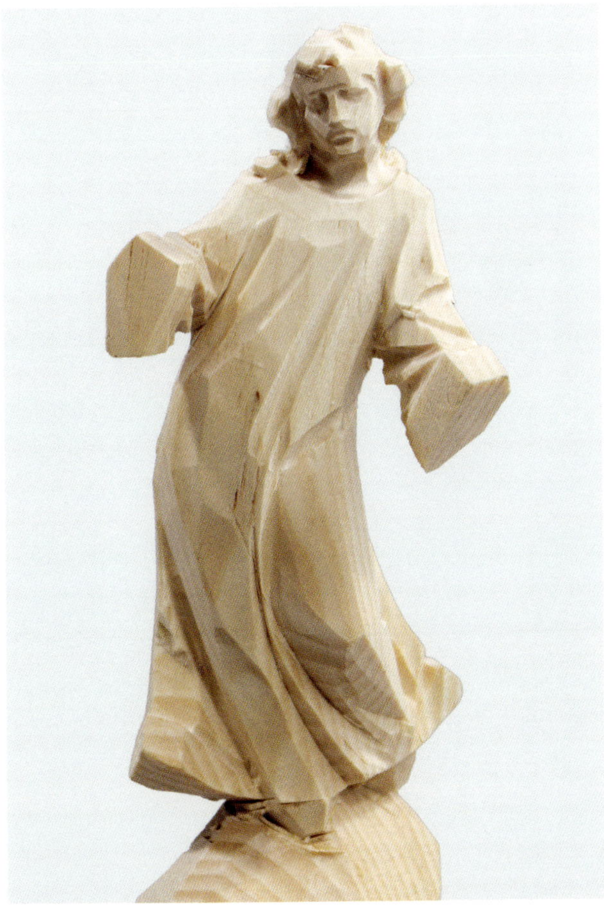

Angeschnittener schwebender Engel

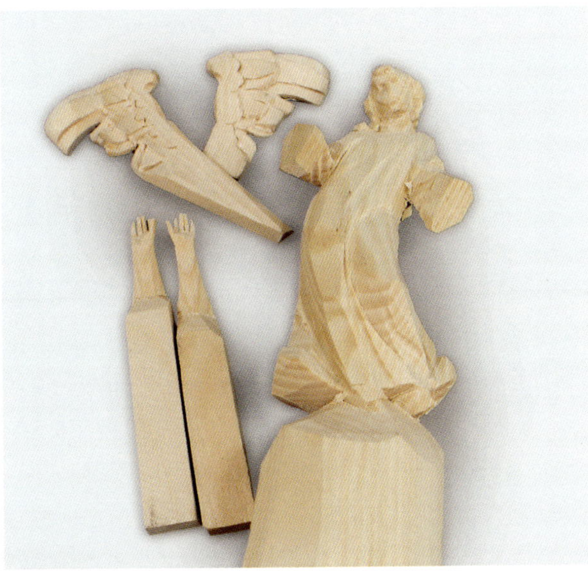

Angeschnittener Engel mit separat geschnitzten Händen und Flügeln

Orientalischer Schriftgelehrter

Die linke Hand wird separat geschnitzt
und später angeleimt.

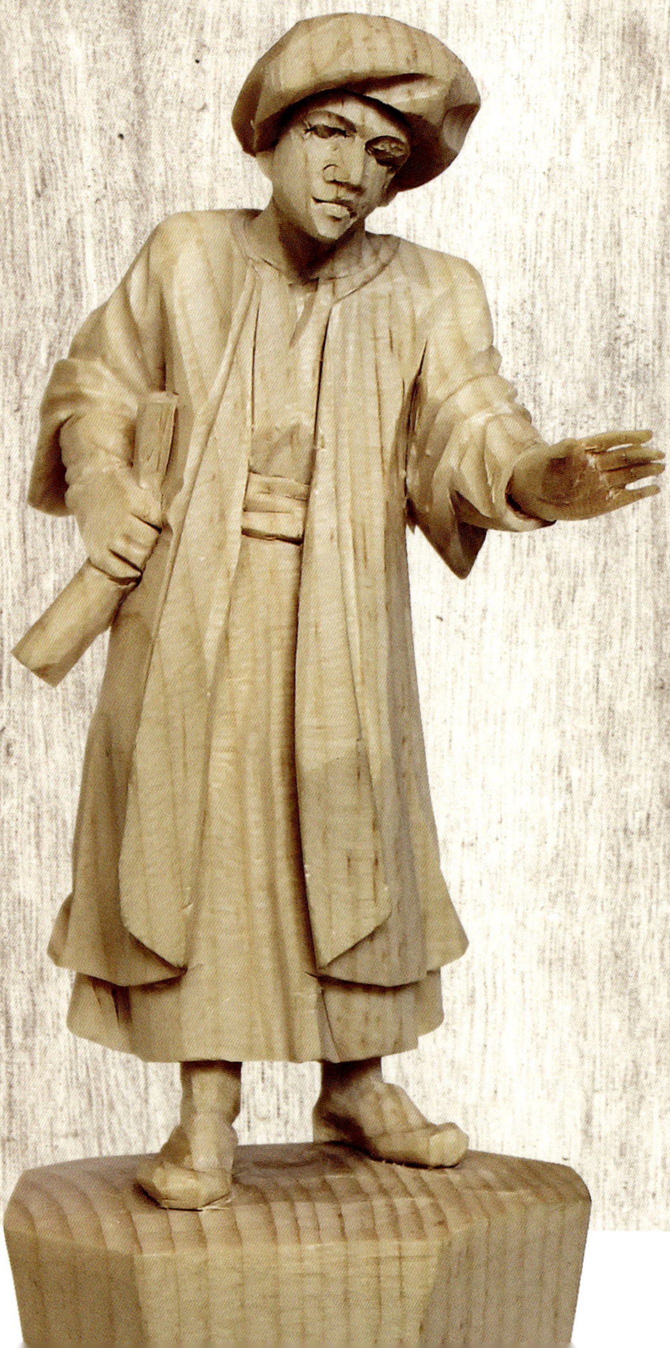

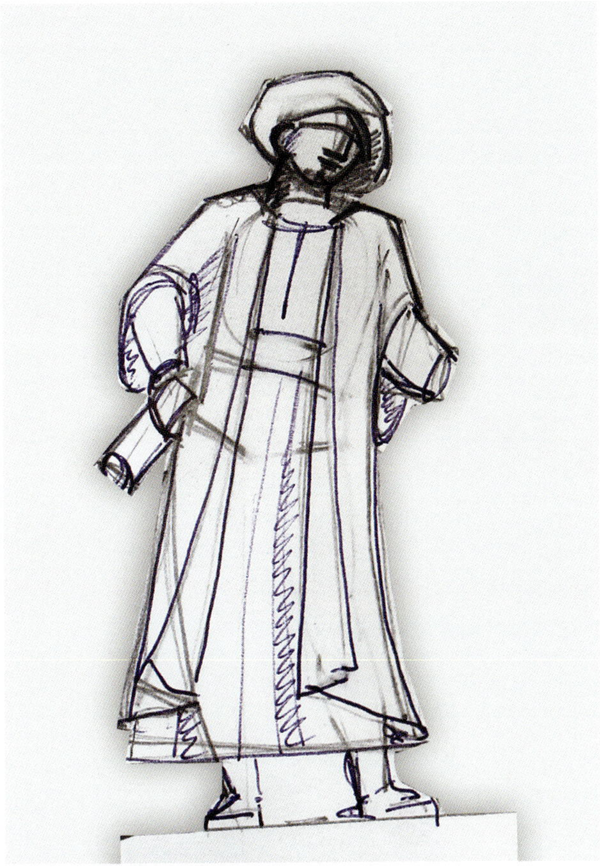

Entwurf Schriftgelehrter

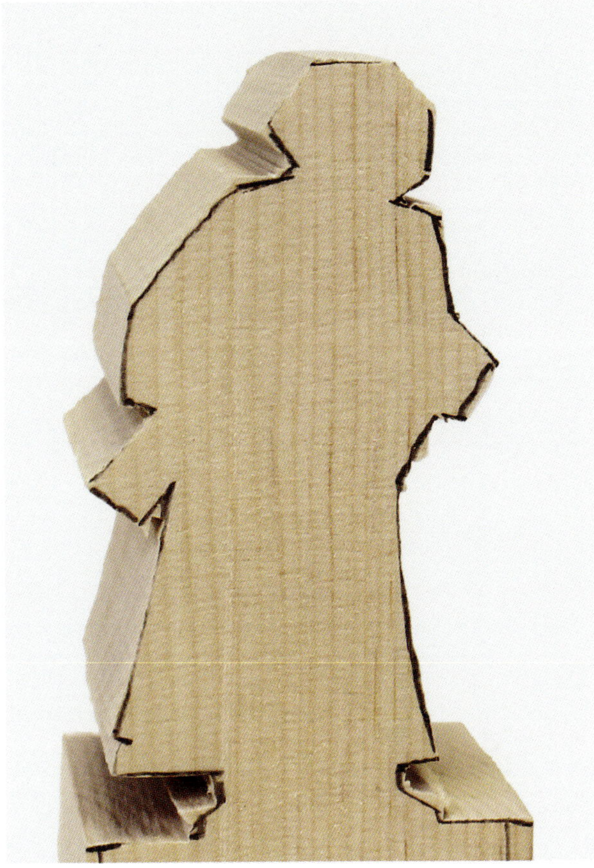

Zuschnitt Schriftgelehrter

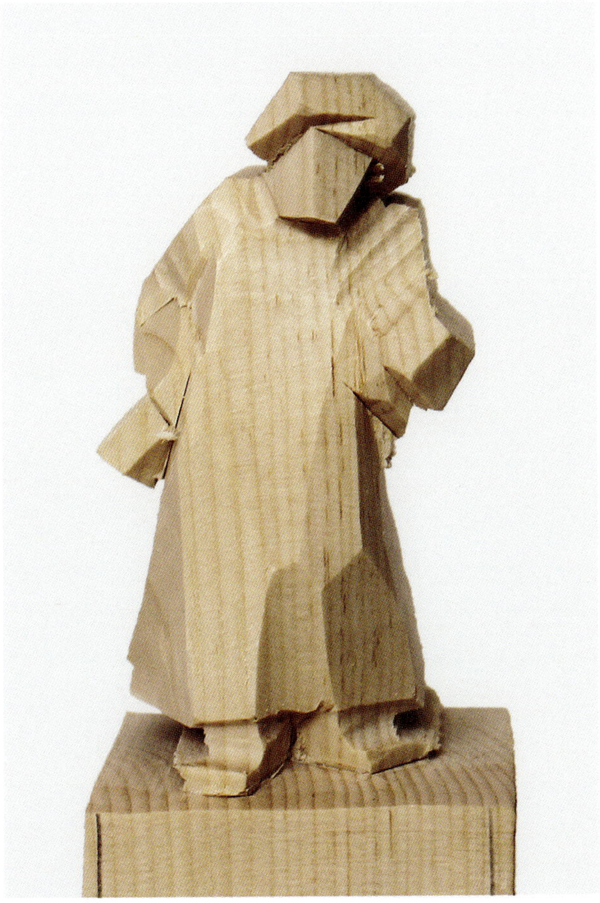

Erste Schnitte an der Vorderseite des Schriftgelehrten

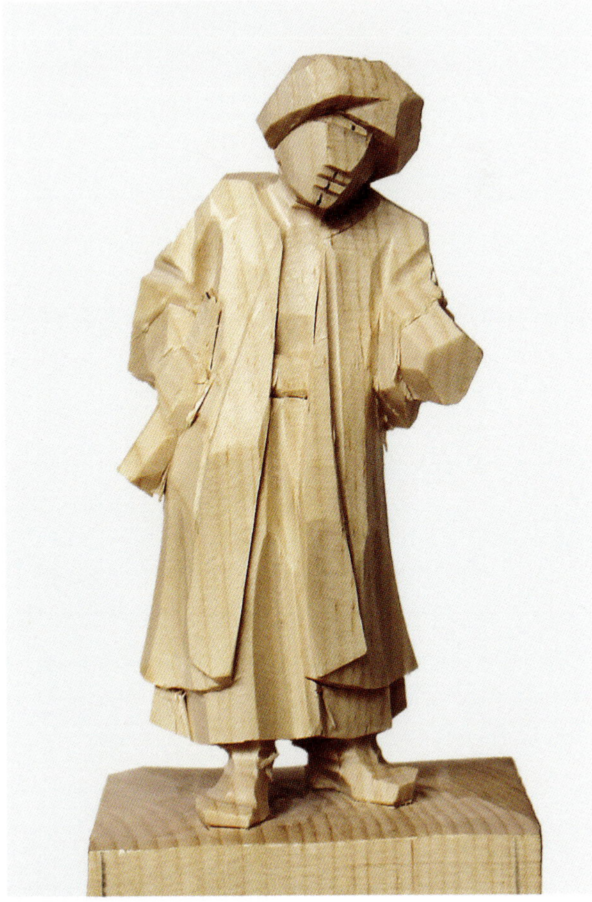

Angeschnittener Schriftgelehrter

Alter Hirte mit Kind

Bei dieser Figur werden beide nach außen zeigenden Hände separat geschnitzt und später angeleimt.

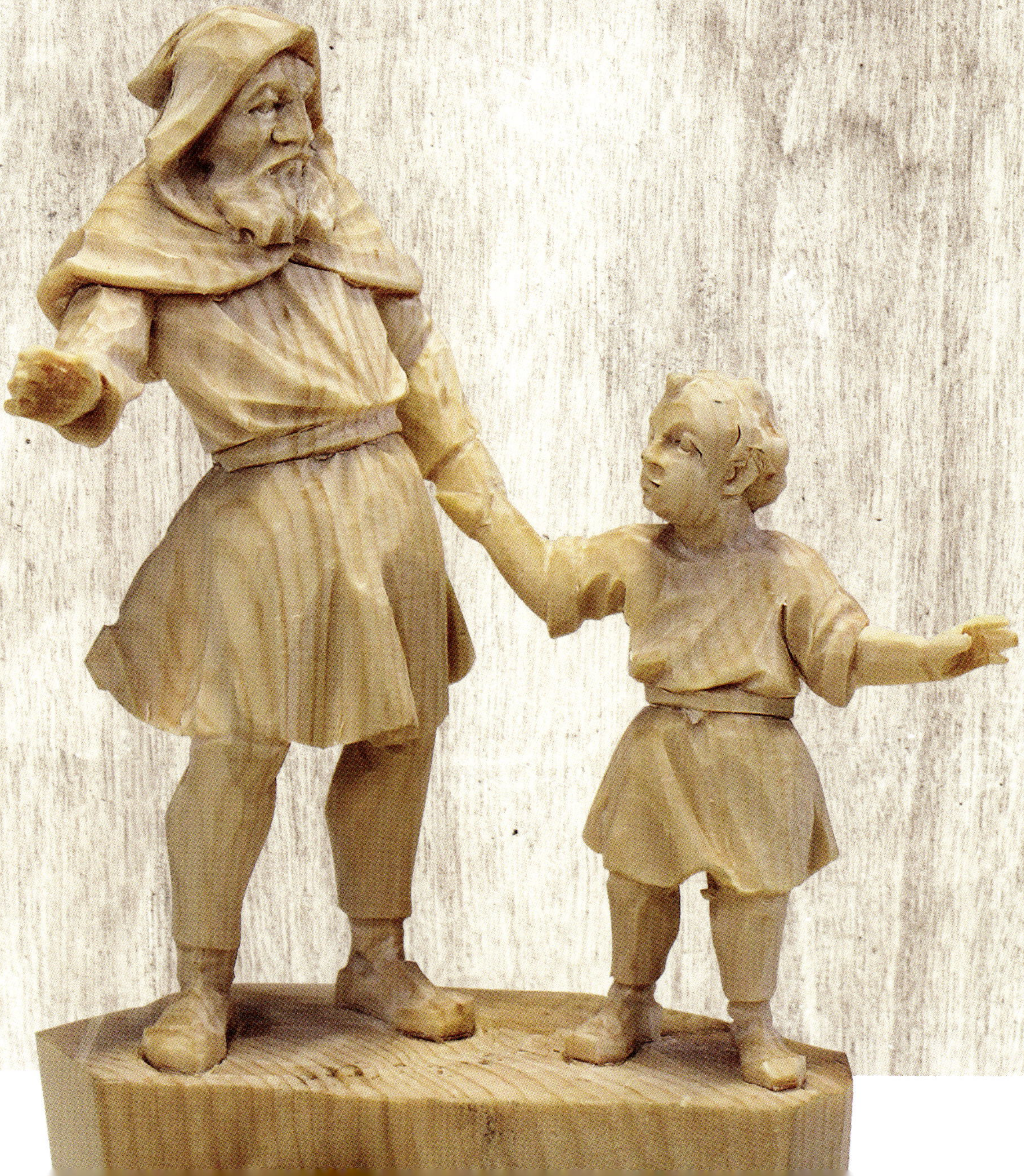

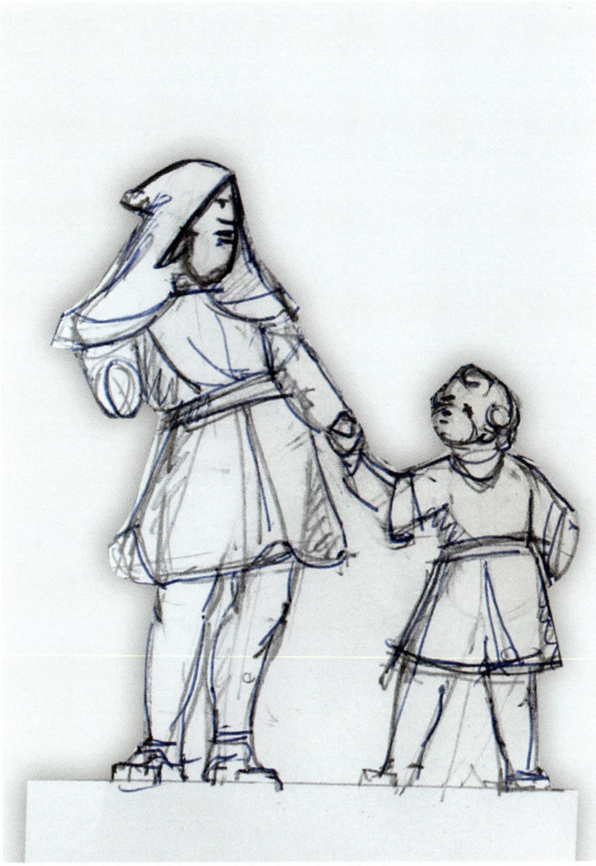
Entwurf alter Hirte mit Kind

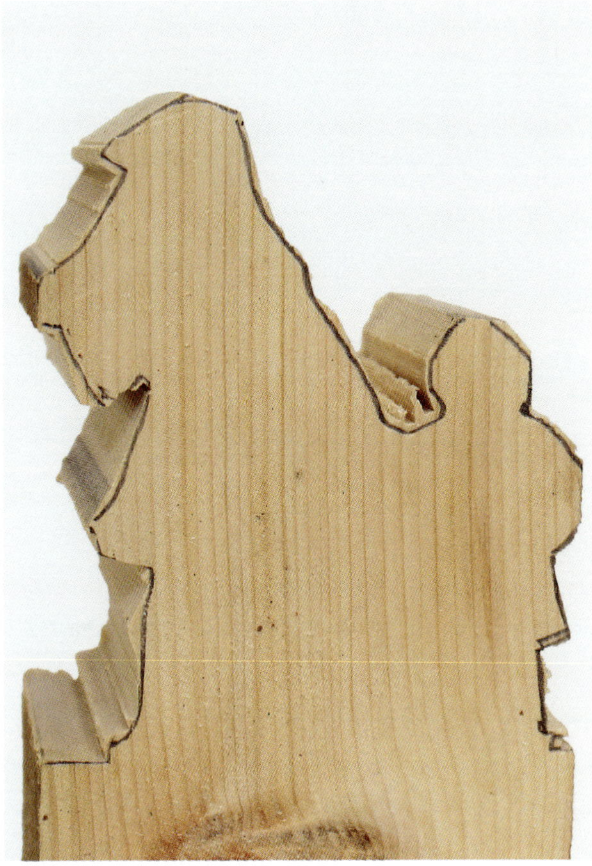
Zuschnitt alter Hirte mit Kind

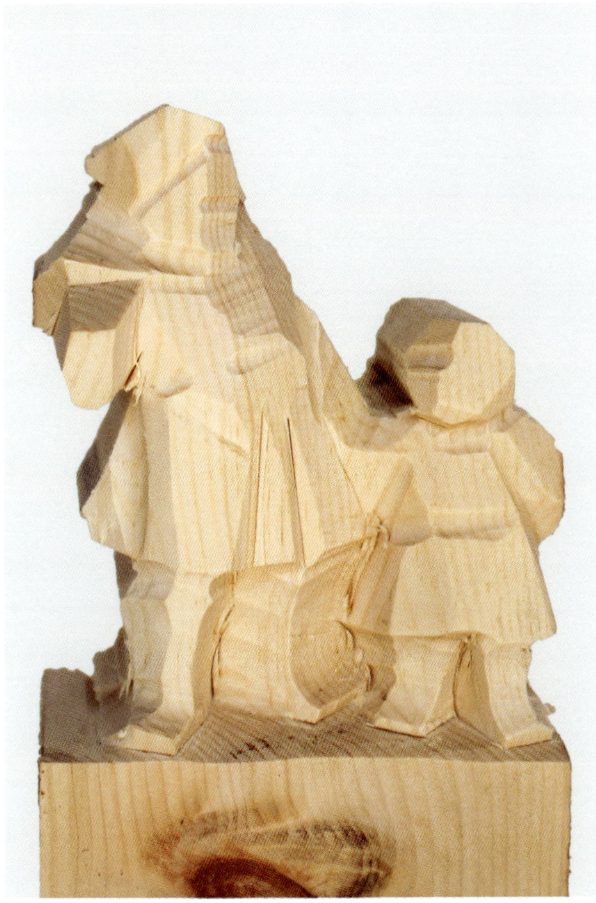
Erste Schnitte an der Vorderseite des alten Hirten mit Kind

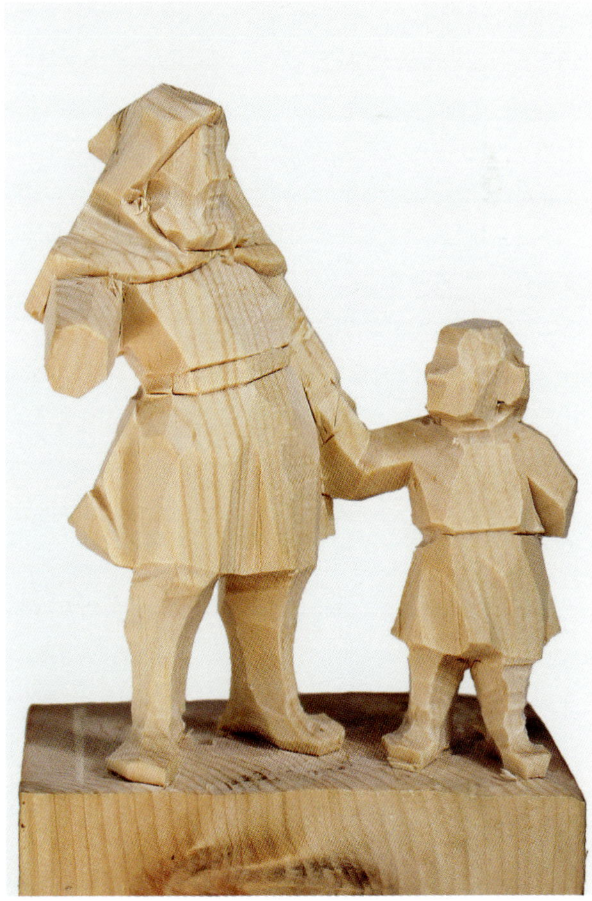
Angeschnittene Figur alter Hirte mit Kind

Brunnenfrau

Bei dieser Figur werden der rechte Arm und die Henkel am Krug separat geschnitzt und anschließend angeleimt.

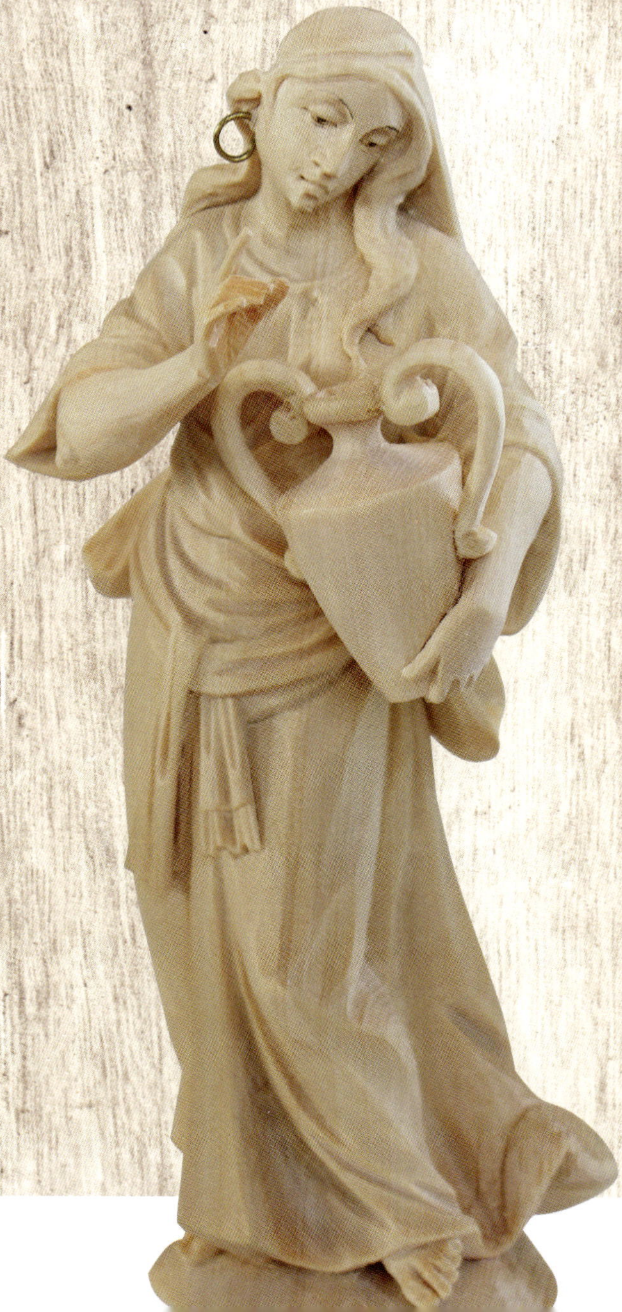

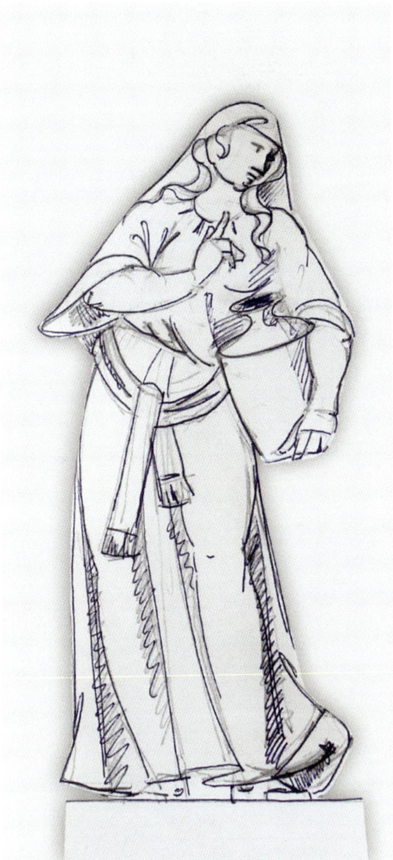

Entwurf stehende Brunnenfrau

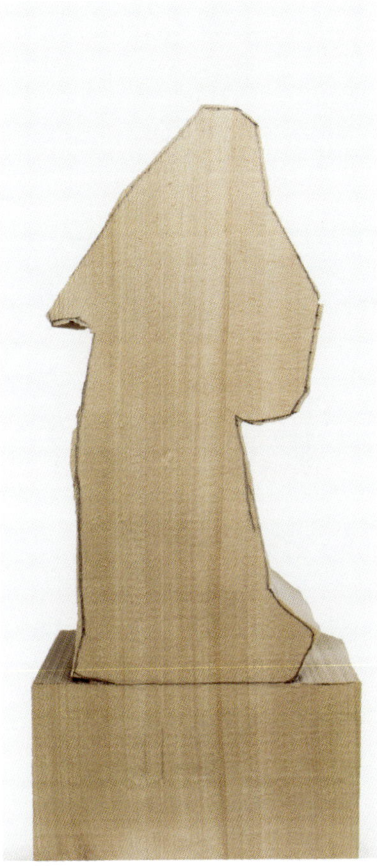

Zuschnitt stehende Brunnenfrau

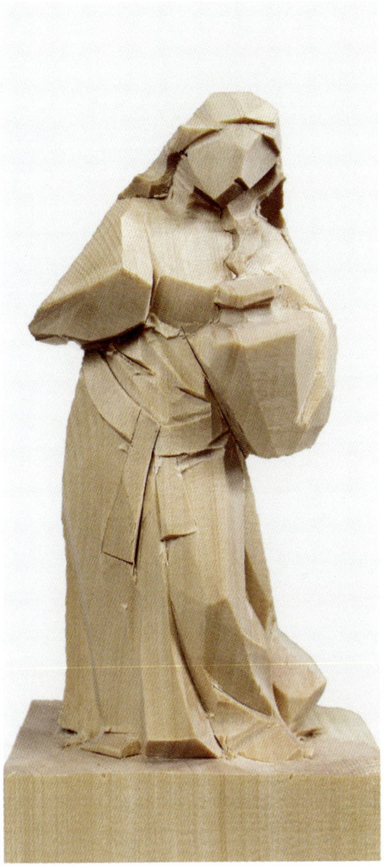

Erste Schnitte an der Vorderseite

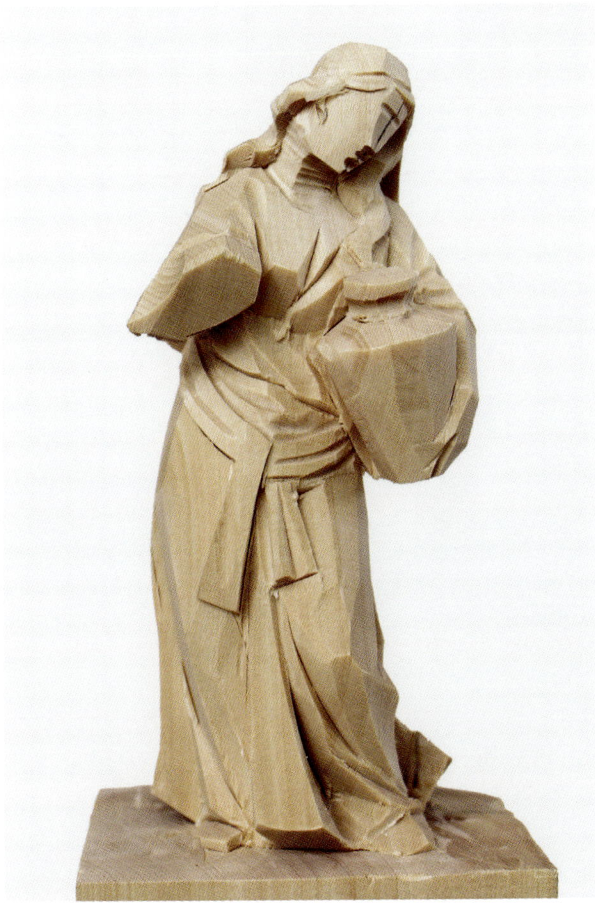

Angeschnittene stehende Brunnenfrau

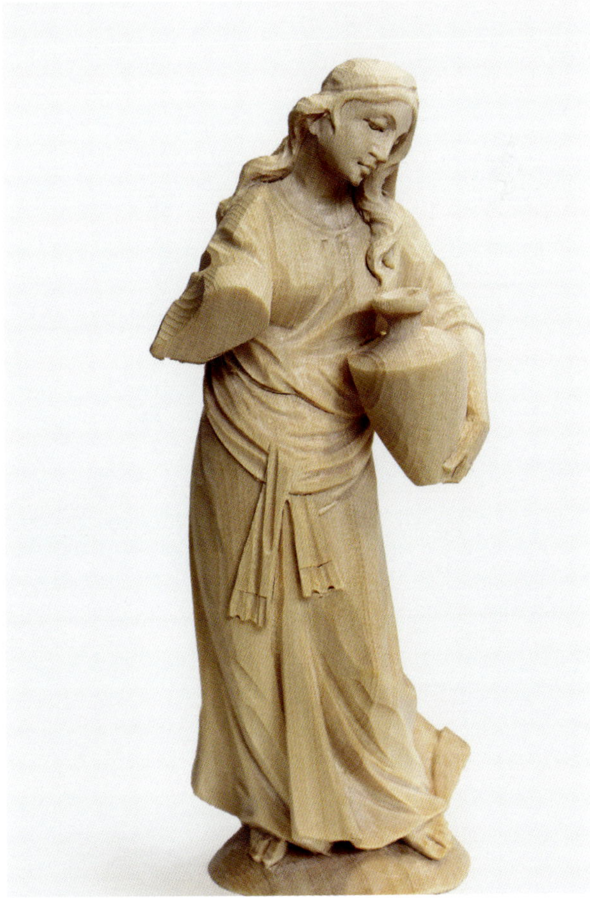

Fertig geschnitzte stehende Brunnenfrau ohne Arm

Stehender Engel

Bei dieser Figur werden beide Arme und die Flügel separat geschnitzt und später angeleimt.

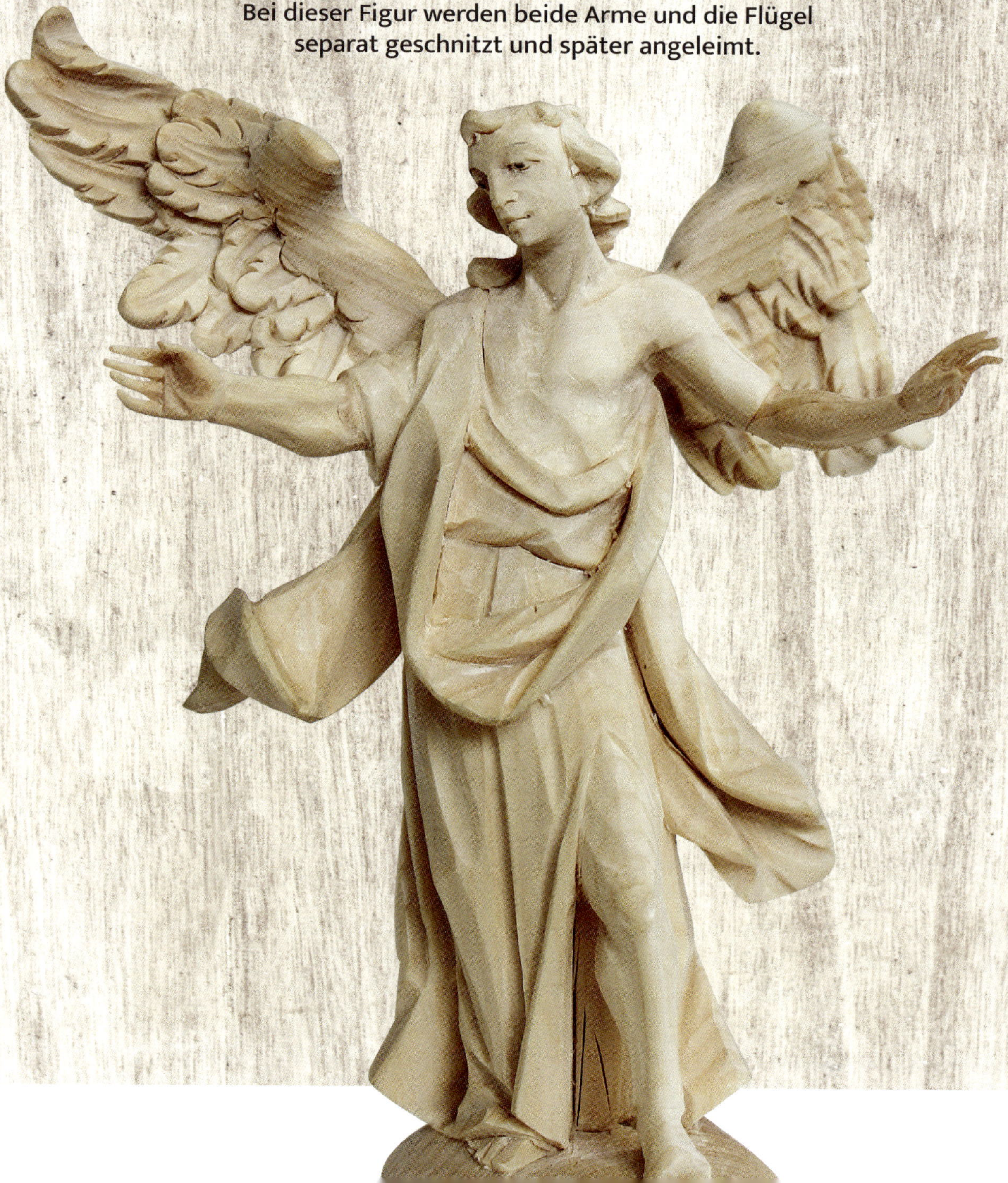

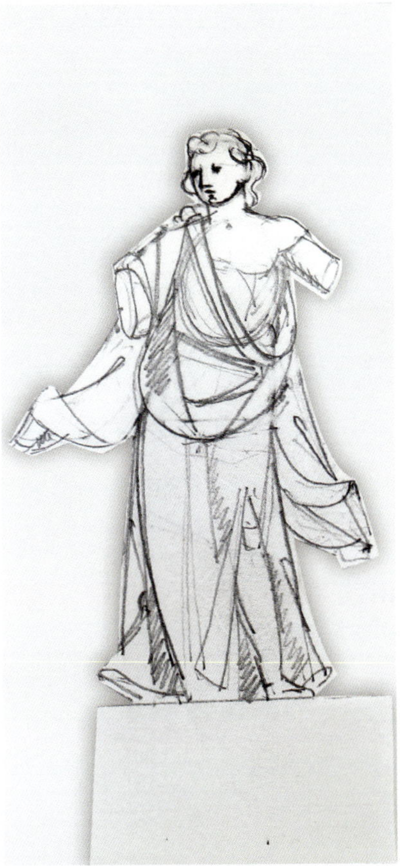

Entwurf stehender Engel

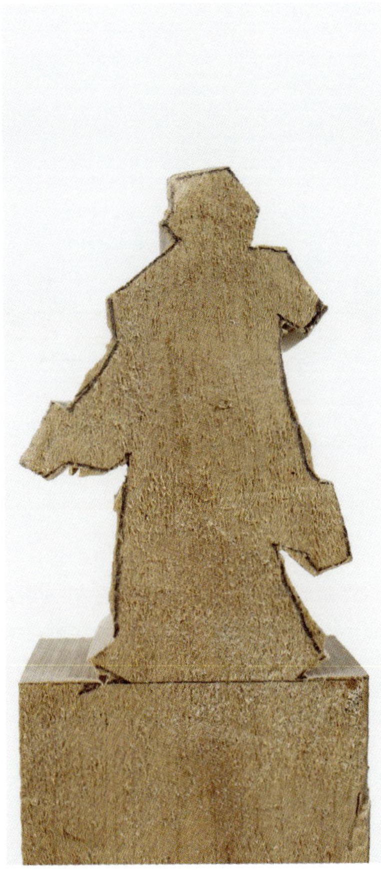

Zuschnitt stehender Engel

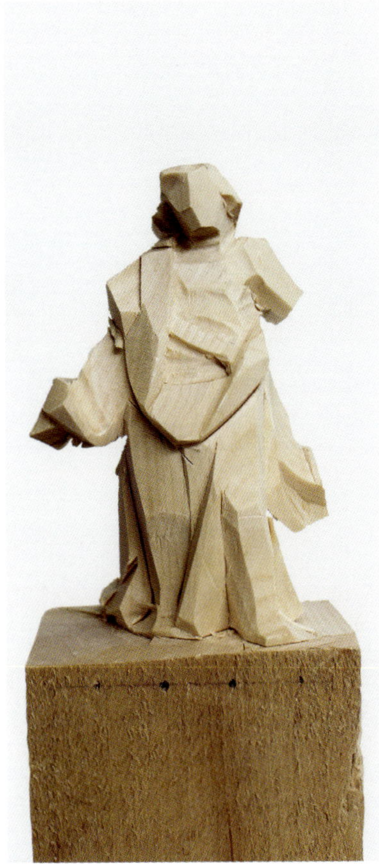

Anschnitt an der Vorderseite

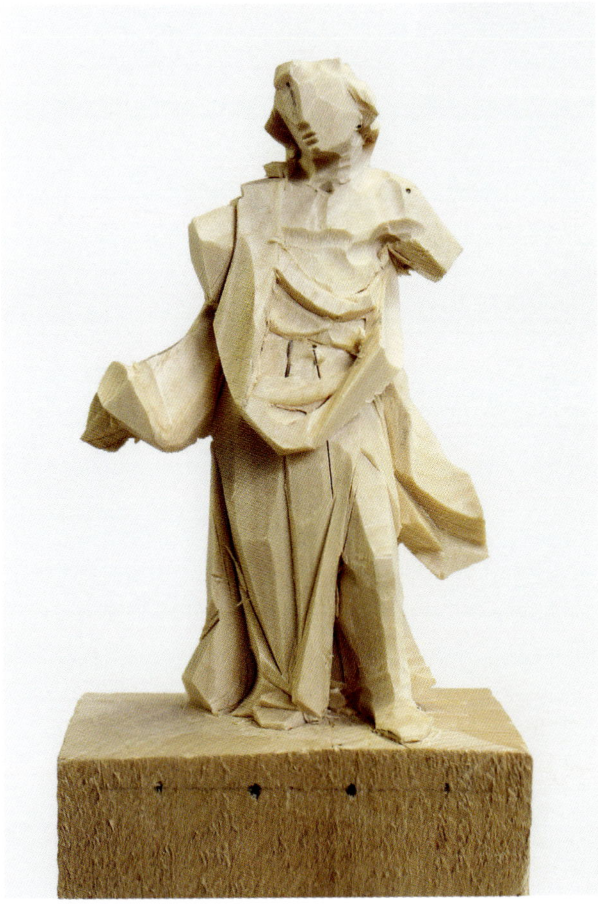

Angeschnittener stehender Engel

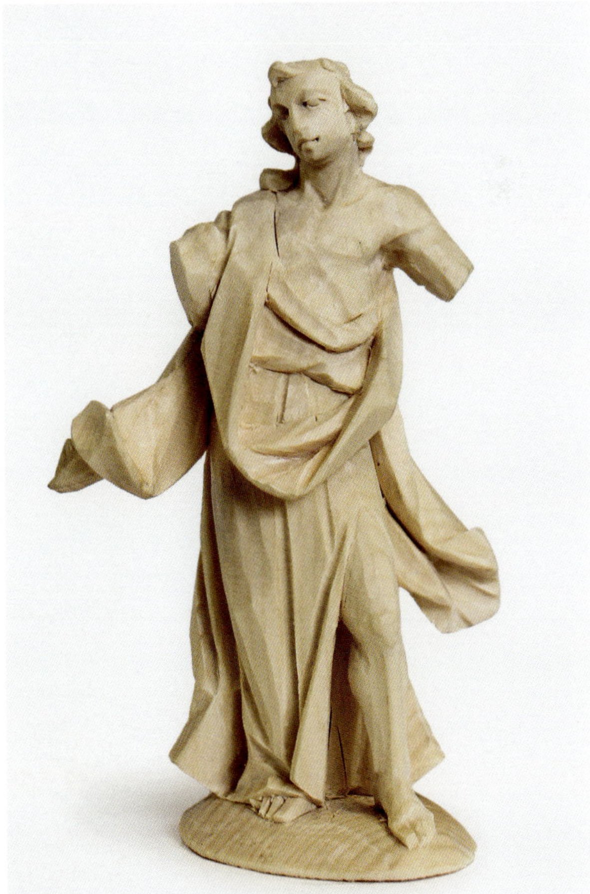

Fertig geschnitzter stehender Engel noch ohne Arme und Flügel

Stehender Schäfer

Die rechte Hand wird separat geschnitzt und später angeleimt.

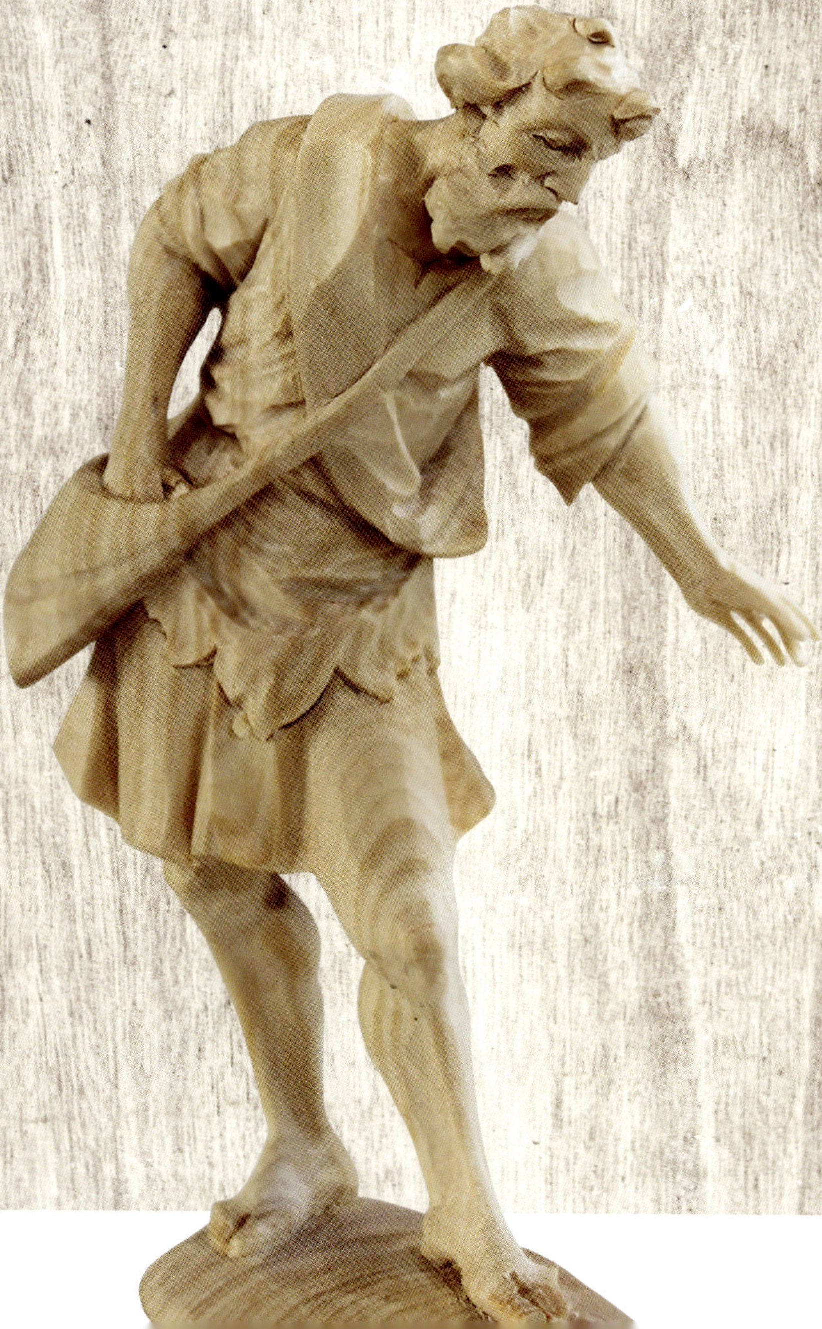

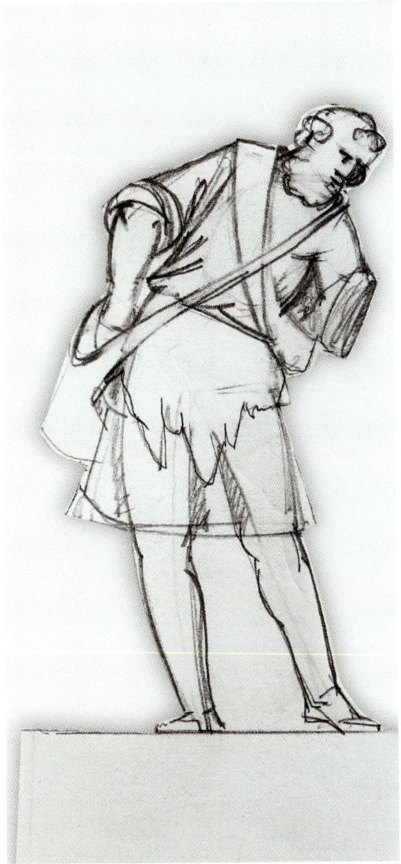

Entwurf stehender Schäfer

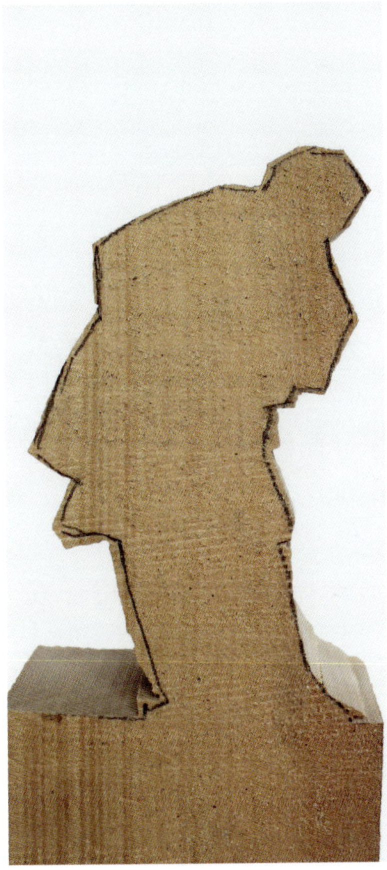

Zuschnitt stehender Schäfer

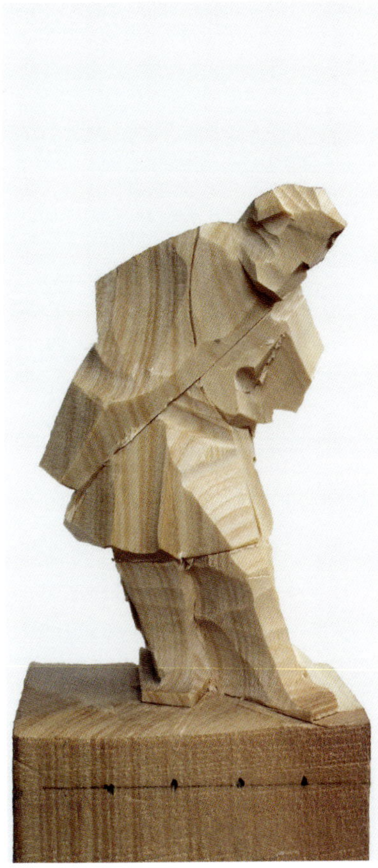

Erste Schnitte an der Vorderseite

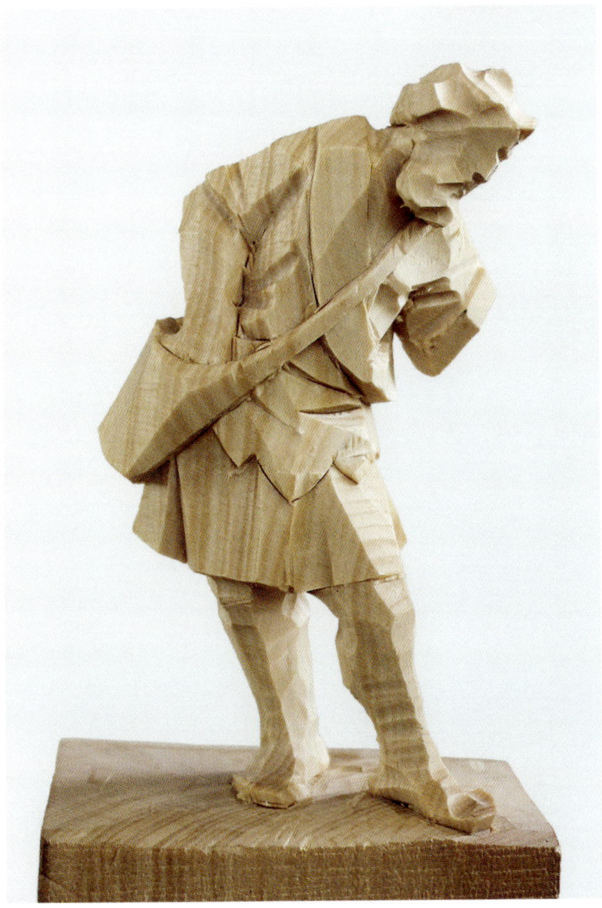

Angeschnittener stehender Schäfer

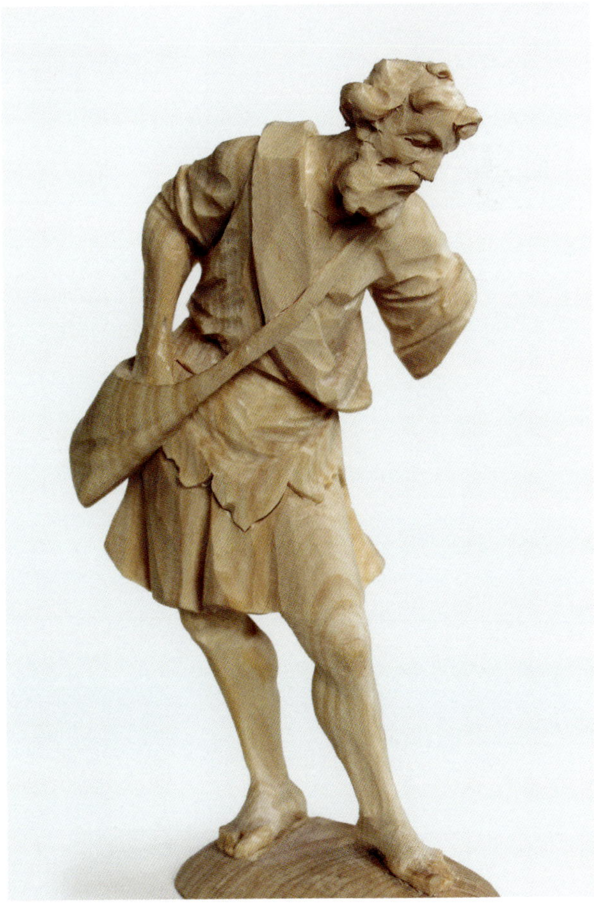

Stehender Schäfer noch ohne Arm

Hirtengruppe alt und jung

Zusätzlich zu den abstehenden Händen wird der Stab separat geschnitzt und in die angeleimte Hand gesteckt.

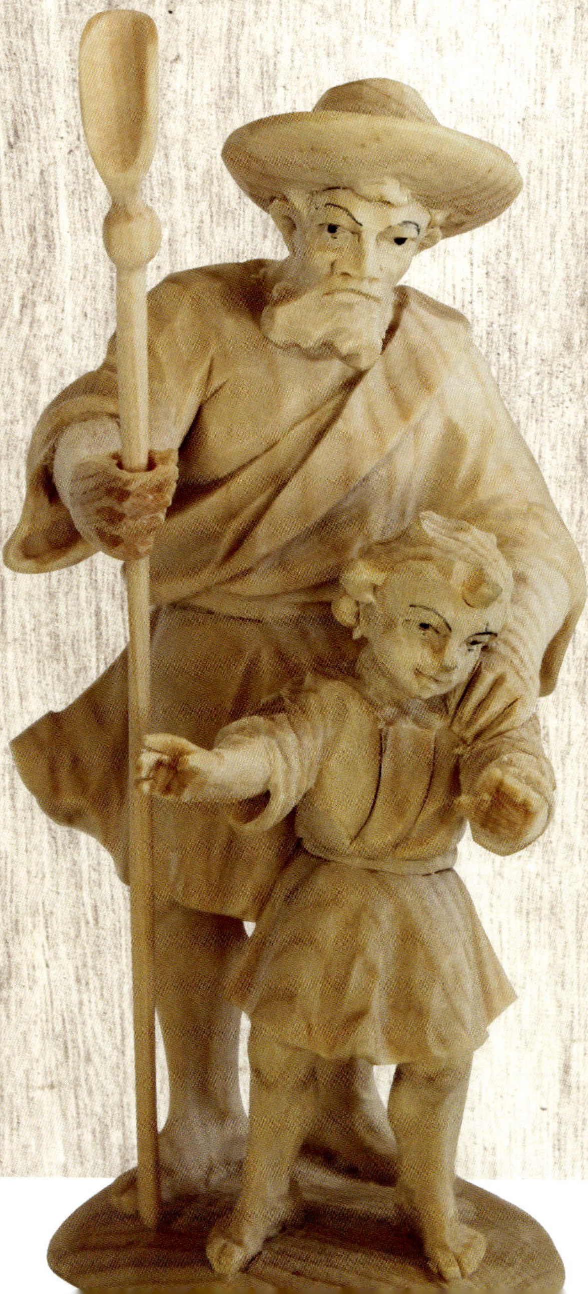

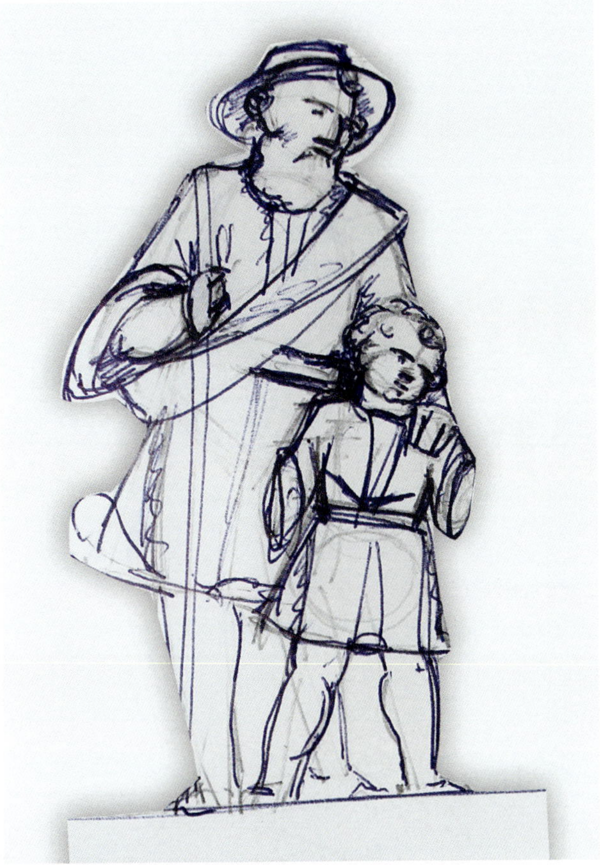

Entwurf Hirtengruppe alt und jung

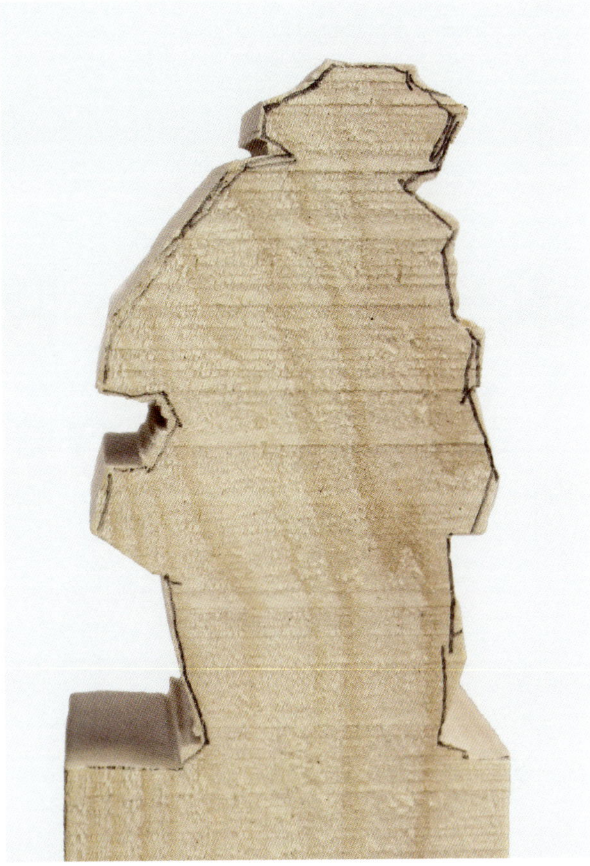

Zuschnitt Hirtengruppe alt und jung

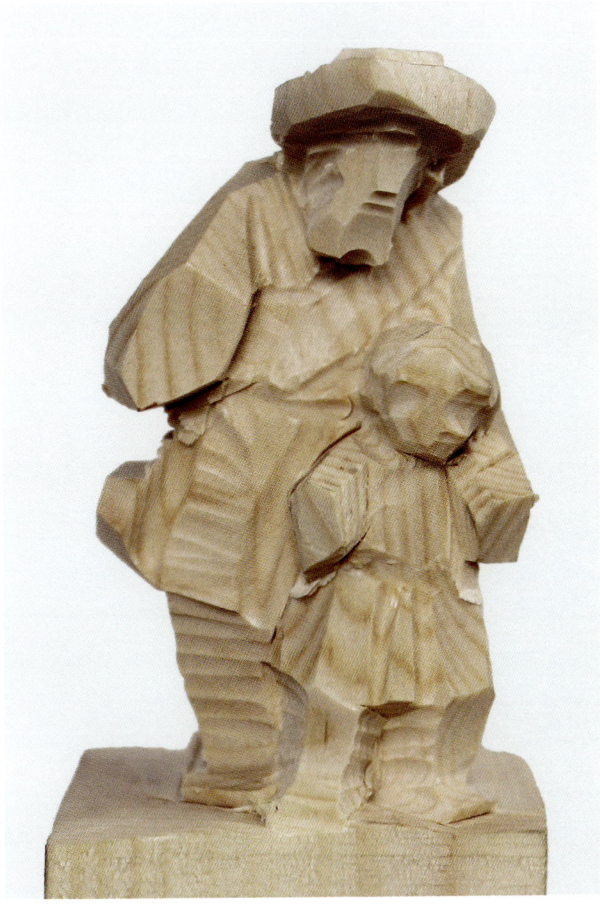

Anschnitt an der Vorderseite der Hirtengruppe alt und jung

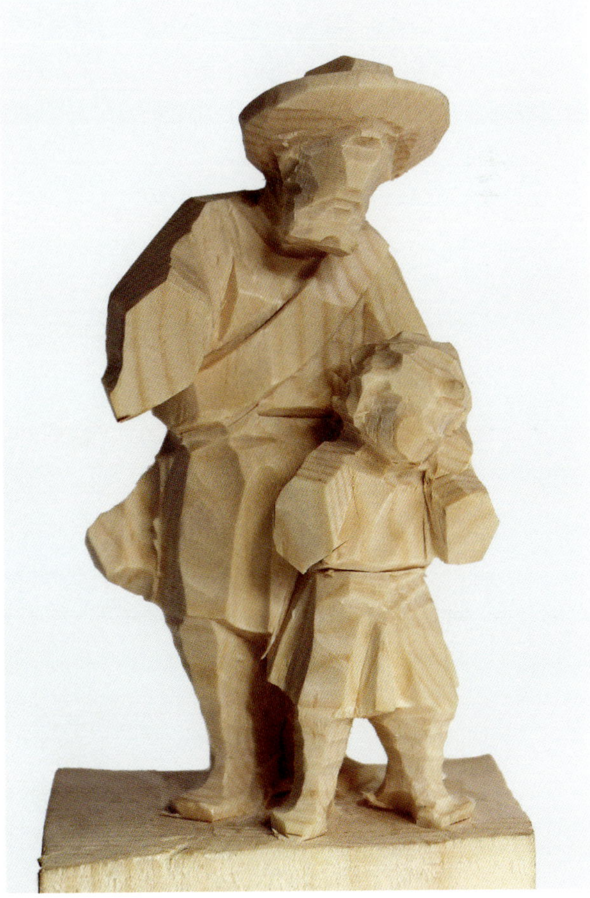

Angeschnittene Hirtengruppe alt und jung

Stehende Brunnenfrau mit Krug und Kind

Bei dieser Darstellung wird die gesamte Figur aus einem Stück geschnitzt. Dies stellt eine hohe Schwierigkeit beim Anschneiden der Figur dar.

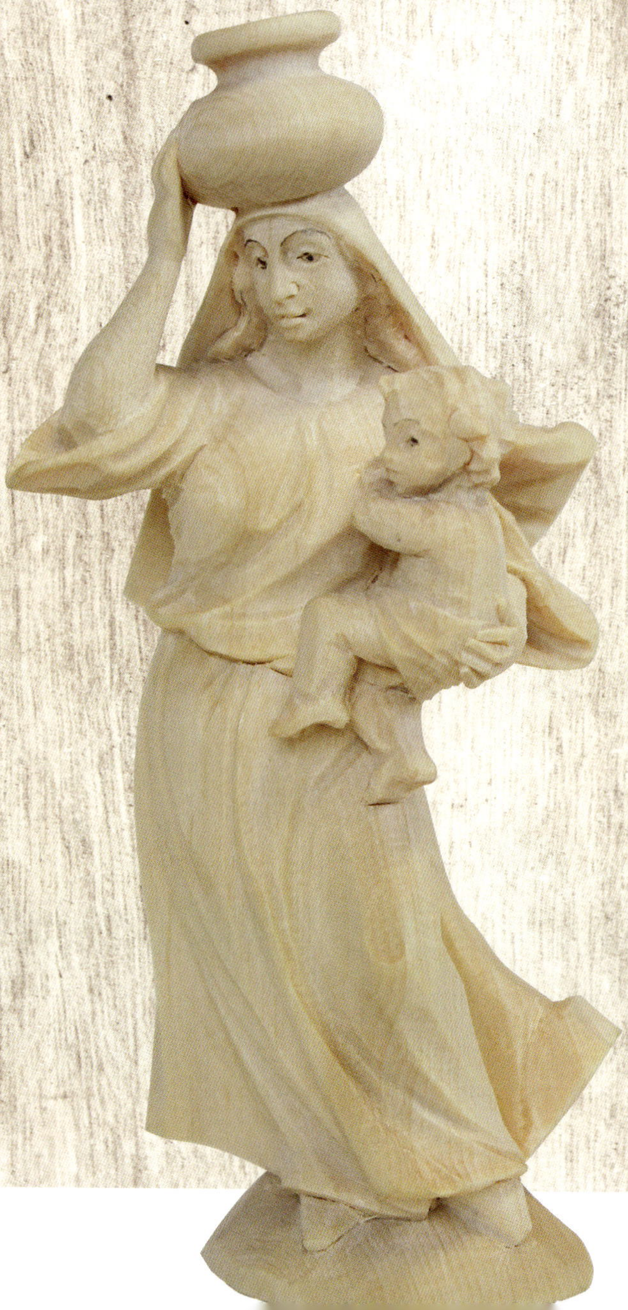

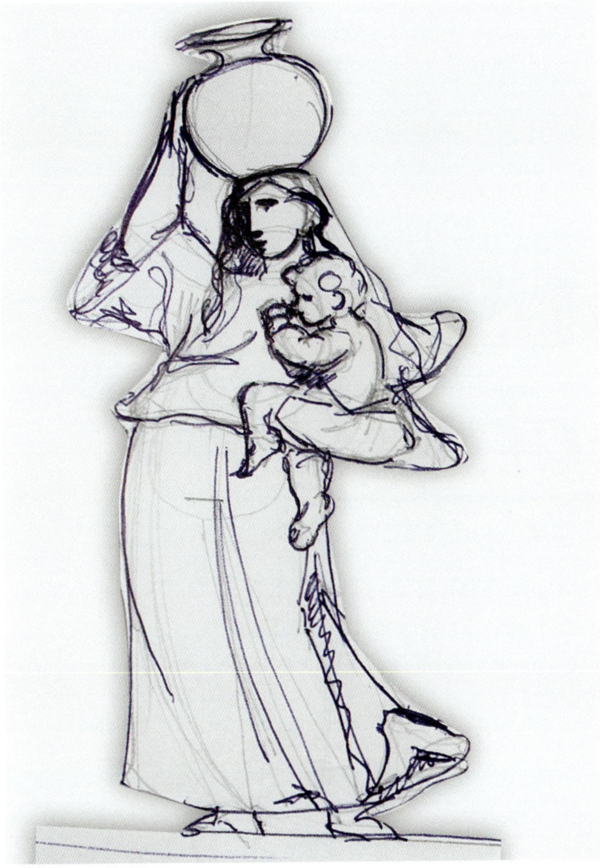

Entwurf stehende Brunnenfrau mit Kind

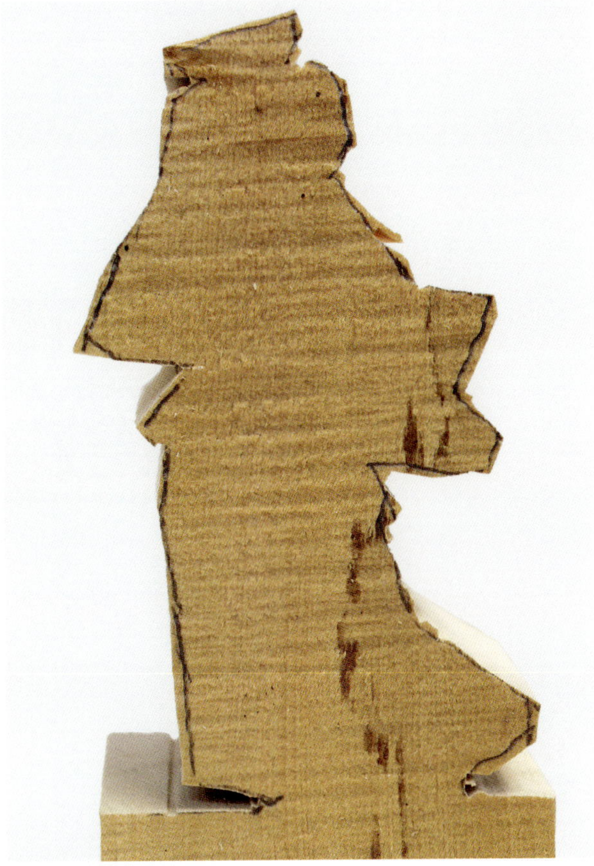

Zuschnitt stehende Brunnenfrau mit Kind

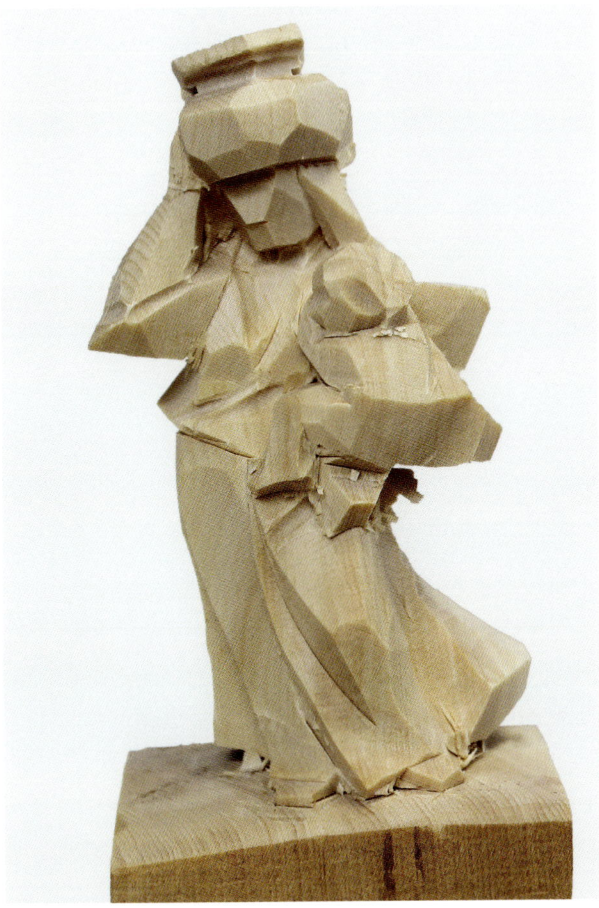

Anschnitt an der Vorderseite der stehenden Brunnenfrau mit Kind

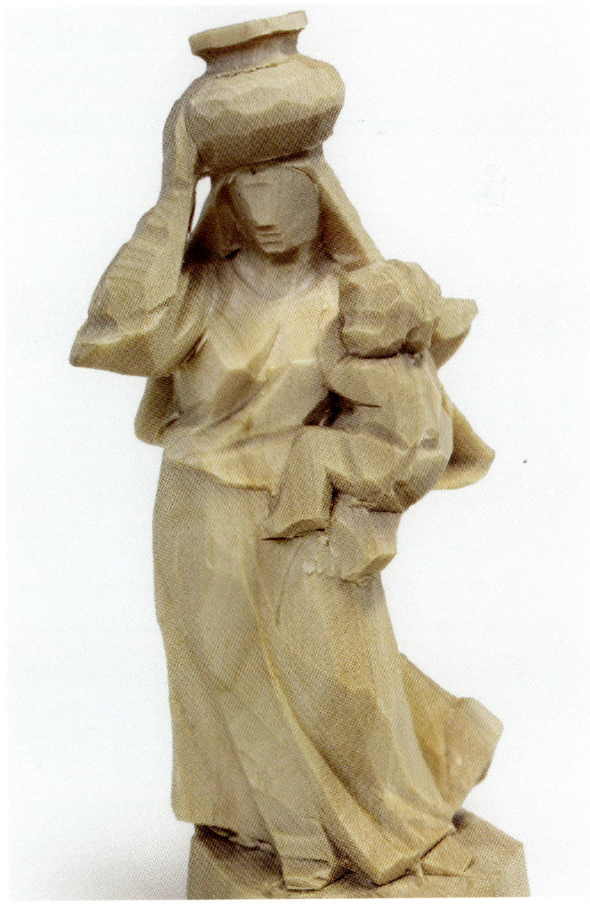

Angeschnittene stehende Brunnenfrau mit Kind

Hirte mit Schaf auf der Schulter

Diese Figur wird ebenso aus einem Stück geschnitzt. Die Kombination aus menschlicher- und tierischer Anatomie bildet die Hauptschwierigkeit.

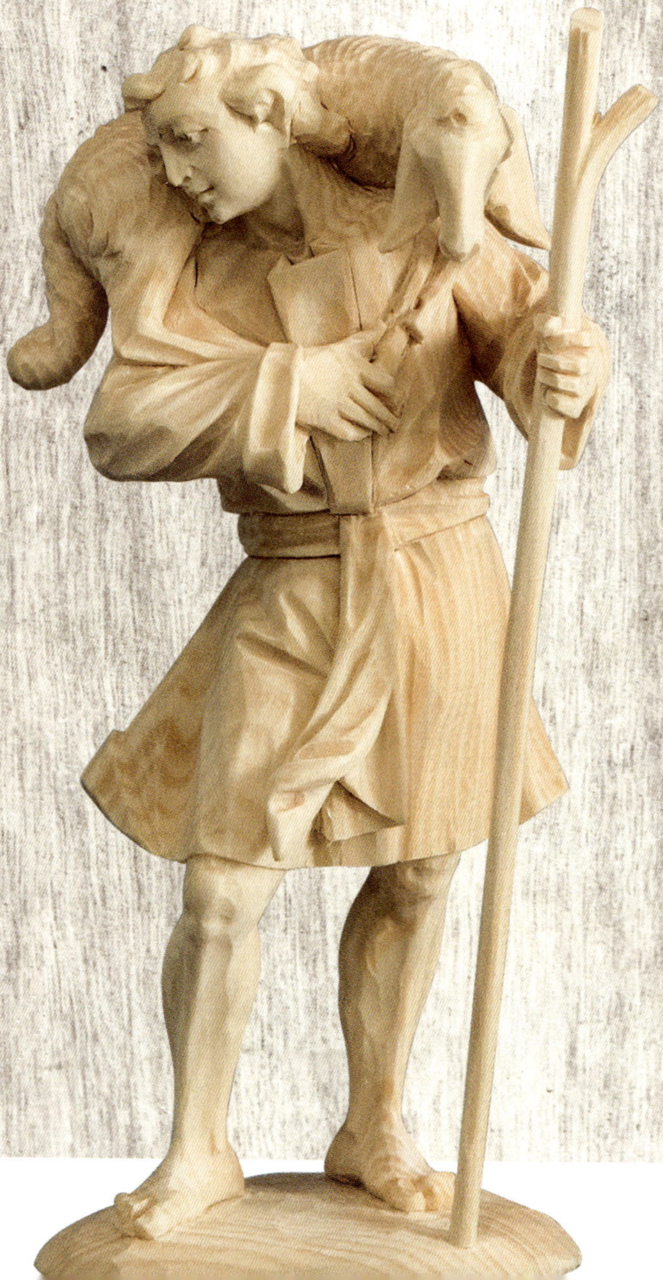

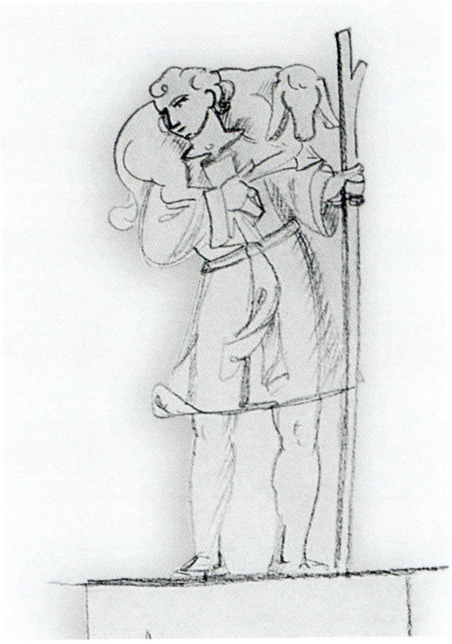

Entwurf Hirte mit Schaf

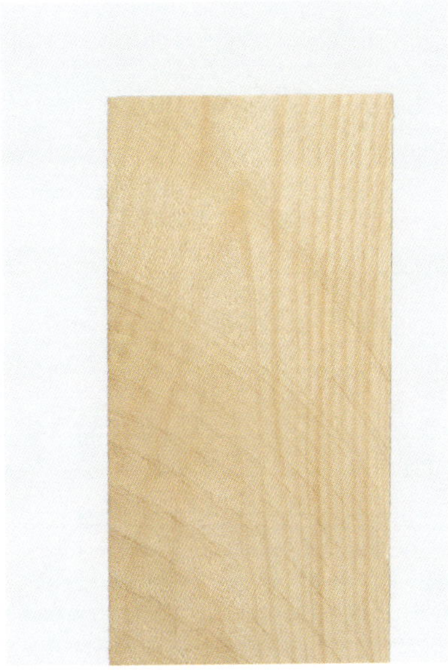

Ausgewähltes Holzstück

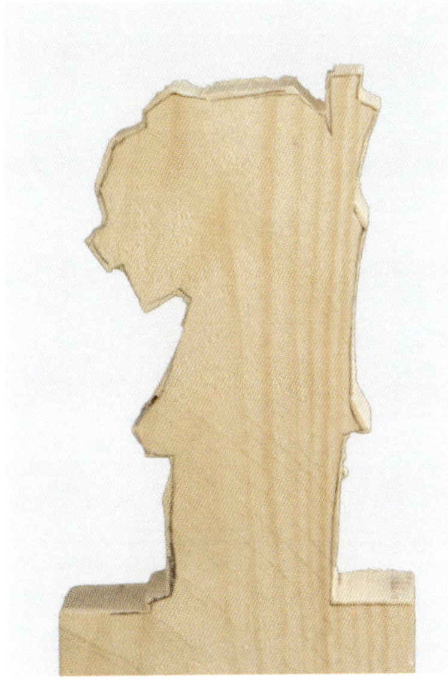

Zuschnitt Hirte mit Schaf

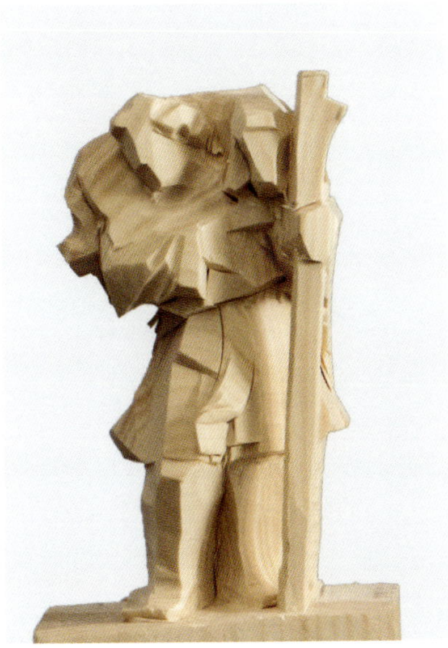

Erste Schnitte

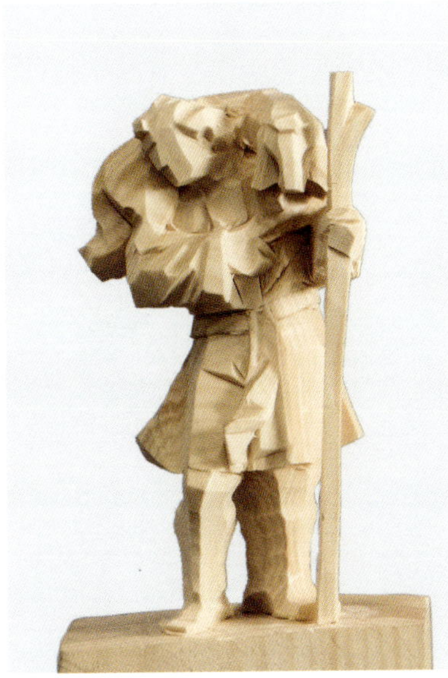

Angeschnittener Hirt mit Schaf

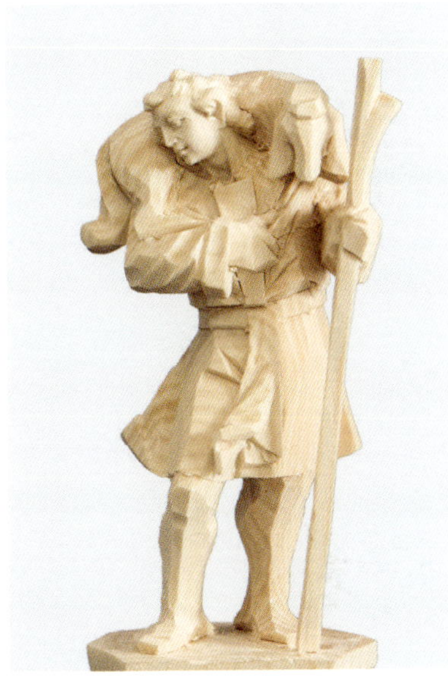

Herausarbeiten der Details

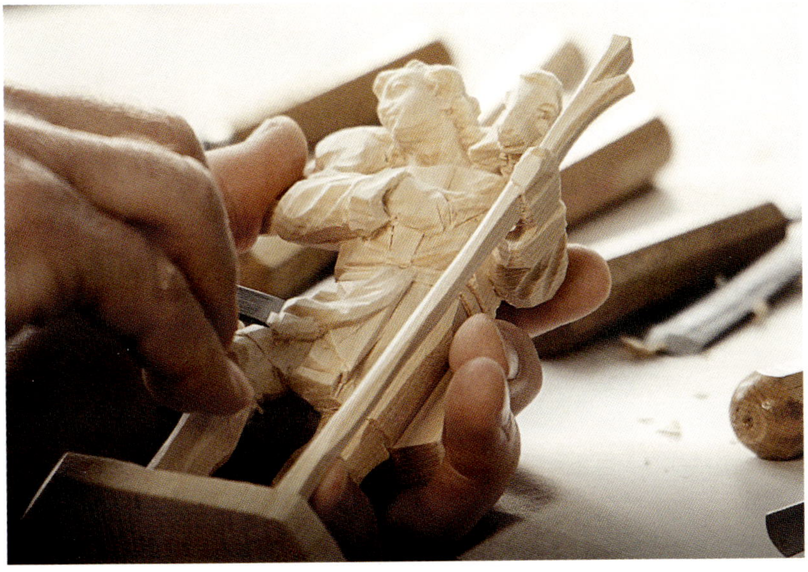

Arbeit am Hirten mit Schaf auf der Schulter

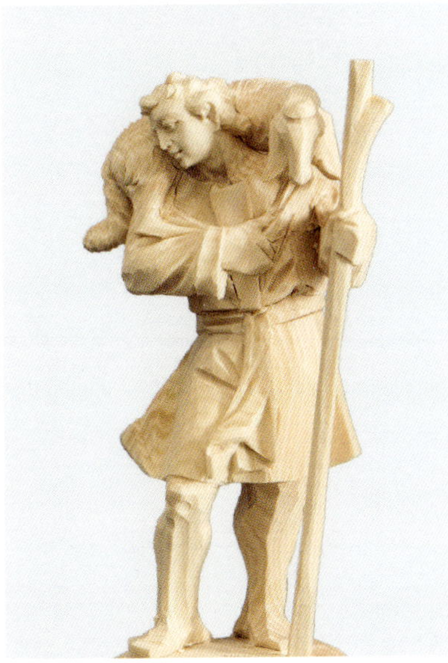

Letzte Details des Hirten mit Schaf

Weitere Figurenbeispiele

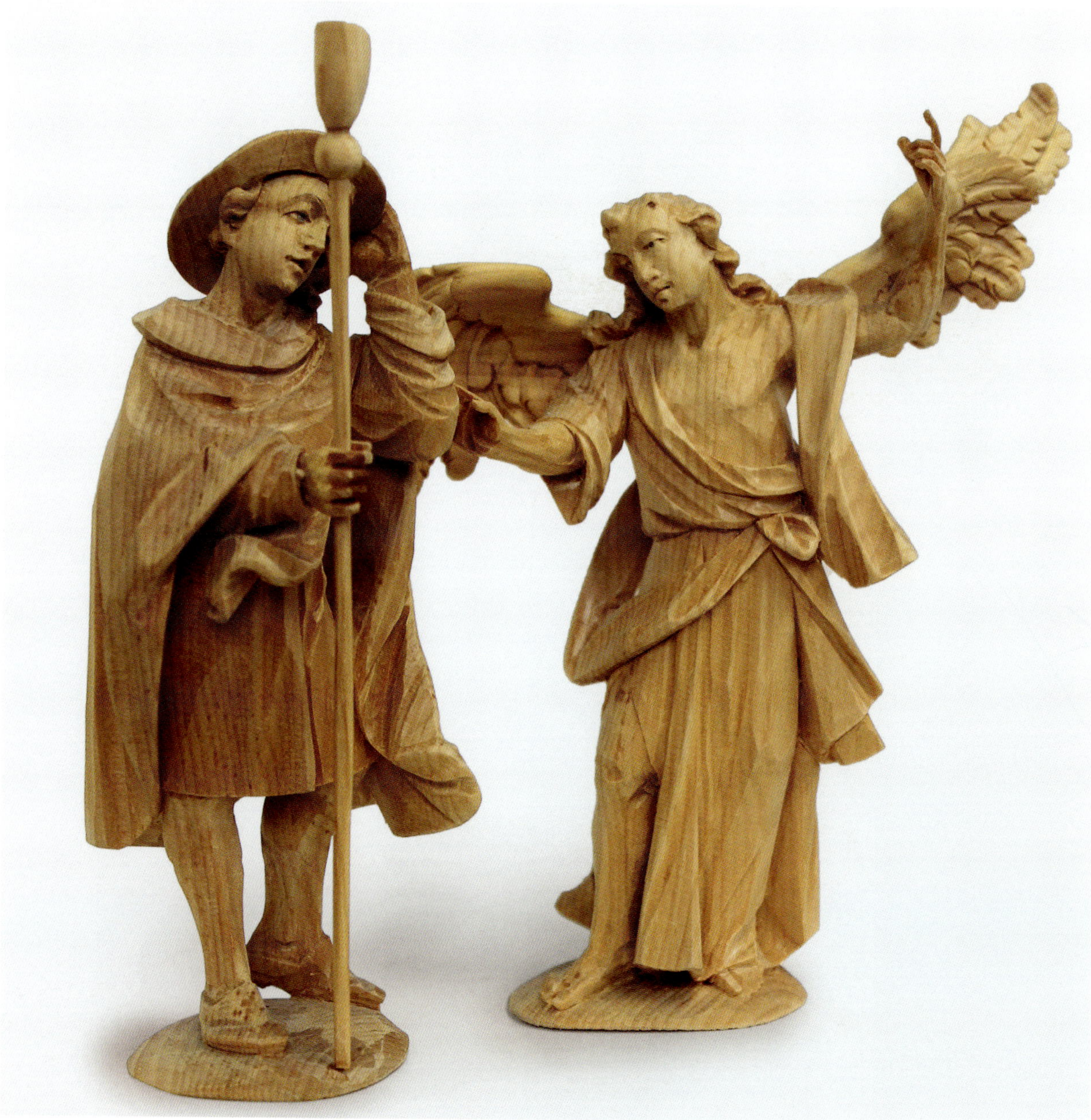

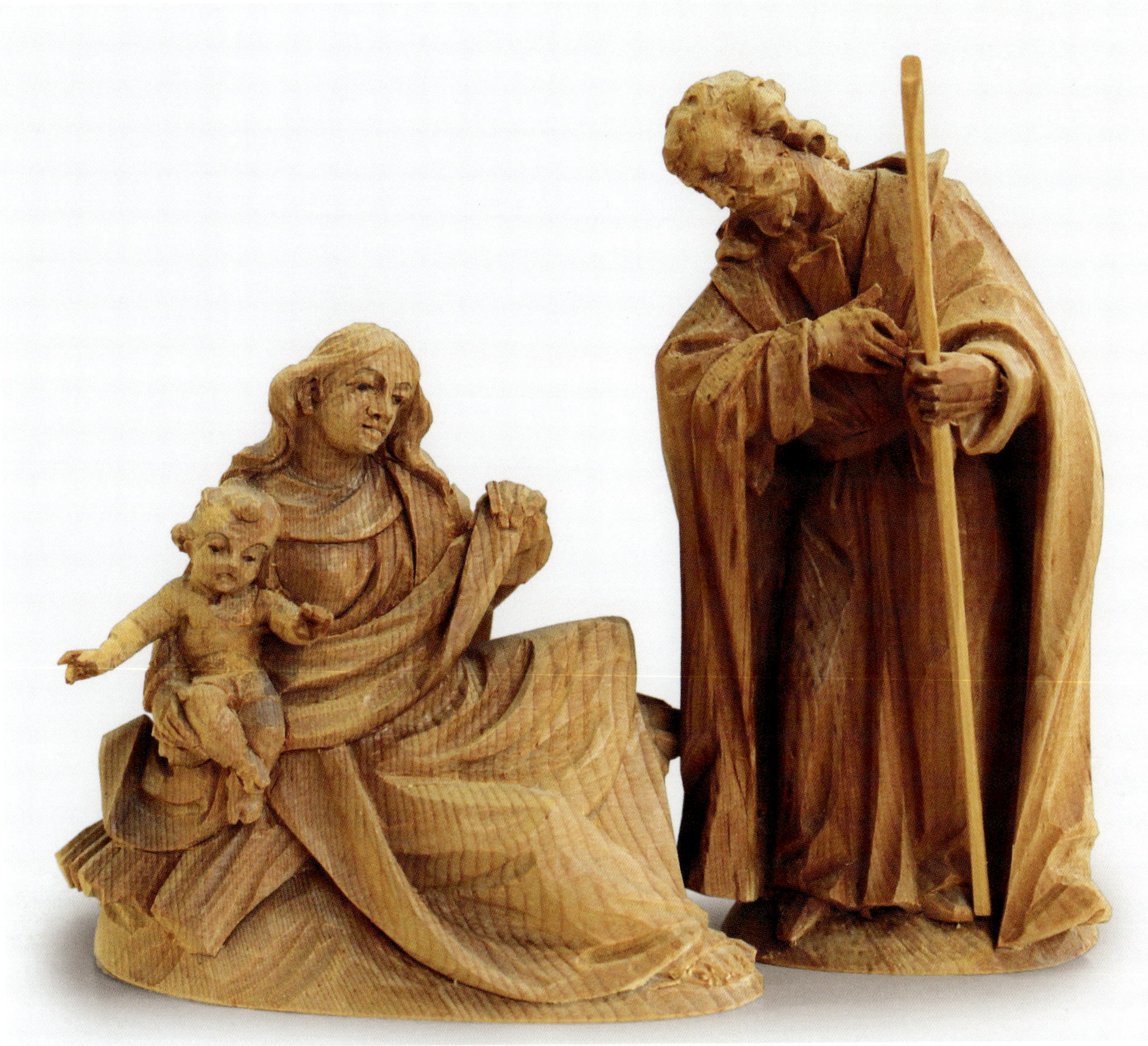

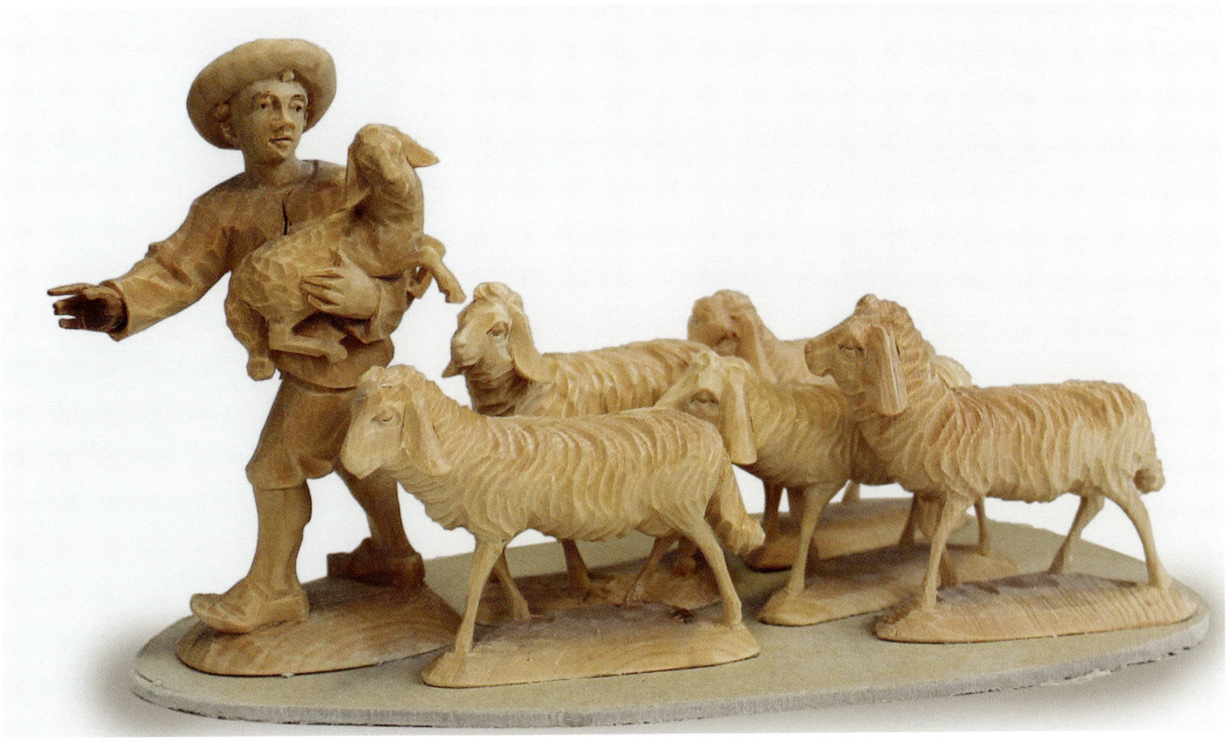

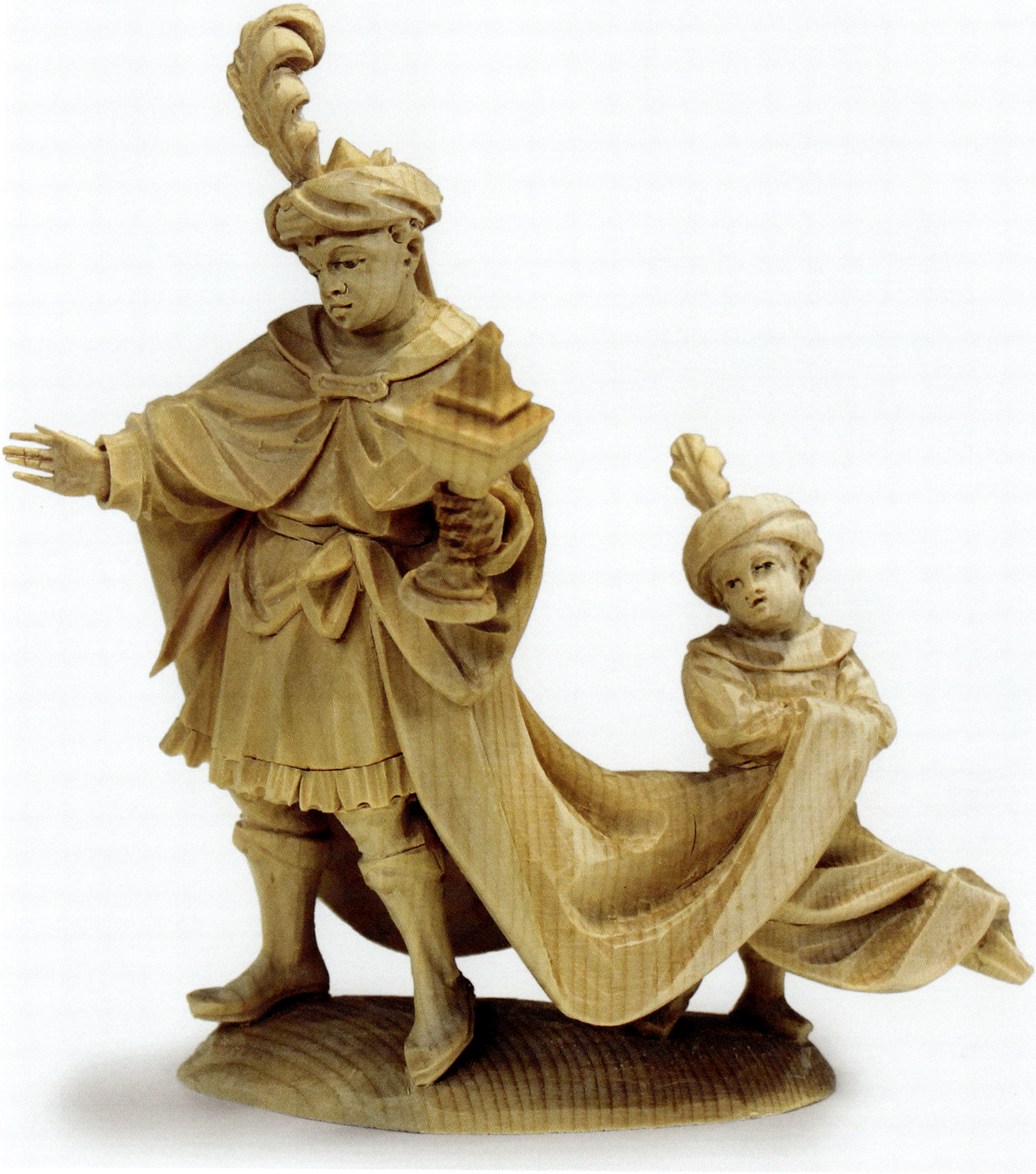

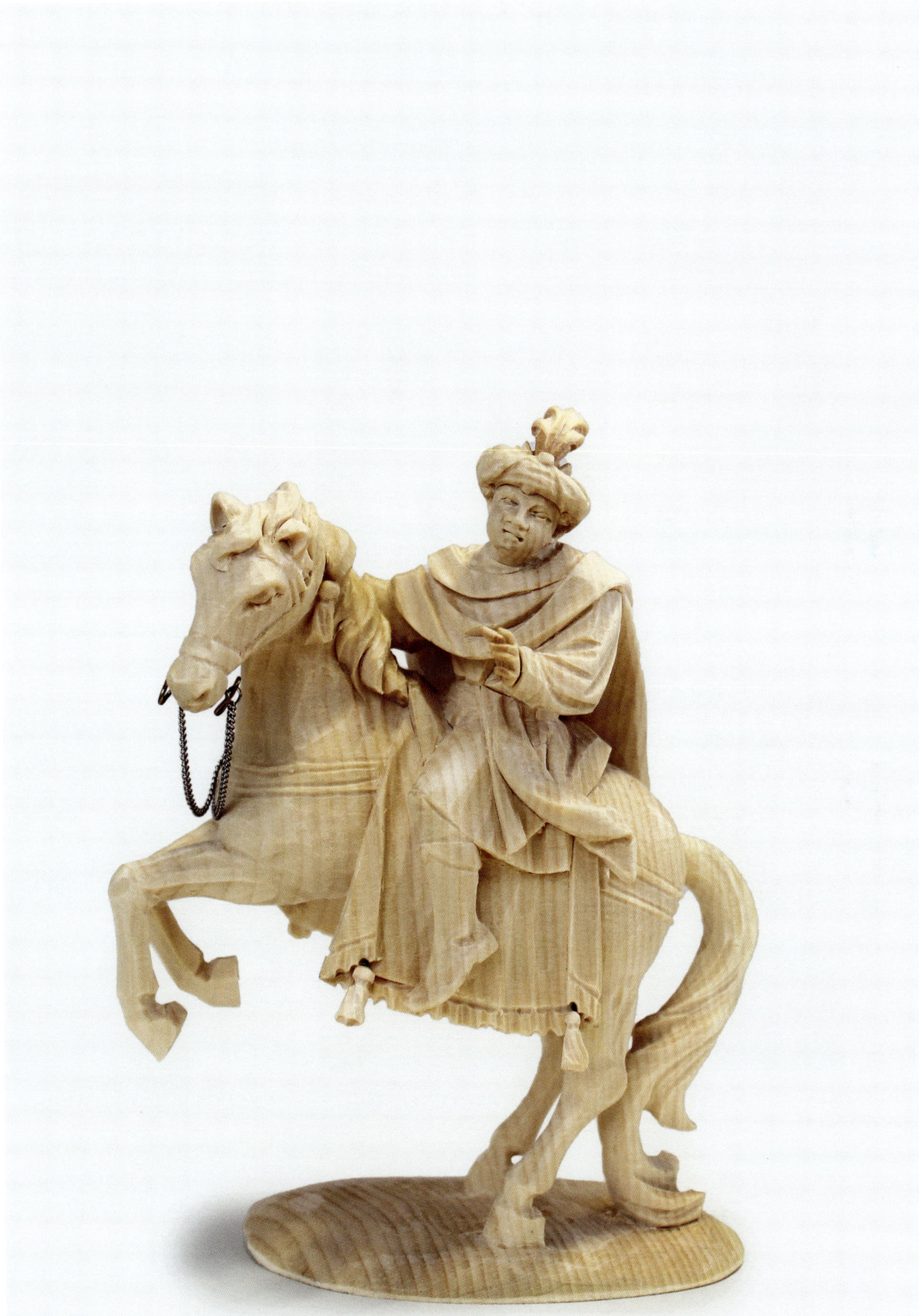

Aus unserem Programm

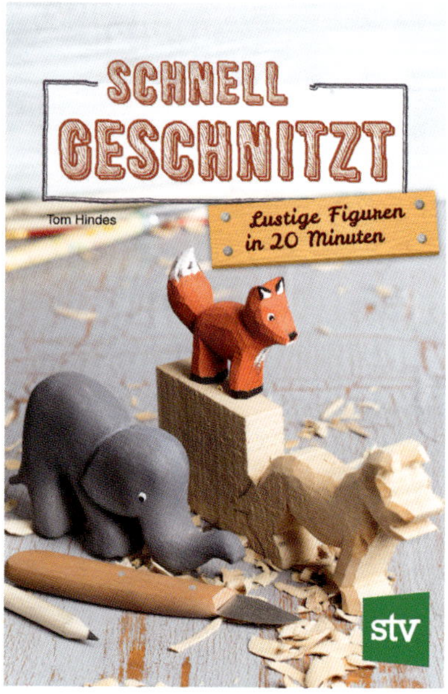

ISBN 978-3-7020-1614-2

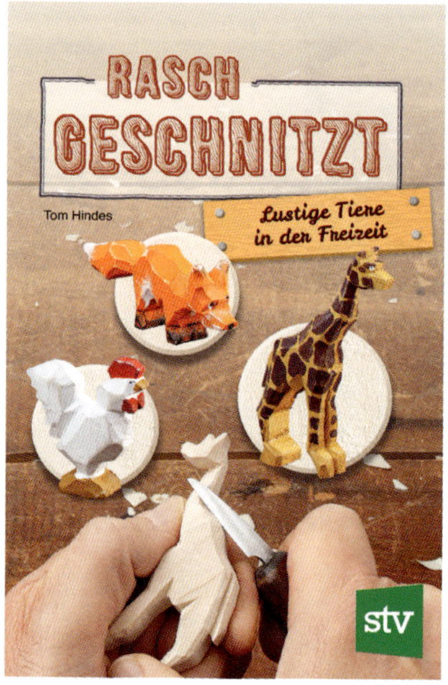

ISBN 978-3-7020-1876-4

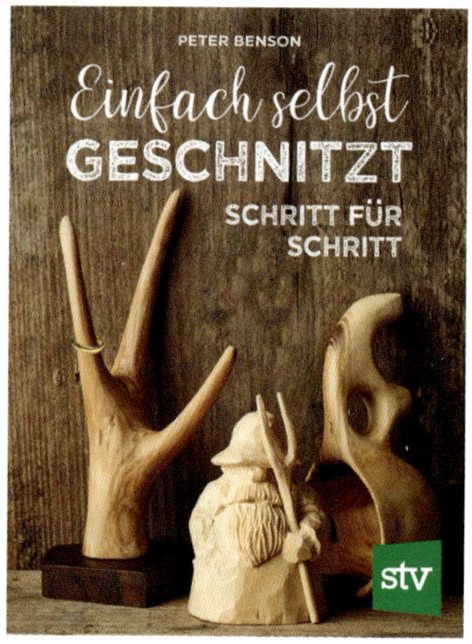

ISBN 978-3-7020-1896-2

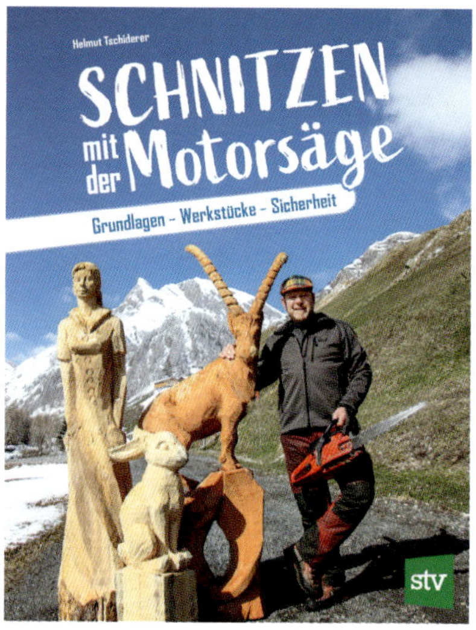

ISBN 978-3-7020-1818-4

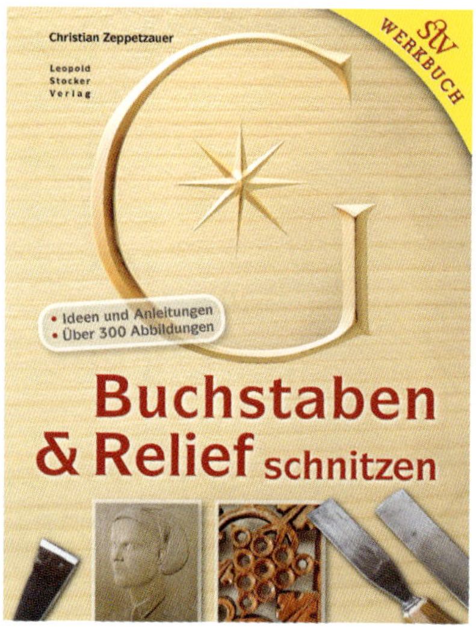

ISBN 978-3-7020-1490-2

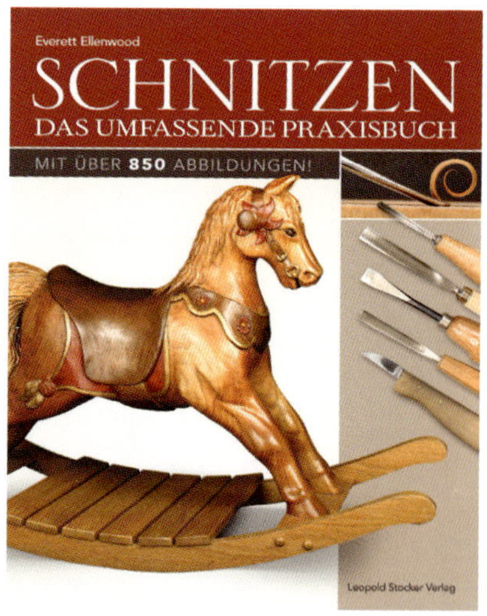

ISBN 978-3-7020-1587-9

Leopold Stocker Verlag

Graz – Stuttgart
www.stocker-verlag.com